Hans—Werner Sinn

Der Corona-Schock

Hans-Werner Sinn

Der Corona-Schock

Wie die Wirtschaft überlebt

HERDER

FREIBURG · BASEL · WIEN

© Verlag Herder GmbH, Freiburg im Breisgau 2020
Alle Rechte vorbehalten
www.herder.de

Umschlaggestaltung: Verlag Herder
Umschlagmotiv: © Stefan Boness/IPON – Ullstein Bild

Satz: Arnold & Domnick, Leipzig
Herstellung: GGP Media GmbH, Pößneck

Printed in Germany

ISBN Print: 978-3-451-38893-4
ISBN E-Book: 978-3-451-82194-3

Inhaltsverzeichnis

Der Corona-Schock und der Hamilton-Moment
Einleitung 11

„Als man in Wuhan abriegelte, waren schon ein
paar Millionen Menschen verschwunden." 15
Wo liegen die Ursprünge dessen, was Sie als „Corona-Attacke"
beschrieben haben?

„Mit einem Federstrich hat die chinesische Regierung
die Todeszahlen um die Hälfte erhöht." 17
Hat China am Ende aus Ihrer Sicht richtig gehandelt?

„China wird und muss die Weltwirtschaft rausreißen." 19
Welche Rolle kann China bei der Bewältigung der aktuellen
Wirtschaftskrise übernehmen?

„Die deutsche Regierung hat ihre historische Chance
gegenüber Italien verpasst." 21
Das Corona-Virus hat Italien sehr hart getroffen – hängt das
auch mit dem italienischen Krisenmanagement zusammen?

„Der Lockdown war richtig." 25
Waren die massiven Maßnahmen von Bund und Ländern
in Deutschland zur Bekämpfung der Pandemie angemessen
und wird nach den richtigen Kriterien entschieden?

„Der Sozialstaat schützt auch gegenüber
konjunkturellen Krisen." 34
Es wird als Folge des Corona-Schocks ein massiver Anstieg der
Arbeitslosigkeit befürchtet. Wie ist Ihre Einschätzung?

„Eine weitaus schlimmere Rezession als nach
der Lehman-Krise hat die Welt erfasst." 39

Wie schnell wird sich die Wirtschaft vom Corona-Schock erholen?

„Es hängt alles davon ab, ob die zweite Welle kommt." 43

Müssen wir uns auf einen zweiten Lockdown einrichten?

„In einem Punkte war das Mittelalter schon weiter." 45

Wie verhindern wir einen erneuten Lockdown?

„Ein Glück, dass es Flickenteppiche bei
der Corona-Politik gibt." 50

*Braucht es mehr internationale Kooperationen bei
der Bekämpfung des Virus?*

„Die Corona-Krise verschärft die Krise des Euroraums." 53

*Wie gut waren Europa und insbesondere der Euroraum
vor der Corona-Krise wirtschaftlich aufgestellt?*

„Der Wiederaufbaufonds ist ein Etikettenschwindel." 63

*Wie lassen sich die wirtschaftlichen Probleme vieler Euroländer
lösen, die durch die Corona-Krise verschärft wurden?*

„Papandreou wollte austreten." 68

Was ist der richtige Weg zur Stabilisierung des Euroraums?

„Die wundersame Geldvermehrung durch das Corona-Virus" . . . 74

*Welche anderen Gefahren im Euroraum werden durch Corona
noch verschärft?*

„Wenn die Inflation beginnt, können wir sie nicht
mehr abbremsen." 79

*Könnte die EZB ihre Politiken nicht rückabwickeln, wenn eine
Inflation droht, und damit die Inflation verhindern?*

„Die Begründung für die Staatspapierkäufe ist im
Kern scholastisch." 85

*Auch das Bundesverfassungsgericht hat sich gegen die Kauf-
programme der EZB gestellt. Wird das ein Umsteuern bewirken?*

„Viele denken, bei dem großen Corona-Fonds geht es darum,
Italien zu retten, es geht aber vor allem darum, die Gläubiger
des italienischen Staates zu retten." 91

Sollten wir Schuldenschnitte einzelner Länder zulassen?

„Dann wären wir bei über 100 Prozent Schuldenquote.
Griechenland ließe schön grüßen." 100

*Warum warnen Sie immer wieder besonders vor den
Target-Überziehungskrediten?*

„Es macht keinen Sinn, die deutsche Automobilindustrie
zu dezimieren und zu hoffen, damit der Umwelt zu dienen.
Das Gegenteil könnte der Fall sein." 113

*Auch in Deutschland waren die ökonomischen Vorzeichen vor
Corona nicht nur rosig. Wie würden Sie hier die wirtschaftliche
Ausgangslage bewerten?*

„Die Corona-Krise kostet uns sehr viel Geld, und wir sollten
Luxusthemen, die teuer sind, überdenken. Dazu gehören
die deutschen Alleingänge in der Klimapolitik." 126

Was wären aus Ihrer Sicht sinnvolle klimapolitische Maßnahmen?

„Eine Nachfragepolitik ist nur von begrenztem Wert
in dieser Krise." 134

*Die Corona-Krise führt zur schlimmsten Rezession in der Geschichte
der Bundesrepublik. Manche suchen den Vergleich mit der Weltwirtschaftskrise von 1929, andere greifen zurück auf 1918/19
mit dem Ende des Ersten Weltkriegs, seinen vielfältigen politischen
Umbrüchen und dann auch den verheerenden Auswirkungen der
Spanischen Grippe. Stimmen die Vergleiche?*

„Man braucht jetzt nur Corona zu sagen, und es ist Geld
für alles und jedes da." 141

*Es gibt Stimmen, die eine drastische Neuverschuldung des
Staates fordern. Wie sehen Sie das?*

„Wir müssen vor allem unsere Unternehmen im
verarbeitenden Gewerbe erhalten." 148

Brauchen wir Konjunkturprogramme?

„Die Räder der Industriegesellschaft müssen und werden
sich wieder drehen." 152

*Wie schnell können wir die Auswirkungen des Lockdowns hinter
uns lassen?*

„Da wird natürlich wieder der Wunsch aufkommen,
die Reichen zu schröpfen." 161

*Ist die Erhöhung von Steuern zur Bewältigung der
Corona-Krise sinnvoll?*

„Die neue Normalität wird der alten Normalität
sehr ähnlich sein." 166

Werden wir zu einem Zustand vor Corona zurückkehren?

„Ich erwarte kein Ende des Tourismus und des Flugverkehrs." **168**

Sollte eine Reaktion auf die Corona-Krise die Rücknahme von
Teilen der Globalisierung sein?

„Nur der private Wettbewerb um den Impfstoff
verspricht schnellen Erfolg." **172**

Sehen Sie Versäumnisse in Deutschland, wo wir auf die Pandemie
hätten besser vorbereitet sein können?

„Im Corona-Sturm wird ein riesiger Schattenhaushalt
für die EU errichtet." **176**

Wie bewerten Sie das Agieren der EU in der Corona-Krise?

„Die Schuldensozialisierung ist Sprengstoff für die Union." ... **186**

Wir stehen doch auch in Deutschland füreinander ein.
Sollten wir das nicht ebenso in Europa tun?

„Wir müssen bessere Vorsorge betreiben, damit die Politik
in ihren Entscheidungen frei bleibt." **199**

Sind wir auf kommende Krisen gut genug vorbereitet?

„Die Zeit der Träumereien ist vorbei. Wir müssen realistischer
agieren und unsere eigene Sicherheit besser schützen." **204**

Sie kritisieren immer wieder die Naivität einer moralisierenden Politik.
Welche Lehren lassen sich daraus in der aktuellen Krise ziehen?

„Das große Damoklesschwert ist die Demografie." **208**

Sehen Sie denn noch andere Risiken, die im Augenblick zu wenig
wahrgenommen werden?

„Wenn die Menschen langfristig denken,
dann tut es zwangsläufig auch die Politik."
Schluss 214

Sie haben immer wieder die Ignoranz der Politik gegenüber wissenschaftlichen Erkenntnissen beklagt. Ändert sich das nicht durch die aktuelle Krise?

Über den Autor 219

Der Corona-Schock
und der Hamilton-Moment
Einleitung

Als der deutsche Finanzminister Olaf Scholz in einem Interview in der *ZEIT* (20. Mai 2020) zur Kreditaufnahme der EU im Umfang von zunächst 500 Milliarden Euro befragt wurde, mit deren Hilfe Angela Merkel und Emmanuel Macron die aufgrund der Corona-Epidemie drohenden Staatskonkurse in Südeuropa abwenden wollen, griff er zu einem historischen Vergleich. Im Zuge einer tieferen Integration der EU sollte eine zeitweilige Aufnahme von Schulden auf europäischer Ebene kein Tabu sein, so Scholz. Für eine solche Fiskalreform gebe es historische Vorbilder: Der erste US-Finanzminister Alexander Hamilton habe im Jahr 1790 unter anderem eine eigenständige Verschuldungsfähigkeit des Zentralstaats erreicht. Hamilton hatte in der Tat kurz nach der Gründung der USA die Schulden der Einzelstaaten zu Bundesschulden gemacht. Er argumentierte, diese Schulden seien im amerikanischen Unabhängigkeitskrieg gegen die Briten entstanden und müssten nun auch gemeinsam getragen werden. Sie seien „Zement" zur Festigung des neu gegründeten Staates. Aus einem großen Programm zur Rettung nicht wettbewerbsfähiger Volkswirtschaften des Eurogebietes konstruierte der Finanzminister – analog zu seinem großen Kollegen in den Vereinigten Staaten von Amerika – ein Gründungsmoment für die Vereinigten Staaten von Europa. Dass der EU-Kommission eine Kreditfinanzierung ihrer Ausgaben nach Artikel 311 des Vertrages über die Arbeitsweise der Europäischen Union verboten ist, klingt dann angesichts von so viel Pathos fast kleinlich.

Der von Olaf Scholz herangezogene Vergleich ist schief, weil Europa anders als seinerzeit die USA noch keinen gemeinsamen Staat gegründet hat. Vor allem aber ist der Vergleich wegen der schlechten Erfahrungen, die die USA nach 1790 mit der Schuldenunion machten, ziemlich beunruhigend. Die unkontrollierte Kreditaufnahme, die aus Hamiltons Schuldenunion und auch aus der Vergemeinschaftung der Schulden im zweiten Krieg gegen die Briten in den Jahren 1812 bis 1814 folgte, führte zu einer Blase, die in der zweiten Hälfte der 1830er Jahre platzte.

Die Blase entstand, weil die Gläubiger sich angesichts der Rückendeckung durch den Bund sicher wähnten und mit niedrigen Zinsen begnügten, während die Schuldner der Verlockung der niedrigen Zinsen nicht widerstehen konnten und sich immer mehr verschuldeten. Die normale Schuldenbremse, die aus dem Umstand resultiert, dass die Gläubiger aus Angst vor dem Verlust ihrer Forderungen immer höhere Zinsen verlangen, wenn die Schuldner sich nicht mäßigen wollen, und die Schuldner deshalb die Verschuldung immer unattraktiver finden, war außer Kraft gesetzt. Wie stets ließ sich die Schuldenorgie gut an. Es wurde kräftig in die Infrastruktur investiert. Straßen, Brücken und Kanäle wurden gebaut, um die Städte miteinander zu verbinden. Das schuf Jobs für die Bauarbeiter und versprach, ein Wachstumspotenzial für die Zukunft zu entwickeln. Preissteigerungen bei Grund und Boden heizten auch die private Baukonjunktur an, weil immer mehr Investoren auf den schnellen Reichtum hofften. Doch waren nicht alle Projekte rentabel, zumal die Eisenbahn, die in den 1830er Jahren aufkam, die teuren Kanäle obsolet werden ließ. Mitte der 1830er Jahre kippten die Erwartungen, und auf einmal kam es zum Investitionsstreik. Investoren und Gläubiger befürchteten Verluste. Sie stoppten ihre Projekte oder wollten ihr Geld zurück. Es kam zu vielen Privatkonkursen, denen staatliche Konkurse folgten.

In den fünf Jahren von 1837 bis 1842 mussten neun der damals existierenden 29 Staaten und Territorien der USA ihre Zahlungsunfähigkeit erklären. Der Zentralstaat hatte zwar anfangs versucht, die Lasten zu übernehmen, doch fehlten ihm die Mittel, weil die Geldgeber auch ihm misstrauten. Nichts als Hass und Streit war durch die Schuldenunion entstanden. Der Historiker Harold James hat dazu lakonisch bemerkt, Hamilton habe dem neuen Staat nicht Zement, sondern Sprengstoff geliefert. In der Tat kann man eine direkte Linie zu dem Jahre später einsetzenden Sezessionskrieg ziehen. Die unlösbare Schuldenproblematik, so James, hat zu den Spannungen beigetragen, die sich in diesem Krieg entluden.

Die Amerikaner sind aus ihrem Schaden klug geworden, denn sie reagierten darauf, indem sie strikte Schuldengrenzen für die Einzelstaaten verabredeten und der Schuldensozialisierung ein Ende bereiteten. Bis heute muss ein jeder Bundesstaat mit seinen Schulden selbst fertigwerden und kann nicht auf die Rettung durch den Zentralstaat hoffen. Nicht einmal die erst im 20. Jahrhundert gegründete Zentralbank der USA, die Federal Reserve Bank, half aus. Sie kauft keine Anleihen der Einzelstaaten und hilft jenen Staaten, die sich übernommen haben, nicht aus der Bredouille. So konnten auch Kalifornien, Minnesota und Illinois, die in den letzten Jahren ernsthafte Finanzkrisen hatten, nicht auf die Hilfe mit der Notenpresse rechnen. Diese strikte Haltung gegenüber den Schulden der Mitgliedsstaaten hat die amerikanische Föderation bis zum heutigen Tage stabil gehalten.

Der Corona-Schock ist heute unser Hamilton-Moment. Er zwingt uns zu wählen zwischen Sprengstoff und Zement.

Die Hamilton'sche Idee, ihre Wirkungsgeschichte und ihr aktuelles Wiederauftauchen zeigen: Krisenzeiten sind politisch verführerisch. Finanzielle Begehrlichkeiten lassen sich plötzlich durchsetzen, alte politische Ideen lassen sich als neue Rezepte zur Lösung aktueller Probleme verkaufen, und sachliche oder juristische Bedenken können mit dem Verweis auf die

Ausnahmesituation der Krise übergangen werden. Der wahre Souverän hält sich in normalen Zeiten vornehm zurück, doch in der Krise trumpft er unmissverständlich auf und zeigt, wer das Sagen hat.

Krisenzeiten bieten aber auch politische Chancen. Kostspielige und wenig effektive staatliche Maßnahmen lassen sich beenden, Fehler können eingestanden und Fehlentwicklungen abgestellt werden, Sachargumente und Pragmatismus können gegenüber dem Wunschdenken punkten.

Deutschland und Europa haben jetzt die Wahl, ob sie, dem Druck des Augenblicks nachgebend, die alten Fehler reflexhaft wiederholen möchten oder nicht. Vielleicht ist Corona eine Chance, tatsächlich existierende Strukturprobleme zu erkennen und entsprechend zu behandeln und auch zu erkennen, welch einen Unsinn wir teilweise gemacht haben. Das betrifft beispielsweise die brandgefährliche Vergemeinschaftung von Schulden im Euroraum oder die weitgehend wirkungslose, aber teure Klimapolitik der Bundesregierung. Das betrifft die Zerstörung des Rückgrats der deutschen Wirtschaft, der Automobilindustrie, oder den bisher eher laxen Umgang mit drohenden Risiken wie einer weiteren Pandemie. Politik und Gesellschaft können die Corona-Krise nutzen, um diese Fehler endlich klar zu benennen und statt politischen Wunschdenkens ökonomischen Realismus einziehen zu lassen, damit Solidarität, Wohlstand und Friede in Deutschland und Europa dauerhaft erhalten bleiben.

Dieses Buch soll ein Anstoß sein, die richtigen ökonomischen Lehren aus der Corona-Krise zu ziehen und zu einer Kultur der Vorsorge und des Realismus zu gelangen.

Zuerst beschreibe ich, wie es zum Corona-Schock kam, in welcher Verfassung sich die Wirtschaft in Deutschland und Europa vor diesem Schock befunden hat, und welche Gefährdungen hier schon vorlagen. Dann geht es um die ökonomischen Auswirkungen des Corona-Schocks und die unterschiedlichen Maßnahmen, die zu seiner Bekämpfung herangezogen und vorgeschlagen werden. Schließlich kehre ich zum Beginn dieses Buches zurück, in dem ich die wichtigsten Lehren formuliere, die wir nach meiner Meinung aus dieser Krise ziehen müssen.

Das Buch ist keine wissenschaftliche Abhandlung, deren Aufbau einer strengen Systematik folgt. Vielmehr ist es aus Gründen der besseren Lesbarkeit in Frage-Antwort-Form und im Tonfall eines Gesprächs gefasst, und es erlaubt sich Redundanzen und assoziative Sprünge, wie sie in einem Gespräch üblich sind. Das Gespräch hat auch tatsächlich mit Patrick Oelze, dem Lektor des Herder-Verlages, stattgefunden. Indes sind die Fragen und Antworten im Nachhinein stark verändert und umgestellt worden.

„Als man in Wuhan abriegelte, waren schon ein paar Millionen Menschen verschwunden."

Wo liegen die Ursprünge dessen, was Sie als „Corona–Attacke" beschrieben haben?

Es ist wahrscheinlich, dass die Epidemie in Wuhan begann, einer chinesischen Stadt mit elf Millionen Einwohnern, und sich von dort aus verbreitet hat. Ob die ersten, allerersten Ursprünge möglicherweise irgendwo sonst gelegen haben, ob das erste Virus nach Wuhan gebracht wurde oder auch nicht, ist nicht bekannt. Wir wissen aber, dass die ersten offiziell den Behörden übermittelten Informationen schon im Dezember vorlagen. Um den 26. Dezember herum hat ein Arzt (Li Wenliang) die Behörden informiert, dass ein neues Virus und damit eine neue sehr gefährliche Krankheit unterwegs sei. Man hat ihm nicht geglaubt und das zuerst totgeschwiegen. Erst im Januar hatte sich die Epidemie so weit ausgebreitet, dass die Behörden sich nicht mehr in der Lage sahen, sie weiter zu vertuschen. Und dann stand das chinesische Neujahrsfest bevor, das um den 25./26. Januar seinen Höhepunkt hat. Da fahren die chinesischen Arbeitskräfte typischerweise nach Hause zu ihren Familien. Man befürchtete, dass es dadurch zu sehr viel Ansteckung kommen würde. Außerdem gibt es dann öffentliche Feste, wo das Virus auch verbreitet worden wäre. Diese öffentlichen Feste sind von der chinesischen Politik verboten worden. Aber die Epidemie war im Gang, die Familien kamen trotzdem zusammen, und man musste Wuhan abriegeln.

Bevor die Stadt abgeriegelt wurde, waren schon einige Millionen Menschen verschwunden. Sie hatten in Erkenntnis dieser Epidemie das Weite gesucht. Das führte auch dazu, dass sich das Virus im Rest Chinas ausbreitete und man überall entsprechende Maßnahmen zur frühzeitigen Erkennung und Eingrenzung vorgenommen hat.

Von Wuhan kam das Virus dann vermutlich nach Italien, denn Italien hat sehr viele chinesische Kontakte. Vor einem Jahr, im Frühjahr 2019, ist ein großes Wirtschaftsabkommen zwischen China und Italien geschlossen worden, das sehr viel Personenaustausch beinhaltet. Und dann gibt es natürlich die chinesischen Touristen, die die italienischen historischen Städte lieben. Vor allem aber gibt es sehr viele chinesische Gastarbeiter in der italienischen Textilindustrie, konzentriert in der Lombardei. Die offiziellen Angaben liegen bei über 300 000 Personen.

In Prado, einer Stadt in der Nähe von Florenz, gibt es ganze chinesische Viertel. Doch überall in der Lombardei und auch in anderen Provinzen sind chinesische Gastarbeiter im Einsatz.

Diese Chinesen hat man geholt, weil die italienische Textil-
wirtschaft angesichts der vergleichsweise hohen italienischen
Löhne nicht mehr in der Lage war, der Konkurrenz der Asiaten etwas entgegenzusetzen. Ohne sie wäre die Textilindustrie
vollends nach Asien abgewandert. Die Chinesen arbeiten unter
Sonderbedingungen zu sehr viel niedrigeren Löhnen und auch
unter einem niedrigen sozialstaatlichen Schutzniveau. Viele
arbeiten schwarz, kommen mit Touristenvisen und sind dann
bei chinesischen Firmen beschäftigt, die in Italien produzieren.
Als diese Arbeiter Ende Januar vom Neujahrsfest zurückkamen,
bei dem sie ihre Familien sahen, brachten sie das Virus mit. Die
italienische Regierung hat dann am 30. Januar die Notbremse
gezogen und Flüge aus China verboten. Aber das waren ja nur
die Direktflüge. Die Leute sind dann auf Umwegen über andere Flughäfen trotzdem wieder nach Italien zu ihren Arbeits-
plätzen zurückgekehrt.

„Mit einem Federstrich hat die chinesische Regierung die Todeszahlen um die Hälfte erhöht."

Hat China am Ende aus Ihrer Sicht richtig gehandelt?

Die Erfolgsmeldungen kamen sicher zu früh. Ich weiß von Kollegen in China, dass, auch als man die Epidemie als beherrscht
hinstellte, in Wahrheit die Restriktionen für die Bevölkerung
noch ganz massiv waren, dass die Behörden vor Ort also offenbar nach wie vor ein riesiges Problem hatten. Auch muss man
wissen, dass China im Nachhinein mit einem Federstrich die
Todeszahlen um die Hälfte erhöht hat. Das erwies sich wohl als

notwendig, weil überall in der Welt sehr viel höhere Todeszahlen gemeldet wurden als in China, wobei China der ursprüngliche Herd der Infektion war. Es war also gar nicht glaubwürdig, dass die Zahlen so niedrig sein konnten. Aber es ist wohl auch richtig, dass die Chinesen, die wie die anderen Asiaten schon mit der SARS-Infektion aus dem Jahre 2003 Erfahrungen hatten, sich insofern frühzeitig alarmiert gezeigt haben und dann sehr entschlossen umfassende Quarantänemaßnahmen ergriffen und auch Tests durchgeführt haben, um die Epidemie im Keim zu ersticken. Die Härte, die der chinesische Staat dabei gegenüber den Kranken und den gefährdeten Personen zeigte, können und wollen wir uns nicht leisten. Schon bei unseren milden Maßnahmen der häuslichen Quarantäne haben Menschen in Deutschland aufbegehrt, weil sie nicht einsahen, dass ihre Freiheitsrechte eingeschränkt wurden. Ich habe dafür Verständnis, halte es aber doch mit unseren Virologen, die zur Vorsicht mahnen.

Auch in den USA gibt es massive Protestbewegungen. Die Leute sind wegen der Einschränkungen aufgebracht und protestieren überall. Sie sind aber auch aufgebracht wegen der Massenarbeitslosigkeit, die plötzlich wegen der Epidemie ausbrach und 40 Millionen Amerikaner erfasst hat. In dieser angespannten Situation wirkte das Video eines Passanten, der das brutale Vorgehen der Polizei gegen einen Schwarzen (George Floyd) aufgenommen hatte, der dabei zu Tode kam, wie ein Zündfunke, der eine brisante gesellschaftliche Gemengelage zur Explosion brachte.

In den USA gibt es viermal so viele Corona-Tote in Relation zur Bevölkerung wie in Deutschland, und in Deutschland gibt es 15-mal so viele wie in Japan und 20-mal so viele wie in Südkorea. Diese Länder haben aus der SARS-Epidemie gelernt und greifen sofort zu, wenn Krankheitsfälle auftreten. Man kann also nicht abstreiten, dass die strikten Maßnahmen vieler asiatischer Länder die Ausbreitung der Krankheit in der Bevölkerung wesentlich verhindert oder verlangsamt haben. Das gilt letztlich auch für China, auch wenn das Land wegen seiner illiberalen Vorgehensweise für uns kein Vorbild sein kann.

„China wird und muss die Weltwirtschaft rausreißen."

Welche Rolle kann China bei der Bewältigung der aktuellen Wirtschaftskrise übernehmen?

China hat sonst immer ein jährliches Wachstum von etwa sechs Prozent verzeichnet, und nun hat es für den Februar 2020 zugestanden, dass die Industrieproduktion um 20 Prozent eingebrochen ist. Das sind klare und harte Effekte, die man direkt beobachtet hat. Inzwischen hat die Produktion aber in China schon wieder stark angezogen. Dennoch fehlt natürlich die Produktion für eine gewisse Zeit und wird das auf das ganze Jahr berechnete Wachstum deutlich reduzieren.

Auch in Deutschland sind einige Branchen von ausbleibenden Lieferungen aus China sehr stark in Mitleidenschaft gezogen worden. Nach einer Umfrage des ifo Instituts wissen wir, welche Unternehmen schon im März von der Epidemie betroffen waren. Das waren natürlich insbesondere die Reisebüros und das Gastgewerbe; das hat mit China nichts zu tun. An dritter Stelle kommt aber schon die Herstellung von elektronischen Ausrüstungen von Datenverarbeitungsgeräten, dann von optischen Erzeugnissen an vierter Stelle. Etwa drei Viertel der befragten Unternehmen sagten hier, dass sie beeinträchtigt sind, und das liegt daran, dass sehr viele Vorprodukte im elektrischen

Bereich, Halbleiter, Transistoren und Schaltelemente, aus China kommen. Auch der Maschinenbau war mit zwei Dritteln der Nennungen sehr stark betroffen von diesen chinesischen Einschränkungen. Einerseits werden auch dort Komponenten aus China verbaut. Andererseits liegt in China ein wichtiger Absatzmarkt. Die Herstellung chemischer Erzeugnisse war ähnlich stark betroffen. Die deutsche Automobilindustrie hat sich nur zur Hälfte irritiert gezeigt, doch anschließend hatten alle deutschen Automobilhersteller ihre Werke stillgelegt, weil sie unter Absatzproblemen litten und die Vorlieferungen aus China ins Stocken kamen. Im Mai haben sie dann aber die Produktion mit begrenzter Kraft wieder aufgenommen.

China scheint sich schnell zu erholen. Das kann eben daran liegen, dass die Chinesen die Epidemie besser im Griff haben. Es kann aber auch daran liegen, dass die Regierung der Bevölkerung stärkere Verhaltenseinschränkungen und stärkere Risiken zumutet, als man das hier in Europa kann. Jedenfalls ist China wieder dabei, wirtschaftlich Fahrt aufzunehmen.

Alles, was an China hängt, so insbesondere auch die deutschen Automobilhersteller, wird von dem raschen Aufschwung profitieren. China ist der Rettungsanker für die deutsche Automobilindustrie. Dort können wieder deutsche Autos verkauft werden, und von dort kommen wieder die Vorprodukte. Das sind elektronische Komponenten, es sind aber auch mechanische Bauteile, zum Beispiel ganze Achsträger. Ohne diese Teile können manche deutsche Autos nicht produziert werden. Alle Automobilhersteller hatten ihre Produktion eingestellt, weil ebendieses Problem bestand. Jetzt sind sie aber dabei, mit begrenzter Produktion sukzessive wieder aufzumachen, weil China wieder anzieht.

Die deutschen Automobilhersteller haben den großen Vorteil gegenüber ihren Konkurrenten aus aller Welt, dass sie in China prächtig vertreten sind. BMW, Daimler und VW machen große Teile ihres Absatzes in China, VW sogar den allergrößten Teil. Das heißt, wenn China wieder hochkommt, wovon auszugehen ist, dann ist auch VW wieder dabei – wenn man nun endlich die Programmierung des neuen E-Golf in den Griff kriegt. Konkurrenten von anderen Teilen der Welt waren nicht so stark von der chinesischen Krise betroffen, sie kommen aber nun auch nicht wieder so schnell hoch wie die deutschen Hersteller.

Wir haben es mit einem temporär nicht erzeugten Sozial-produkt zu tun, aber es ist nichts im größeren Umfang zerstört worden, was man hätte wieder aufbauen müssen, physisch so-wieso nicht und auch von den Unternehmensstrukturen her nicht viel, weil die Rettungsprogramme, in Deutschland jeden-falls, umfangreich zur Verfügung standen. Die wirklichen Pro-bleme für die Zukunft liegen eigentlich eher in Südeuropa und liegen bei unserer Beteiligung an der Finanzierung der dortigen Staaten, die mit der Epidemie ins Stocken geriet.

„Die deutsche Regierung hat ihre historische Chance gegenüber Italien verpasst."

Das Corona–Virus hat Italien sehr hart getroffen – hängt das auch mit dem italienischen Krisenmanagement zusammen?

Das Krisenmanagement der italienischen Regierung war vor-bildlich. Die Italiener haben hart und frühzeitig durchgegrif-fen und damit ein Beispiel abgegeben für alle anderen europä-ischen Regierungen, die ihnen gefolgt sind. Italien ist strikter vorgegangen als Deutschland, und entgegen allen Vorurtei-len halten sich die Italiener an die Regeln. Ministerpräsident

Giuseppe Conte hat sich hier sehr viel Meriten erworben bei der energischen Anti-Corona-Politik.

Es ist eine separate Vorinfektionskette in Italien gelaufen. Das geschah zum Teil verdeckt, weil man von dem Virus anfangs nichts wusste und an eine Grippeepidemie dachte wie jene im Winter 2017/2018, bei der in ganz Europa viele ältere Leute umkamen. Und was die chinesischen Gastarbeiter betrifft, so kann man davon ausgehen, dass Sprachbarrieren zumindest dazu beigetragen haben, dass man die Krankheitsfälle zunächst nicht richtig eingeordnet hat. Wenn etwas ein Problem war in Italien, dann lag das nicht bei der aktuellen Regierung, sondern an der grundsätzlichen Organisation des Krankenhaussystems, das bei Weitem nicht deutschen Standards entspricht, sodass eine Überwältigung der italienischen Krankenhäuser, wie wir es im Fernsehen gesehen haben, früher eintrat, als es in Deutschland der Fall gewesen wäre. Das schlechte Krankenhaussystem in Verbindung mit den hohen Fallzahlen hat die schrecklichen Fernsehbilder von den Gängen der Krankenhäuser und den Leichentransporten erzeugt, die uns alle, auch die Kanzlerin, so schockiert haben.

Für den Rest der Welt waren die frühen italienischen Erfahrungen lehrreich. Sie gaben den Regierungen Zeit, sich vorzubereiten. Unverständlich ist, dass sie dennoch lange brauchten, bis sie reagierten. Erst war auch in Deutschland offiziell von einer grippeähnlichen Epidemie die Rede, als die Virologen schon längst die Alarmglocke betätigt hatten. Immerhin, die Regierungen Deutschlands und anderer Länder folgten dann in einem recht frühen Stadium der eigenen Epidemie dem italienischen Beispiel und erließen sukzessive Quarantänemaßnahmen, die ihre Wirkung nicht verfehlten. Im Grunde muss man sagen, die deutsche Regierung hat sehr viel Glück gehabt, weil sie mit dem schrecklichen Beispiel Italiens vor Augen früher reagieren konnte, als sie es sonst wohl geschafft hätte.

Die Kommunikation bezüglich Italien ist schwierig. Es ist sicherlich nicht richtig, hier irgendwem Vorwürfe zu machen. Das Virus kam von außen angeflogen und hat die Italiener früher und stärker erfasst als andere. Und deswegen glaube ich auch, dass wir gut daran tun, den Italienern zu helfen. Hier sind zunächst einmal private Initiativen gefragt, und soweit ich weiß, ist spontan einiges passiert, auch wenn es nirgends dokumentiert ist. Meine Frau und ich haben privat nach unseren Möglichkeiten sehr viel an das italienische Rote Kreuz gespendet. Wir haben auch einen Aufruf getätigt, der vom Wirtschaftsbeirat Bayern, in dem Tausende bayerischer Unternehmen vertreten sind, aufgenommen wurde. Viele Unternehmen haben im vier- und fünfstelligen Eurobereich gespendet. Auch außerhalb Bayerns ist der Aufruf auf fruchtbaren Boden gefallen. Das Geld kam italienischen Hilfsorganisationen und Krankenhäusern zugute. Alles war natürlich nur ein Tropfen auf den heißen Stein, aber es sollte ein Zeichen der Solidarität mit unseren geschundenen Nachbarn sein.

Ein wirklich substanzieller Beitrag hätte von der deutschen Regierung geleistet werden können, doch hat sie ihre Chance verpasst. Sie hätte frühzeitig ein Hilfsprogramm für Italien organisieren können, mit unilateral zur Verfügung gestellten Mitteln. Wir brauchen doch nicht die EU, um unserem Nachbarn zu helfen. Man muss sich auch nicht koordinieren, wenn man hilft. Wenn ich jemand anderem helfe, dann tue ich das aus eigenem Antrieb, und ich tue das unabhängig davon, ob andere es auch tun. Hier bedarf es im Grunde überhaupt keiner koordinierten Aktion auf der Ebene der EU, zumal das dazu führt, dass sich dann die EU den Orden für die Rettung Italiens an die Brust heftet, obwohl das meiste Geld aus Deutschland kommt. Jetzt ist das Thema auf die europäische Ebene gerutscht, und Deutschland wird bedrängt, mehr zu tun, als es kann. Es geht um ganz andere Summen, und man ist schnell der Bösewicht, wenn es nicht reicht. Der Zusammenhalt in der europäischen Union war in der Anfangszeit der Krise sehr stark dadurch strapaziert, dass sich in Italien eine massive antideutsche Stimmung aufgebaut hat, nicht so sehr eine Anti-EU-Stimmung. Wir hätten dieses Thema frühzeitig abfangen können durch Aktionen zugunsten der Italiener, zu denen uns niemand gezwungen hat. Das wäre sicher sehr gut angekommen. Die Hilfsaktionen der Mitglieder des bayerischen Wirtschaftsbeirates haben jedenfalls überschwängliche positive Reaktionen in Italien hervorgerufen.

Was Deutschland stattdessen erlebte, war in abgeschwächter Form eine Wiederholung der Geschichte mit Griechenland. 2010 war Griechenland faktisch konkursreif, es wurden riesige Rettungsschirme aufgespannt, hauptsächlich kam das Geld von Deutschland als größtem EU-Land. Trotzdem wurde Deutschland bezichtigt, Austeritätspolitik zu betreiben, also die Griechen zu einer Einschränkung ihrer Ausgaben, zu Sparsamkeit zu veranlassen. In Wahrheit wurde die Austeritätspolitik aber von den Märkten erzwungen. Der griechische Staat hatte sich mit Krediten finanziert, die aus dem Ausland kamen, und diese Kredite flossen auf einmal nicht mehr, weil die ausländischen Anleger kalte Füße bekommen hatten. Nur daher rührte die Austerität. Die Staatengemeinschaft, allen voran Deutschland, hat damals durch großzügige staatliche Mittel diese Austerität gemindert und gemildert, wie das noch nie relativ zur Wirtschaftsgröße und zur Landesgröße irgendwo in der Geschichte zuvor geschehen war. Trotzdem kriegten wir Hakenkreuzfahnen gezeigt. Das ist leider die bittere Lehre aus dieser Art Hilfsaktionen. Deswegen habe ich damals schon gesagt, es wäre doch richtiger, Deutschland würde keine Kredite geben und sich von der europäischen Politik nicht drängen lassen, sondern aus eigenem Antrieb etwas für unsere griechischen Nachbarn und Freunde tun und ihnen Geschenke zur

Verfügung stellen, unilateral. Das wäre ein Zeichen der Solidarität gewesen. Und es hätte vor allem nicht irgendeinen Automatismus begründet, der die deutsche Regierung zu Leistungsversprechen und Leistungen in Zukunft veranlasst.

So etwas ist auch nach Aussage des Bundesverfassungsgerichts nicht zulässig. Der Bundestag darf keinen solchen Mechanismen zustimmen, die automatisch ablaufen und Geld hierzulande abziehen. Eine Hilfe muss immer ein einmaliger Akt sein, freiwillig betrieben vom Helfer in einem Umfang, den er selbst definiert. Sie begründet keinen Rechtsanspruch und keinen politischen Mechanismus, wie er jetzt mit den EU-Maßnahmen etabliert wird.

„Der Lockdown war richtig."

Waren die massiven Maßnahmen von Bund und Ländern in Deutschland zur Bekämpfung der Pandemie angemessen, und wird nach den richtigen Kriterien entschieden?

In Deutschland hat man relativ spät reagiert, dann allerdings heftig und richtig. Erst dachte man, die Krise kommt nicht zu uns. Die Epidemiologen haben gewarnt und Schutzmaßnahmen von der Politik eingefordert, die nicht kamen. Ich erinnere mich noch sehr gut an die vielen Diskussionen dazu im Februar. Doch dann kam die Kehrtwende der deutschen Politik, als man sich von der Theorie verabschiedete, es sei doch alles nur wie eine Grippe, und als Angela Merkel am 11. März im Fernsehen die Ansage machte, dass wir eine Durchseuchung akzeptieren müssten, sie aber wegen der Krankenhauskapazitäten verzögern müssten. Tatsächlich ist die Wahrscheinlichkeit eines Infizierten zu sterben im Schnitt zehnmal so hoch als bei einer Grippe, etwa eine halbes Prozent. Das weiß man aus Wuhan und auch aus den Untersuchungen der Bevölkerung von Heinsberg in der Nähe von Aachen, wo nach einem gravierenden Ausbruch der Epidemie flächendeckende Untersuchungen angestellt wurden. Es drohten also sehr hohe Fallzahlen, sodass man ohne die Quarantänemaßnahmen chaotische Verhältnisse in manchen Krankenhäusern befürchtete. So kam es bekanntlich nicht. Die Bilder der Schlangen von Armeelastwagen voll mit Särgen, die man von Italien kannte, wiederholten sich in Deutschland nicht.

Dass wir das in Deutschland in den Griff gekriegt haben, liegt vor allem daran, dass die Epidemiologen die Politik rechtzeitig überzeugt haben, Großveranstaltungen zu verbieten und Schulen und Kindergärten zu schließen. Das war alles schon in der ersten Märzhälfte, sodass bis Mitte März schon eine deutliche Verhaltensänderung stattgefunden hatte. Dann kam der Lockdown, also eine strikte Beschränkung der zulässigen Kontakte und der Bewegungs- und Versammlungsfreiheit sowie die Schließung von Ladengeschäften, Gastronomie und Freizeit- und Kultureinrichtungen aller Art um den 22. März. Man kann darüber streiten, ob der Lockdown in dieser Form nötig war oder nicht. Aber im Nachhinein ist man immer schlauer, wie viel nötig gewesen wäre.

Ich halte persönlich die Maßnahmen, die die Bundesländer in dieser Krise beschlossen haben, um die Epidemie zu bekämpfen, für richtig. Man muss den politischen Entscheidungsträgern zugutehalten, dass sie bei großer Unsicherheit entschieden haben, ohne genau zu wissen, was die Datenlage ist. Und dass man, wenn man einen möglichen Irrtum in Kauf nimmt, auf der richtigen Seite irren möchte, indem man eher zu radikal vorgeht, um Leben zu schützen, als umgekehrt zu wenig radikal, um die Wirtschaft zu retten. Das ist eine sinnvolle Strategie.

Allerdings wussten manche Politiker und auch wissenschaftliche Berater wohl nicht genau, worum es wirklich ging. Die öffentliche Konfusion um das Thema der Reproduktionsrate und die langfristig zu erwartende Durchseuchung war jedenfalls nicht zu übersehen, und das betraf sowohl das Robert-Koch-Institut als auch die Bundeskanzlerin, die ihre Informationen von diesem Institut bezog.

Die Konfusion bezieht sich vor allem auf die sogenannte Reproduktionsrate R. Die Reproduktionsrate gibt an, wie viele andere Menschen ein Infizierter ansteckt. Ist R konstant größer als eins, dann gibt es ein exponentielles Wachstum der Infiziertenzahl. Ist R gleich eins, dann gibt es ein lineares Wachstum, ist R kleiner als eins, dann nimmt die Zahl der Neuinfizierten laufend ab, und die Infektion verschwindet allmählich. Bemerkenswert ist, dass nach den Veröffentlichungen des Robert-Koch-Instituts die Reproduktionsrate schon vor dem harten Lockdown, also vor dem 22. März, unter eins lag und dann aber auch nicht weiter abnahm. R war ursprünglich sehr hoch, 3,5 im Maximum am 10. März. Daraus ergibt sich natürlich die Frage, was dann dieser harte Lockdown noch bewirkte.

Sehr wichtig war es mit Sicherheit, dass Großveranstaltungen schon am 9. März verboten worden waren. Und kurz danach, um den 13. März, sind in den meisten Bundesländern die Schulen und Kindergärten geschlossen worden. Das hat wesentliche Effekte gebracht. Freizeitveranstaltungen mit größeren Menschenmengen wie Fußballspiele, Konzerte, kommerzielle und kirchliche Messen etc. sind Virenschleudern ersten Ranges. Es ist richtig, dass diese Veranstaltungen frühzeitig verboten wurden und auch noch lange nach der Aufhebung des harten Lockdown eingeschränkt bleiben, bis wir einen Impfstoff haben, denn sonst bricht alles wieder auf. Aber die Läden zuzumachen, was dann anschließend passiert ist, das scheint auf den ersten Blick zur Verringerung der Reproduktionsrate nichts Wesentliches beigetragen zu haben.

Die Frage ist aber, was die Reproduktionsrate als Entscheidungsgrundlage taugt. Die gemeldeten Infektionszahlen, aus denen diese Rate berechnet wird, sind für sich keine verlässlichen Daten, denn ihre Veränderung misst nicht nur, wie viele Menschen sich zusätzlich anstecken, sondern vor allem, auch wie sich die Menge der laufenden Corona-Tests verändert. Tatsächlich ist die Testkapazität dramatisch hochgefahren worden, auf ein Zehnfaches des anfänglichen Wertes. Und im Zuge dieses Hochfahrens findet man natürlich immer mehr Infektionsfälle. Wenn also berichtet wird, dass die Reproduktionsrate temporär, nachdem sie unter eins gefallen war, schon Ende März wieder über eins stieg, dann zeigt das möglicherweise nur, dass man immer mehr testete und deswegen auch immer mehr Fälle fand. Tatsächlich verlief die Entwicklung sehr viel günstiger, als ein Blick auf die gemessene Reproduktionsrate signalisiert.

Einen verlässlicheren Eindruck von der zeitlichen Entwicklung der Pandemie gewährt die Statistik der Todesfälle, konkret der täglichen Zahl der neu Verstorbenen. Die Todesfallzahlen sind die einzigen harten und verlässlichen Werte, denn wer infiziert ist und stirbt, der landet schließlich in der Statistik, und zwar bei uns zu nahezu 100 Prozent. Natürlich weiß man nicht, ob jemand, bei dem Corona-Antikörper nachgewiesen wurden, wegen der Infektion oder aus anderen Gründen gestorben ist, zumal ja sehr viele Menschen mit Vorerkrankungen betroffen waren. Es gibt hier sicherlich ebenfalls einen Messfehler. Doch solange dieser Messfehler sich im Zeitablauf nicht verändert, spielt er für die Entwicklung des Zeittrends keine Rolle.

Die Todesfallstatistik hat gezeigt, dass wir um den 20. April erstmalig einen Rückgang der Zahl der neu Verstorbenen und damit das temporäre Maximum dieser Krise überschritten hatten. Die Leute, die zu diesem Zeitpunkt gestorben sind, waren ungefähr einen Monat vorher infiziert worden, denn es dauert in der Regel sechs Tage, bis man die ersten Symptome spürt, wenn man sie spürt; es dauert dann zehn Tage, bis man möglicherweise so krank ist, dass man ins Krankenhaus muss; und es dauert im Krankenhaus dann um die 14 Tage, bis man tot ist, wenn man stirbt. So war es jedenfalls in China. Wir haben mit den Todesfallzahlen die einzige vernünftige Statistik über den Verlauf des Infektionsgeschehens, nur muss man wissen, dass sie das wirkliche Infektionsgeschehen mit einer Verzögerung von einem Monat widerspiegelt. Wegen dieser Verzögerung muss man natürlich auch die Statistik der Neuinfektionen im Auge haben, wenn man schnell reagieren will. Nur muss man sich bewusst sein, dass sie die tatsächliche Dramatik des Geschehens überschätzt.

Aus der Todesfallstatistik kann man die Statistik der wirklichen Infektionen mit einem Monat Verzögerung besser rekonstruieren als mit jeder anderen Statistik. Da etwa 0,5 Prozent der Infizierten stirbt (in Heinsberg nur 0,4 Prozent, in Wuhan 0,6 Prozent), kann man die Zahl der Verstorbenen mit 200 multiplizieren und hat dann in etwa die Zahl derjenigen, die sich vor einem Monat infiziert haben. Obwohl also die gemessene Reproduktionszahl schon am 22. März unter eins lag und dann nicht mehr gefallen ist, zeigt der dramatische Rückgang der täglichen Todesfallzahlen in der Zeit ab dem 20. April, dass die tatsächlichen Infektionen seit etwa dem 20. März massiv zurückgingen, dass also das tatsächliche R deutlich unter den Wert von 1 gerutscht sein muss, obwohl das gemessene R nur wenig darunter lag.

Mitte April hatten wir täglich bis zu 300 neu Verstorbene. Sieben Wochen später, Ende Juni, als dieses Manuskript abgeschlossen wurde, zählte man nur noch jeweils um die zehn, also gerade mal ein Dreißigstel. Die Vervielfältigung der Testkapazität und die Reduktion der Zahl der tatsächlich Infizierten könnten sich bezüglich der gemessenen Reproduktionszahl also gerade aufgehoben haben. So gesehen war der harte Lockdown vermutlich doch sehr erfolgreich.

Das Robert-Koch-Institut geriet in dieser Phase gleichwohl in die Kritik, weil es inkonsistent argumentiert hatte. Erst hatte es gesagt, es käme darauf an, die Reproduktionsrate unter eins zu bringen, und dann könnte man wieder lockern, und als diese Rate dann unter eins war, hatte man nicht gelockert, sondern den Lockdown beschlossen.

Angesichts der insgesamt etwa 9 000 Corona-Toten, die man bis Anfang Juni in Deutschland zählte, dürfte die Gesamtzahl der Infizierten in Deutschland bis Anfang Mai bei etwa 1,8 Millionen Personen gelegen haben, denn das kommt heraus, wenn man diese Zahl mit 200 multipliziert. Die Zahl von 1,8 Millionen ist meilenweit entfernt von den 50 bis 60 Millionen Infizierten, die Angela Merkel am 11. März implizit nannte, als sie nach einer Aufforderung durch die *Bild*-Zeitung ihr langes Schweigen unterbrach und die Öffentlichkeit mit der Aussage konfrontierte, man müsse mit 60 bis 70 Prozent Infizierten in der Bevölkerung rechnen, falls kein Impfstoff oder andere Medikamente gegen das Virus gefunden würden. Es gehe lediglich darum, die Infektionen zu strecken, damit die Krankenhäuser nicht überlastet würden, meinte sie. Ich habe damals einen riesengroßen Schreck gekriegt, denn damit hatte die Kanzlerin eine extrem hohe Durchseuchung der Bevölkerung akzeptiert, konkret eine Durchseuchung, die sich einstellt, wenn die Basis-Reproduktionsrate R0 in der Gegend von drei liegt, wie es die Epidemiologen vermuteten. Die Basis-Reproduktionszahl ist jene Zahl von Menschen, die ein Infizierter neu infizieren würde, wenn noch niemand sonst infiziert wäre.

Die Basis-Reproduktionszahl ist nicht die wirkliche Reproduktionszahl im Sinne der Zahl der Neuinfektionen, die ein Infizierter selbst bei anderen auslöst, denn die Zahl der bereits infizierten Personen steigt ja im Laufe der Zeit selbst an, und wer schon infiziert ist, kann nicht neu infiziert werden und ist nach kurzer Zeit bereits immun. Auch wenn R0 größer als eins ist, wächst die Zahl der Kranken, die selbst nur einen kleinen Teil der Infizierten ausmachen, nicht immer weiter an, sondern erreicht irgendwo ein Maximum und schrumpft danach wieder, weil sich die Krankheit verflüchtigt. Als Faustregel gilt, dass sich die Seuche nicht mehr weiter ausbreitet und durch die Immunisierung und die Todesfälle hernach verschwindet, wenn der Anteil der Menschen, die noch nicht infiziert wurden, auf 1/R0 gefallen ist. Ist R0 gleich 3, wie es die Kanzlerin wegen der ihr vorliegenden Informationen der Epidemiologen in ihrer Rede am 11. März implizit unterstellte, dann ist der Anteil der Menschen, die davon ausgehen können, dass sie von einer Infektion verschont bleiben, gleich einem Drittel. Zwei Drittel der deutschen Bevölkerung, bei einer Gesamtbevölkerung von 83 Millionen sind das 55 Millionen, hätten dann also damit rechnen müssen, infiziert zu werden. Man nennt diese Zahl die stabile Durchseuchung. Sie meinte die Kanzlerin, als sie nach der Hinzufügung eines Streubereichs von fünf Millionen nach oben und unten auf ihre 50 bis 60 Millionen infizierter Personen kam, die man langfristig würde akzeptieren müssen.

Man beachte, dass die Zahl der Infizierten nicht gleich zu setzten ist mit der Zahl der Kranken. Aus Untersuchung aller 3 700 Passagiere und Besatzungsmitglieder des Ende Februar bei Tokio festgehaltenen Kreuzfahrtschiffes „Diamond Princess" ist bekannt, dass die Infektionen in ziemlich genau der Hälfte der Fälle ohne äußere Symptome einer Krankheit verlaufen und nur medizinisch durch Antikörper im Blut nachgewiesen werden können. Und Symptome zu zeigen heißt natürlich nicht, schwer krank zu sein. Im Übrigen muss man bedenken, dass die Teilnehmer an Kreuzfahrtreisen in der

Regel ältere Leute sind, bei denen es eher zu kritischen Verläufen kam. Über alle Altersgruppen gerechnet dürften die echten Krankheiten nur bei etwa einem Zehntel der Infizierten zu verzeichnen sein.

Ich war so erschrocken über die Aussage der Kanzlerin, weil sie in Wahrheit eine Kapitulationserklärung beim Krieg gegen das Virus bedeutete. Dass es damals keinen öffentlichen Aufschrei gab, lag wohl daran, dass die Zusammenhänge nicht allgemein verstanden wurden und es der Kanzlerin wieder einmal gelang, mit ihrer unprätentiösen Diktion beruhigend zu wirken, als sie ihre Horrorvision vortrug. 50 Millionen Infizierte hätten nämlich 250 000 Tote bedeutet, wenn die Todesrate bei 0,5 Prozent liegt.

Ich hatte damals die einschlägige Literatur bereits eingehend studiert und sah überhaupt keine Veranlassung, dass wir uns geschlagen geben mussten, denn man musste ja die Basis-Reproduktionsrate von drei nicht akzeptieren, sondern hatte auch die Möglichkeit, dauerhafte Verhaltensänderungen herbeizuführen, die nicht nur den Krankheitsverlauf strecken würden, wie die Kanzlerin meinte, sondern auch den Prozentsatz der stabilen Durchseuchung selbst absenken würden. Liegt die Basis-Reproduktionsrate bei 1,5, überträgt also ein Infizierter das Virus im Schnitt auf 1,5 Menschen – gleichgültig, ob die es schon haben oder nicht –, dann schrumpft der Anteil der Menschen, die dauerhaft nicht infiziert werden, von 1/3 auf 1/1,5, also auf zwei Drittel. Nur ein Drittel der Bevölkerung würde in diesem Fall infiziert. Das wären also nur halb so viele Menschen wie die Kanzlerin unterstellte.

Und man muss sich auch damit nicht begnügen. Gelingt es, die Basis-Reproduktionsrate auf eins zu drücken, dann kann die Krankheit gar nicht erst zur Seuche werden, und wenn sie es schon ist, weil man anfangs nicht aufgepasst hat, dann liegt die tatsächliche Durchseuchung bereits jenseits der stabilen Durchseuchung von null, was bedeutet, dass sie alsbald abklingt. Und sie klingt natürlich noch schneller ab, wenn die Basis-Reproduktionsrate unter eins gesenkt wird.

Die Maßnahmen, durch die das geschehen kann, sind exakt jene, die die Politik ja richtigerweise immer wieder propagiert: Mindestabstände, Mundschutz und Hygiene sowie vor allem der Aufenthalt im Freien und eine gute Durchlüftung der Räume. Letzteres ist ein Thema, das man anfangs weniger auf dem Schirm hatte, das sich aber mittlerweile in den Vordergrund gedrängt hat, weil man weiß, dass sich das Virus vor allem über die Aerosole verbreitet, extrem kleine Schwebstoffe, die stundenlang mit aktiven Viren in der Luft bleiben.

Die gute Nachricht ist, dass der dramatische Rückgang der Todesfallzahlen fast bis auf null zeigt, dass die bereits beschlossenen Maßnahmen inklusive des Lockdowns bereits so stark gewirkt haben, dass die Basisreproduktionsrate – nicht die vom Robert-Koch-Institut gemessene Reproduktionsrate – deutlich unter null gefallen ist.

Jetzt versteht man, warum die Asiaten seit Jahr und Tag Mundschutz tragen, sich nicht die Hand geben und zumindest in einigen Ländern so extrem viel Wert auf persönliche Hygiene legen. Ich denke hier vor allem an Japan, Südkorea und Taiwan, die ihre Erfahrungen mit allerlei Seuchen gemacht haben und zuletzt durch die SARS-Epidemie des Jahres 2003 an die Notwendigkeit solcher Maßnahmen erinnert wurden.

Zum Glück, das kann man aus heutiger Sicht wohl sagen, haben sich die Kanzlerin und ihre Berater damals trotz ihres atemberaubenden Prognose-Irrtums nicht bei den empfohlenen Maßnahmen geirrt. Tatsächlich waren die Maßnahmen, die sie empfahlen, viel wirksamer, als sie dachten. Wenn ihnen nicht eine zweite Welle der Epidemie im kommenden Winter noch Recht gibt, weil die Menschen sich dann wieder verstärkt in geschlossenen Räumen aufhalten, droht Deutschland auch nicht annähernd das damals implizit prophezeite Schicksal von langfristig 250 000 Toten.

„Der Sozialstaat schützt auch gegenüber konjunkturellen Krisen."

Es wird als Folge des Corona–Schocks ein massiver Anstieg der Arbeitslosigkeit befürchtet. Wie ist Ihre Einschätzung?

In Deutschland kann davon nicht die Rede sein. Die Arbeitslosigkeit stieg nur unerheblich und blieb bis zum April in der Nähe von vier Prozent, wenn man die Methodik von Eurostat, der europäischen Statistikbehörde, heranzieht, die tendenziell etwas niedrigere Werte ausweist, als das Statistische Bundesamt es tut. In anderen europäischen Ländern ist der Anstieg indes dramatisch. In Frankreich ging die Arbeitslosenquote innerhalb von nur zwei Monaten von gut sieben auf zehn Prozent hoch, in Italien von sechs auf zwölf Prozent und in Spanien gar von 14 auf 19 Prozent.

Dass der deutsche Wert im internationalen Vergleich so spektakulär niedrig geblieben ist, hat mit langfristigen Gründen zu und natürlich mit der Kurzarbeit, die den Anstieg verhindert hat.

Um die langfristigen Gründe zu würdigen, ist es nötig, einen Blick zurück in die Geschichte zu werfen. Als ich studiert habe, um das Jahr 1970, wurden in Westdeutschland 150 000 Arbeitslose verzeichnet. Das war noch zur Zeit von Willy Brandt. Danach stieg die Arbeitslosigkeit immer mehr an. Jedes Jahrzehnt kamen in Westdeutschland etwa 800 000 Arbeitslose hinzu. Die Wirtschaft befand sich dann zufällig gerade immer auf dem

Höhepunkt ihrer konjunkturellen Entwicklung. In der ersten Hälfte des jeweiligen Jahrzehnts nahm die Arbeitslosigkeit dramatisch zu, und in der zweiten Hälfte nahm sie ab, aber um 800 000 weniger, als sie vorher zugenommen hatte. Der Trend hatte offenkundig nichts mit der Konjunktur, dem dauernden Auf und Ab der Wirtschaft zu tun, sondern war auf strukturelle Verwerfungen zurückzuführen. Im Jahr 2005, als dann auch noch eine konjunkturelle Flaute hinzugekommen war, erreichte die westdeutsche Arbeitslosigkeit ein Maximum mit 3,5 Millionen Personen. In Gesamtdeutschland schrammte man die fünf Millionen. Deutschland hatte in den Jahren zuvor das niedrigste Wachstum aller europäischen Länder. Jemand ging mit der roten Laterne durch den Bundestag, um zu verdeutlichen, dass wir das Schlusslicht im europäischen Zug waren.

Das war die Situation, in der sich die Regierung Schröder genötigt sah, radikale Reformen am Arbeitsmarkt durchzuführen. Die deutschen Löhne waren in den vorausgehenden Jahrzehnten sehr stark gestiegen, schneller als die Produktivität. Das betraf insbesondere die Löhne am unteren Rand der Lohnskala im Bereich der einfachen Arbeit. Die Folge war, dass dort ein besonders großes Arbeitslosigkeitsproblem entstanden war. Wir waren unter den entwickelten Ländern mit großem Abstand Weltmeister bei der Arbeitslosigkeit der Geringqualifizierten.

Der deutsche Kanzler Gerhard Schröder und sein Arbeits- und Wirtschaftsminister Wolfgang Clement haben mit ihrer Agenda 2010 die Anreizstrukturen am Arbeitsmarkt geändert. Sie schafften die Arbeitslosenhilfe – dieses zweite Arbeitslosengeld, das notfalls bis zur Pensionierung gezahlt wurde – ab und drückten die Betroffenen auf die Sozialhilfe herunter, die sie dann aber mit einem Lohnzuschusselement versahen, sodass man sie weiterbeziehen konnte, obwohl man arbeitete. Dieses neue Sozialhilfesystem nannten sie Arbeitslosengeld II oder Hartz IV. Ihre Reform bestand im Wesentlichen darin, dass weniger staatliches Geld fürs Wegbleiben und mehr fürs Mitmachen gegeben wurde, was beides den Mindestlohnanspruch der Arbeitnehmer reduziert hat. Damit meine ich jenen Lohn, den man mindestens braucht, um nicht mit der Arbeit schlechter dran zu sein als ohne. Die Folge war, dass die tatsächlich am Markt vereinbarten Löhne besonders am unteren Rand der Verteilung gegenüber dem allgemeinen Wachstumstrend zurückblieben. Sie fielen zwar nicht wirklich, aber sie stiegen auch nicht mehr so stark an wie die anderen Löhne. Das hat viele Geschäftsmodelle rentabel gemacht, die es vorher nicht oder nur in den Köpfen findiger Unternehmer gab. Man denke nur an die Leiharbeitsfirmen und die vielen Schnellimbisse, die wie Pilze aus dem Boden schossen. Es ist ein wirkliches Jobwunder entstanden, wir haben in Westdeutschland bis zum Ende des Jahres 2019 ungefähr 670 000 Arbeitslose weniger gehabt als beim letzten Boom der Wirtschaft auf dem Höhepunkt der Dotcom-Blase im Jahre 2000 und zwei Millionen weniger, als bei einer Fortsetzung des Trends zu erwarten gewesen wären, den wir seit Willy Brandt beobachten mussten. Und obwohl so viele Geringqualifizierte in den letzten Jahren nach Deutschland eingewandert sind, ist Deutschland längst nicht mehr der Weltmeister bei der Arbeitslosigkeit dieser Personengruppe, sondern bewegt sich im OECD-Vergleich irgendwo im Mittelfeld.

Diese schöne Entwicklung, die sich von 2005 bis Ende 2019 hinzog, mit immer weniger Arbeitslosigkeit, ist jetzt zu Ende. Jetzt sehen wir eine Umkehrentwicklung. Sie wird nun zum Glück eingegrenzt und abgemildert durch das Kurzarbeitergeld, das im März, April und Mai jeweils von etwa sieben Millionen Menschen in Deutschland bezogen wurde. Kurzarbeiter werden nicht als Arbeitslose gezählt, obwohl sie natürlich teilweise arbeitslos sind.

Diese besondere Form der Sozialleistung hat Deutschland in der Lehman-Krise quasi erfunden. Damals war der jetzige Finanzminister Olaf Scholz Arbeitsminister. Sein Wirken hat mich sehr überzeugt. Man kann zum Beispiel 50 Prozent einer Belegschaft in die Arbeitslosigkeit schicken, dann kriegen sie Arbeitslosengeld, sagen wir 60 Prozent des letzten Nettolohns. Ich kann aber auch 100 Prozent zur Hälfte in die Kurzarbeit schicken. Dann ist die Beschäftigung in Stunden gemessen genauso niedrig, doch keiner ist arbeitslos, und es kostet den Staat genau dasselbe. Das Kurzarbeitergeld ist eine Art von Arbeitslosengeld, ohne dass die Leute die Firma verlassen müssen; es wird nur das Engagement in der Firma reduziert. Man hält so die Unternehmen, die ja wohlstrukturierte soziologische Gefüge sind – eine Gemeinschaft von Menschen, die sich kennen und die miteinander kooperieren –, intakt in der Hoffnung, dass die Krise alsbald vorbei ist und alle wieder gemeinsam so weitermachen können wie zuvor.

Die zeitweilig zehn Millionen für Kurzarbeit angemeldeten Arbeitnehmer in Deutschland sind enorm. Das war bald ein Viertel der gesamten Beschäftigungsverhältnisse. Die Zahl zeigt, wie gravierend diese Krise ist und wie stark die Einbrüche waren.

Wie viel offene Arbeitslosigkeit in Deutschland zusätzlich zu den erwähnten vier Prozent entstehen wird, dafür haben wir bei der Abfassung dieser Zeilen noch keine Zahlen. Es wird ein bisschen sein, doch bin ich optimistisch. Es wird nicht so kommen wie in Südeuropa und Frankreich und nicht so wie in den USA. In den USA schoss die Arbeitslosigkeit rapide nach oben. 25 Millionen Arbeitslose im April. Das war eine Arbeitslosenquote von knapp 20 Prozent; im Mai war die Quote dann schon wieder etwas gefallen, lag aber immer noch bei 16 Prozent. In den USA hatte sich die Arbeitslosenquote, die in der Lehman-Krise innerhalb eines Jahres von fünf auf zehn Prozent gestiegen war, in den letzten Jahren sehr stark verringert und lag vor der Corona-Krise mit nur noch vier Prozent sogar unter dem äußerst günstigen Wert, der im Jahr 2000 auf dem Höhepunkt der Dotcom-Blase erzielt worden war, kurz bevor sie platzte. Aber nun ist der Anstieg eher noch dramatischer als in Spanien und ist bald doppelt so hoch wie während der Lehman-Krise.

Nichts dergleichen müssen wir in Deutschland erwarten. In den USA ist die Krise heftiger als bei uns, weil es zum einen dort relativ zur Bevölkerung viel mehr Infizierte gibt und die USA zum anderen keine automatischen Stabilisierungssysteme in Form eines funktionierenden Sozialstaats haben. Die Leute fallen ins Bodenlose, wenn sie arbeitslos werden; es gibt keinen Kündigungsschutz wie in Europa und vor allem auch keine Kurzarbeitergelder. Der Sozialstaat hat bei uns eine Schutzfunktion bezüglich der Individuen, er schützt aber auch gegenüber konjunkturellen Einbrüchen, wie wir sie jetzt in der Corona-Krise beobachten. Er hat natürlich auch Nachteile, die darin bestehen, dass Leistungsanreize geringer sind, aber aktuell überwiegen seine Vorteile ganz deutlich.

Wenn wir Glück haben und die Firmen die medizinische Krise alsbald überwinden und in normales Fahrwasser zurückkehren, könnten wir mit einem blauen Auge aus dieser Krise herauskommen. Und das mit Blick auf die Arbeitslosenzahlen wie auch mit Blick auf die wirtschaftliche Gesamtentwicklung. Das ist auch die Prognose der Wirtschaftsforschungsinstitute, die haben ja ein Minus von sieben Prozent des Wirtschaftswachstums berechnet für dieses Jahr und dann schon wieder ein Plus in ähnlicher Höhe fürs nächste Jahr. Das heißt also, man geht nicht davon aus, dass die Wirtschaftsleistung nachhaltig geschädigt wird, sondern dass es sich um eine temporäre Unterbrechung handelt.

Ostdeutschland ist sogar weniger betroffen als Westdeutschland, weil der Anteil der Menschen, die im Staatssektor arbeiten, größer ist. Das ist das Erbe der deutschen Vereinigung. Im Osten ging weitaus mehr Industrie kaputt, als nachher neu geschaffen werden konnte. Es gab ursprünglich 4,08 Millionen Menschen, die in den Treuhandbetrieben arbeiteten, also in der Industrie, und heute liegen wir bei unter 900 000. Dafür haben wir einen sehr, sehr großen Staatssektor mit viel mehr Stellen anteilig zur Bevölkerung als im Westen. Und diese Stellen sind nicht gefährdet. So gesehen kommt der Osten glimpflicher durch. Im Übrigen ist die Corona-Krise im Osten ja auch nicht so ausgeprägt. Die Todesfallzahlen sind eher im Südwesten und im Süden und in Nordrhein-Westfalen hoch. Hier spielt die geringere Bevölkerungsdichte in Ostdeutschland eine Rolle. Aber es kommt hinzu, dass natürlich auch die Nähe zu den besonders betroffenen Nachbarländern geringer ist.

„Eine weitaus schlimmere Rezession als nach der Lehman-Krise hat die Welt erfasst."

Wie schnell wird sich die Wirtschaft vom Corona–Schock erholen?

Die Rezession, in der die Welt steckt, ist weitaus schlimmer als nach der Lehman-Krise. Die war allerdings auch von Land zu Land sehr differenziert und traf den Süden Europas viel stärker als den Norden. Jene Länder, die ohnehin strukturelle Schwierigkeiten hatten und sie nur mittels einer massiven Auslandsverschuldung übertüncht hatten, kamen damals auch nicht wieder hoch. Selbst Frankreich kann man in dieser Hinsicht teilweise zum Süden rechnen. Das Land stürzte damals so stark ab wie Deutschland. Doch während Deutschland innerhalb nur eines Jahres v-förmig wieder auf das alte

Niveau zurückkehrte, blieb Frankreich bei 90 Prozent seiner ehemaligen Industrieproduktion stehen. Italien ist noch stärker abgestürzt als Deutschland und hängt seit Jahren irgendwo bei 20 Prozent weniger Industrieproduktion. Noch etwas schlimmer war es in Spanien und Griechenland. Portugal lag zwischen Italien und Frankreich. All diese Länder sind nicht wieder hochgekommen. Und das ist bis zum heutigen Tage, bis zur Corona-Krise, zwölf Jahre nach Lehman, das Dauerproblem in Südeuropa.

Ich kann mir vorstellen, dass die Corona-Krise wieder ähnliche Effekte hat. Einige Länder sind massiv getroffen und werden kaum wieder auf die Beine kommen. Dazu würde ich auf jeden Fall Italien und auch Spanien rechnen. Nach den ersten Informationen, die beim Abfassen dieser Zeilen im Juni 2020 verfügbar sind, ist Spaniens Industrieproduktion bis zum April 2020 um 29 Prozent unter das Vorkrisenniveau vom Herbst 2007 gefallen und Italiens gar um 32 Prozent, nachdem es unmittelbar vor der Corona-Krise auf einem Plateau gelegen hatte, das „nur" um 20 Prozent darunter lag. Das sind Werte, die an jene erinnern, die in Deutschland während der große Weltwirtschaftskrise von 1929 bis 1933 verzeichnet wurden. Für Länder wie Italien oder Spanien sehe ich eine ähnliche Entwicklung wie 2009, nämlich nicht eine V-Kurve, also nach einem scharfen Rückgang eine ebenso rasche Rückkehr zum Vorkrisenstand, sondern eine Kurve wie ein umgekehrtes Wurzelzeichen: Es geht runter, und es geht ein Stück weit wieder hoch, aber eben nicht auf das alte Niveau.

Soweit die Lieferkontakte zwischen Deutschland und diesen Ländern auch für die Prosperität der deutschen Firmen verantwortlich sind, wird es auch hierzulande etwas verhalten weitergehen. Aber auch hier ist es vermutlich ähnlich wie 2009. Obwohl ein Teil der Länder, mit denen man intensive Lieferbeziehungen hatte, nicht wieder auf einen grünen Zweig kamen, gelang es der deutschen Wirtschaft, schnell wieder auf ihr altes Niveau zurückzukehren, weil sie sich auf die weite Welt hin ausgerichtet hatte. Trotz der europäischen Integration und des Euro hat sich der Handel mit den westlichen EU-Ländern längst nicht so schnell entwickelt wie der Handel mit dem Rest der Welt und verlor relativ gesehen in den letzten 20 Jahren zunehmend an Bedeutung für Deutschland – ganz im Gegensatz zu den häufig zu hörenden Behauptungen im politischen Raum.

Auch für Deutschland besteht natürlich die Gefahr, dass wir uns nicht so schnell erholen wie 2009. Warum? Weil wir ein politisches Problem mit der fast gewollten Zerstörung der alten Automobilindustrie haben. Hier besteht eine gewisse Parallele zu Corona: Aus Schutz vor dem Corona-Virus halten wir die Räder der Industriegesellschaft an, machen die Läden zu und erzeugen dadurch die ökonomische Krise. Aus Schutz vor dem Klimawandel machen wir die alte Automobilindustrie weitgehend zu und zwingen sie zu einer neuen zu werden, die dann Elektroautos im großen Stil bauen soll, was die Kunden aber weniger erfreut als die meisten Umweltpolitiker. Das ist eine dauerhafte Behinderung eines bis vor Kurzem noch prosperierenden Wirtschaftszweiges, von dem sehr viel in Deutschland abhing und der als das Rückgrat der deutschen Industrie gelten kann.

Deswegen muss man die Aussage zu Deutschland, die ich gerade gemacht habe, ein bisschen relativieren. Wir haben nicht solche Probleme wie die Südeuropäer, bei Weitem nicht, aber wir werden wahrscheinlich den Teil der Krise, der schon seit dem Sommer 2018 läuft, nicht zurückdrehen können. Das, was vorher angelegt war und sich schon realisiert hatte, das bleibt. Dessen ungeachtet werden wir aber die konjunkturelle Krise, in die uns das Virus gestürzt hat, sehr schnell überwinden.

Interessanterweise sind die Börsen fast noch optimistischer als ich. Direkt nachdem die Erkenntnis sich verbreitet hatte, dass die Corona-Epidemie vor der westlichen Welt nicht halt-macht, setzte Panik ein, und die Börsen stürzten so schnell ab wie noch nie. Montag, der 16. März 2020 kann als schwarzer Montag gelten, denn da war die Stimmung auf einem Tief-stand, und alle Börsen der Welt befanden sich im freien Fall. Zwischen dem 19. Februar, dem vorläufigen Höhepunkt beim DAX-Wert bis zum Tiefpunkt am 18. März gingen 38,7 Prozent des Kurswertes der DAX-Papiere verloren. Interessanterwei-se kehrte aber da schon der Optimismus zurück. Muss wuss-te, dass China die Produktion wieder aufnehmen würde, und es verdichtete sich die Erwartung, dass die Zentralbanken der Welt die Märkte mit frisch gedrucktem Geld fluten würden, indem sie damit auf den Märkten intervenieren und Wertpa-piere kaufen würden. Die Kehrtwende kam deshalb so schnell, wie der Absturz gekommen war. Bereits Anfang Juni hatte der DAX wieder ein Niveau erreicht, das nur noch um sechs Pro-zent niedriger war als auf seinem Höhepunkt kurz vor der Corona-Krise. Seitdem rutscht er aber wieder etwas ab.

Gemessen am Aktienmarkt reiht sich die Corona-Krise bislang als eine kleinere Krise in die Geschichte der Weltbör-sen ein. Die bis dato schlimmste Krise war die große Weltwirt-schaftskrise, die beginnend mit dem September 1928 etwa 85 Prozent der Börsenwerte in den USA vernichtete. Es folgte das Platzen der Dotcom-Blase, das nach dem 7. März 2000 zu einem Verlust von 73 Prozent der DAX-Werte führte. Dann kam die Lehman-Krise, die ab dem 13. Juli 2007 vorübergehend 60 Prozent der DAX-Werte zerstört hatte, gefolgt von dem so-genannten Gründercrash, der nach dem März 1873 deutsche Aktienwerte zu etwa 55 Prozent vernichtete.

Die Anleger sollten ihre Freude im Moment noch etwas zu-rückhalten. Denn zum einen stammt der Optimismus nicht allein von der Realwirtschaft, sondern begründet sich auf den Kaufprogrammen der Zentralbanken weltweit, mit denen Wertpapierkurse ganz generell gestützt wurden. Und zum anderen ist ja noch nicht sehr viel Zeit verstrichen. Die Gründerkrise dauerte fast drei Jahre, und sowohl der Absturz nach der Dotcom-Blase als auch während der Weltwirtschaftskrise zog sich knapp zwei Jahre hin. So gesehen kann noch viel passieren in dieser Corona-Krise. Wann sie vorbei ist, weiß man erst im Nachhinein.

„Es hängt alles davon ab, ob die zweite Welle kommt."

Müssen wir uns auf einen zweiten Lockdown einrichten?

Das wäre natürlich verheerend, denn jede Woche, die wir den harten Lockdown haben, wie wir ihn ab dem 22. März hatten, kostet 30 Milliarden Euro. Das ist extrem teuer. Man kann zwar die privaten Einkommensausfälle scheinbar durch staatliche Verschuldung und Gelddruck abdecken, aber die Leistungen und Güter, die nicht produziert werden, sind nicht da und lassen sich großenteils auch später nicht nachproduzieren. Der Marktwert der produzierten Güter und Leistungen ist in der Marktwirtschaft gleich der Summe der bei der Produktion erwirtschafteten Einkommen, und zwar bis auf den letzten Cent. Wenn der Staat Einkommensausfälle der Bürger scheinbar mit leichter Hand kompensieren kann, so ist das eine pure Illusion, weil er das, was er verteilt, anderen gleich oder später wegnehmen muss, die entsprechende Verluste erleiden. Er kann das tun, indem er Steuern erhebt oder indem er eine Inflation zulässt, die die Geldvermögen der Sparer verringert. Die Zusammenhänge sind zwar kompliziert und nicht einfach zu verstehen, doch reicht es, sich klarzumachen, dass der liebe

Gott bei der Rechnung nicht hilft. Die Summe aller Gewinne und Verluste der Bürger, die heute und in Zukunft von den staatlichen Maßnahmen betroffen sind, ist null. Allerdings gibt es Sekundäreffekte, die ebenfalls natürlich sehr wichtig sind. Zum einen wird der Zusammenbruch der Wirtschaft vermieden, der andernfalls noch viel größere Lasten erzeugen würde. Zum anderen sind die später nötige Steuererhebung und die Inflation Sand im Getriebe der Wirtschaft, die für sich genommen Produktionsverluste und Wohlfahrtsverluste durch Verzerrungen der Wirtschaftsstruktur verursachen.

Die Prognosen für die Schrumpfung der deutschen Wirtschaftsleistung im Vergleich zum Vorjahr liegen für 2020 günstigstenfalls bei sieben Prozent. Für Südeuropa werden eher noch höhere Schrumpfungsraten genannt. Aller Voraussicht nach kommt für Deutschland eine Schrumpfung heraus, die prozentual gesehen um die Hälfte höher ist als jene, die wir bei der Lehman-Krise verkraften mussten. Das ist nicht der Weltuntergang. Wichtiger ist, dass wir überleben. Aber es sind eben doch empfindliche Verluste im Lebensstandard, die letztlich die breite Masse der Bevölkerung im Vergleich zu jener Entwicklung wird tragen müssen, die sonst möglich gewesen wäre.

Es hängt nun alles davon ab, ob die zweite Welle kommt. Wenn sie kommt, dann gehen die Wirtschaftszahlen noch stärker runter, und dann könnten auch die Börsen noch einmal einbrechen. Jetzt hängt es davon ab, dass wir die Infektion im Griff behalten, ohne dafür abermals einen Lockdown der Wirtschaft verhängen zu müssen. Die erste Infektionswelle ist jetzt praktisch vorbei. Kommt im Winter eine zweite, hätte das natürlich wiederum eine Verschärfung der Kontaktverbote zur Folge, die abermals wirtschaftliche Einbrüche bedeutet. Wir haben hier bereits das Limit erreicht. Es ist richtig, dass man die Quarantänemaßnahmen einführte, aber es ist genauso richtig, dass man aus einer Pauschalquarantäne zu intelligenteren

Quarantänemaßnahmen übergehen muss, die den Gesundheitsschutz sogar verbessern gegenüber heute und zugleich die Rückkehr in eine produktive Wirtschaftstätigkeit ermöglichen. Wir befinden uns jetzt gerade in einer Atempause. Wir müssen den Sommer und Herbst nutzen, um uns für die mögliche zweite Welle sturmfest zu machen, also beispielsweise eben entsprechende technologische Maßnahmen entwickeln, auch die Kapazitäten in den Krankenhäusern entsprechend entwickeln, dass wir eine zweite Welle nicht wieder mit einem totalen Lockdown und der Gefahr der totalen Überlastung der Gesundheitssysteme überstehen müssen.

Bundeskanzlerin Merkel scheint davon auszugehen, dass es nur den Lockdown oder die Ansteckung gibt. So ist es nicht. Die Regierung investiert hier zu wenig in elektronische Möglichkeiten und lässt sich zu sehr durch den Datenschutz einbremsen. Ich finde das problematisch, Menschenleben sind wichtiger als Datenschutz.

„In einem Punkte war das Mittelalter schon weiter."

Wie verhindern wir einen erneuten Lockdown?

Wir könnten die Krise intelligenter eindämmen, als wir es getan haben. Statt mit einem Lockdown und Totalverboten, Restaurants, die nicht aufmachen dürfen, und einer Schließung von allen Bereichen der Freizeitgestaltung kann man mit elektronischen Mitteln und einer Verfolgung der Infizierten sowie mit einer dramatischen Erhöhung der Testkapazität gezielter eingreifen, um neue Infektionswellen frühzeitig zu bekämpfen, ohne dass man die gesamte Wirtschaft lahmlegt. So haben es die Taiwanesen gemacht, auch die Chinesen, auch die Koreaner oder Singapur, wo intelligente Apps entwickelt wurden. Die asiatischen Länder hatten die SARS-Epidemie und haben danach frühzeitig die Kontroll- und Quarantänemechanismen aufgebaut, um handeln zu können. Dabei stehen entsprechende Behörden und Gesundheitsämter im Vordergrund, die über wohlgeschultes und erfahrenes Personal sowie auch über entsprechende Durchgriffsrechte gegenüber den betroffenen Individuen verfügen. Die sind beim ersten Anzeichen aktiv geworden, während das in Deutschland ja nicht der Fall war. Man muss aber dennoch sagen, dass die deutschen Gesundheitsämter sehr wohl funktioniert haben, als die Politik signalisiert hatte, dass man die Sache ernst nimmt.

Interessant ist, dass sich die einschlägigen Behörden auch elektronischer Hilfsmittel bedienen. In Südkorea ist es so: Auf der Landkarte seines Handys findet man die Information, wo infizierte Personen oder Risikogruppen sich aufhalten, die Kontakte zu Infizierten hatten, und kann um diese einen Bogen machen. Das führt dazu, dass jedes Individuum sich selbst darum bemüht, nicht angesteckt zu werden, und auch über die Information verfügt, richtig reagieren zu können. So bleiben die Infektionsraten niedrig. Das setzt freilich voraus, dass man sehr viel testet, und es setzt voraus, dass der Datenschutz mitmacht, damit diese Information auch verbreitet werden kann. Man muss anderen nicht individualisiert mitteilen, wer hier infiziert oder aufgrund seiner früheren Kontakte mit Infizierten zur Risikogruppe gehört, aber zumindest muss ein roter Kreis auf meiner Landkarte im Handy sichtbar machen, wo sich gerade die Risiken ballen. Man kann das freiwillig gestalten, indem man nur denjenigen die Informationen über mögliche Risikoorte mitteilt, die selbst akzeptieren, dass auch ihre Standort- und Gefährdungsdaten in Echtzeit übermittelt werden.

Auch in Deutschland gibt es seit Mitte Juni eine App, die Ähnliches leisten soll. Aber die informiert freiwillige Teilnehmer nur darüber, ob sie in der Vergangenheit möglicherweise Kontakt mit Personen hatten, die positiv auf das Virus getestet wurden. Die Teilnehmer können sich dann selbst testen lassen und können, falls sie auch infiziert sind, das auf ihrem Handy vermerken, sodass wiederum andere Personen erfahren, ob sie Kontakte mit Infizierten hatten. Das hört sich zunächst gut an, verlangt aber ein letztlich altruistisches Verhalten der Teilnehmer, die mit ihrer Information ja nicht sich selbst, sondern anderen helfen. Der eigene Nutzen liegt nur darin, dass man erfährt, ob man sich in der Vergangenheit in Gefahr befunden hat. Da es freilich noch immer an wirkungsvollen Therapiemöglichkeiten für die Erkrankung fehlt, ist dieser Nutzen begrenzt.

Etwas anderes wäre es, wenn ein jeder auf seiner Handy-Landkarte erfahren könnte, ob und wo sich in seinem Umfeld Personen aufhalten, die selbst über Kontakte mit infizierten Personen informiert wurden, insofern also potenzielle Verbreiter des Virus sind. Dabei müsste freilich statt eines Punktes für eine solche Person ein Kreis um sie herum eingetragen werden, der hinreichend groß ist, um auszuschließen, dass sie im Einzelnen identifiziert werden kann. Wenn man auf diese Weise sehen könnten, wo sich potenzielle Risiken befinden, dann könnte und würde man sicherlich um die entsprechenden Orte einen Bogen machen, und weitere Ansteckungen würden sich sehr stark verringern.

Nur so ließe sich ein massiver, verhaltenslenkender Effekt erwarten, der die Infektionszahlen nachhaltig senkt. Freilich sollte die Verwendung der App in diesem Fall wohl verbindlich vorgeschrieben werden, denn es ist zu erwarten, dass manche Menschen es vorziehen würden, ihre Mitmenschen nicht zu informieren, weil sie eben doch befürchten, identifiziert zu werden. Angesichts der tödlichen Gefahren, die solch ein Verhalten für eine große Zahle anderer Menschen bedeuteten könnte und würde, kann und darf die Entscheidung über die App nicht freiwillig sein. Vielmehr ist dies ein klassischer Fall der Ökonomie, in dem Gebote zur Vermeidung schädlicher Externalitäten auf andere Menschen angemessen sind.

Im Grunde war das Mittelalter im Hinblick auf die Wirksamkeit der Warnung schon wesentlich weiter, als wir es heute mit der neuen deutschen App sind. Im Mittelalter gab es die Pestklapper, manchmal auch Lepraklapper genannt. Bei der Pest durfte man sein Haus als Kranker nur verlassen und den öffentlichen Raum betreten, wenn man die anderen warnte, dass man jetzt kommt, und man musste dazu eine Klapper betätigen, die laut und vernehmlich jedermann warnte. Wenn man das selbst nicht konnte, musste jemand anderes vor einem hergehen und die Klapper betätigen, sodass alle anderen Reißaus nehmen konnten, damit sie nicht angesteckt wurden. Um naheliegenden Fehldeutungen gleich vorzubeugen, wiederhole ich abermals, dass ich nicht will, dass man in der Lage sein soll, einzelne Individuen aufgrund einer elektronischen Pestklapper zu identifizieren. Vielmehr verweise ich auf den Vorschlag, die Position der Individuen nur ungefähr durch einen Kreis auf einer Handy-Landkarte anzudeuten, der so groß ist, dass man das einzelne Individuum eben nicht identifizieren kann. Da steht keine Name am Kreis, und das Zentrum des Kreises weicht auch zufällig in verschiedene Richtungen von der tatsächlichen Position des Individuums ab, was ja im Übrigen schon teilweise durch die Stochastik sichergestellt ist, die in die GPS-Systeme zur Positionsbestimmung eingebaut ist. Andererseits darf der Kreis auch nicht so groß sein, dass er irreale Ausweichreaktionen induziert und insofern seine Schutzfunktion verliert.

Es wäre ein Leichtes, die in Deutschland eingebaute App so zu erweitern, dass sie die verfügbaren Informationen über den

Aufenthaltsort von Corona-Gefährdern, die selbst über ihre Kontakte zu Informierten informiert wurden, auf einer elektronischen Landkarte verfügbar macht. Unser Navi zeigt doch auch an, wo sich Staus ergeben. Warum zeigt es nicht die Ballung von Gefährdern im Raum? Den Stau darf ich meiden, die Gefährder nicht. Ist denn die Zeit des Autofahrers wichtiger als das menschliche Leben? Welche verqueren Wertvorstellungen haben sich denn hier bloß in die Politik eingeschlichen!

Wenn wir das alles nicht wollen und nicht wieder den harten Lockdown realisieren wollen, der so unendlich teuer ist, weil wir damit unsere industrielle Basis zerstören, dann müssen wir zumindest den japanischen Weg gehen und grundsätzlich alle Leute in eine strikte häusliche Quarantäne schicken, die mit einem nachgewiesen Infizierten Kontakt hatten. Das machen wir ja derzeit nicht, und das ist auch mit der neuen deutschen App nicht geplant. Die Kontaktpersonen müssen erst einmal getestet werden, und nur wenn sie sich dann auch als infiziert erweisen, kommen sie in die Quarantäne. Das funktioniert aber nicht, weil viel zu viel Zeit verstreicht, bis die Testergebnisse vorliegen. Inzwischen setzt sich die Infektionskette fort. Umgekehrt wird ein Schuh draus: Alle müssen sofort in die Quarantäne, bis nachgewiesen wird, dass sie nicht infiziert sind.

Wenn ich auf die asiatischen Länder verweise, dann will ich nicht sagen, dass wir nun alles übernehmen sollten, aber speziell zum Thema frühzeitige und vorsorgliche Quarantäne und Handy-App mit einer Warnung in Echtzeit, also anonymisierte elektronische Pestklapper, da können wir noch lernen.

Wenn wir das nicht wollen, dann wird uns bei einer zweiten Infektionswelle nichts anderes übrig bleiben, als wieder in den Lockdown zurückzukehren. In China befürchtet man eine solche Welle, nachdem auf dem großen Lebensmittelmarkt in Peking wieder ein erhebliches Infektionsgeschehen festgestellt wurde. In Amerika befürchtet man sie auch, wobei dort eigentlich die erste Welle gar nicht abgeklungen ist. Weltweit beschleunigt sich die Zahl der Infektionen noch, obwohl sie in Kontinentaleuropa überall abklingt. Wir müssen unter allen Umständen vermeiden, dass es nochmals zu einer massiven Beschränkung des wirtschaftlichen und sozialen Lebens kommt, die wieder 30 Milliarden pro Woche kostet, während die App nahezu nichts kostet. Man kann mit einer geschickten App wahrscheinlich mehr Menschenleben retten als durch einen harten Lockdown, und man kann sich die zig Milliarden Euro pro Woche an nicht erbrachter Wirtschaftsleistung ersparen.

Solange es keinen Impfstoff gibt, müssen wir die technologischen Alternativen zum erneuten Lockdown nutzen. Und bis zu einem massenhaft einsetzbaren Impfstoff wird es noch eine Weile dauern. Von den Epidemiologen hört man, dass ein wirksamer und ungefährlicher Impfstoff wohl in diesem Jahr gefunden werden könnte, aber vom Finden bis zur Bereitstellung für Hunderte von Millionen Menschen ist es noch ein weiter Weg. Das dauert viele Monate.

„Ein Glück, dass es Flickenteppiche bei der Corona-Politik gibt."

Braucht es mehr internationale Kooperationen bei der Bekämpfung des Virus?

Die Weltgesundheitsorganisation (WHO) ist sehr in die Kritik gekommen, weil sie wohl die Chinesen geschont hat. Sie hat die Epidemie in China heruntergespielt, und sie hat anscheinend auch viel zu spät die Pandemie erklärt, also den Umstand, dass die Epidemie nun alle Länder dieser Erde erfasst. Da wird der WHO der Vorwurf gemacht, dass es eine zu große Nähe zu China gibt. Ob der Vorwurf berechtigt ist oder nicht, dazu kann ich mir kein Urteil erlauben.

Aber natürlich brauchen wir die WHO, um die Informationen über den Verlauf der Epidemie, die Gefährdungen sowie den Erfolg oder Misserfolg bei den medizinischen Schutzmaßnahmen zu verbreiten. So richtig es ist, dass das Virus sich durch die weltweiten Kontakte der Menschen so rasch hat verbreiten können, so richtig ist aber auch, dass der rasche Informationsfluss um die ganze Welt die einzelnen Regierungen in die Lage versetzt hat, rechtzeitig zu agieren und über Erfolge und Misserfolge anderer Regierungen zu informieren.

Wir brauchen die WHO nicht, weil das Virus keine Grenzen kennt, wie es manchmal behauptet wird. Diese Aussage ist falsch, ja eigentlich schon absurd. Natürlich kennt das Virus Grenzen, denn es kommt nur mit den Menschen, und wenn die Menschen die Grenzen nicht überschreiten, kann es auch das Virus nicht. Die gesamte Palette der Schutzmaßnahmen gegen das Virus beinhaltet Grenzziehungen. Wer krank ist, wird zuhause festgehalten. Die Wohnungstür ist die Grenze. Ganze Gemeinden wurden abgeriegelt, nicht nur in China, sondern auch bei uns, um die Verbreitung des Virus zu stoppen. Und plötzlich wurden auch die Landesgrenzen wieder geschlossen. Grenzziehungen für Menschen und damit auch für das Virus waren die einzigen wirksamen Schutzmaßnahmen, die wir hatten.

Im Übrigen sollte man die Möglichkeiten zentral gesteuerter Gegenmaßnahmen gegen die Epidemie nicht überbewerten. Das neue Virus zeigt in aller Deutlichkeit, dass die Vorstellung, zentrale Organisationen – ob nun die WHO, die EU oder auch die Bundesregierung – seien bei einer solchen Krise besonders wichtig, zu hinterfragen ist. Eigentlich ist hier das Subsidiaritätsprinzip relevant, wonach eben Lösungen für Probleme möglichst weit unten in der Organisation einer Volkswirtschaft stattfinden sollten. Wenn eine Ansteckungsgefahr droht, dann muss zuerst einmal jeder selbst aufpassen, dass er sich nicht ansteckt, indem er Abstand hält. Der nächste Schritt ist die Familie, in der man sich gegenseitig hilft, wenn jemand erkrankt ist. Dann folgt die lokale Gemeinde, vielleicht wie Heinsberg, die, wenn es eine besondere Infektionswelle gibt, dagegen Maßnahmen ergreift und Ausgehverbote verhängt, die anderswo noch nicht nötig sind. Und wenn es dann mehrere Regionen betrifft, dann ist es vielleicht eine Sache des Landes, zu handeln. Und wenn es mehrere Länder betrifft, ist es vielleicht eine Sache des Bundes. Bis wir bei der EU sind oder gar bei der Weltgesundheitsorganisation, ist es ein weiter Weg.

Ein schönes Beispiel für den Irrglauben, dass man alles zentral von der Politik organisieren müsse, ist die Maskenpflicht. Obwohl die Epidemiologen frühzeitig zur Maskenpflicht rieten, wurde sie in Deutschland anfangs nicht verhängt. Warum nicht? Weil es keine Masken gab. Erst müsse man die Produktion der Masken organisieren, bevor man sie zur Pflicht machen könne, meinten die Politiker. Welch ein Unsinn! In der Marktwirtschaft braucht man eine solche Zentralplanung nicht. Wo Bedarf ist, sorgt der Markt rasch für ein Angebot. Viele Textilfirmen haben rasch umgeschaltet, und im Nu waren die Masken am Markt. Zur Not kann sich jeder selbst eine Maske nähen. Meine Frau hat Dutzende von Masken für die Familie und Freunde selbst genäht, und meine Schwiegertochter hat im Freundeskreis alte Bettwäsche gesammelt und Näherinnen gefunden, die daraus umsonst einfache Kittel genäht haben. Ein wesentlicher Engpassfaktor in der nahegelegenen Klinik war nämlich, dass es an Kitteln fehlte, die das Personal beim Kontakt mit den Kranken anziehen und laufend wechseln muss, damit sich die Keime nicht übertragen. Zentralplanung? Aufgabe für Berlin oder gar für Brüssel? Fehlanzeige. Wir leben in einer freien Gesellschaft mündiger Bürger, die sich selbst zu helfen wissen.

Das Virus hinterlässt einen Flickenteppich, und darauf kann man auch nur so reagieren. Das Wort Flickenteppich ist politisch so häufig negativ besetzt worden, ich kann es nicht mehr hören. Ich denke beim Flickenteppich an etwas Positives. Ich habe in Kanada gelebt und habe mir dort einen Quilt gekauft, der wurde von Mennoniten-Damen in mühsamer Handarbeit gestickt – aus lauter Flicken. Das ist die schönste Decke, die wir haben.

Der Vorteil des Flickenteppichs zeigt sich auch bei der Suche nach einem Impfstoff: Diese Suche ist nicht weltweit koordiniert. Da sind Dutzende, wenn nicht hundert verschiedene Forschergruppen unterwegs, um den Impfstoff zu finden. Jeder will der Erste sein, ob es nun der wissenschaftliche Ehrgeiz ist oder der schnöde Mammon. Und aus dieser Konkurrenz wird ein Maximum an Geschwindigkeit und ein Maximum an Erfolg erzielt. Die Vorstellung, man könne das durch Koordination und zentrale Planung besser hinkriegen, ist abwegig, das genau zeigt die Corona-Krise. Vielfalt, Wettbewerb und ein freies Unternehmertum sorgen für schnellstmöglichen Erfolg.

„Die Corona-Krise verschärft die Krise des Euroraums."

Wie gut waren Europa und insbesondere der Euroraum vor der Corona–Krise wirtschaftlich aufgestellt?

Die Corona-Krise trifft Europa zum denkbar schlechtesten Zeitpunkt, denn die EU befindet sich bereits seit Längerem in einer politischen Krise, ausgelöst insbesondere durch den Austritt der Briten. Angesichts der Größe des Vereinigten Königreiches ist der Austritt wirtschaftlich gleichbedeutend mit dem simultanen Austritt von 19 der 29 EU-Länder. Den Briten war der Zentralismus der EU einfach zu viel, und sie wollten sich auch nicht mehr dem EuGH als letzter richterlicher Instanz unterordnen. Die Länder Osteuropas begehren ebenfalls auf. Sie sträuben sich gegen vermeintliche oder tatsächliche Diktate aus Brüssel, die ihre Souveränität und ihre Rechtsordnungen einschränken. Und auch aus Deutschland kommen erhebliche Bedenken. Die EZB setzt sich auch nach Meinung des Bundesverfassungsgerichts fortwährend dem Verdacht aus, ihr Mandat zu überschreiten, und der Europäische Gerichtshof, der das anders sieht, ohne seine Position nachvollziehbar zu begründen, übt nach Meinung des deutschen Verfassungsgerichts „Willkür" aus. Nachhaltiger und wuchtiger hätte die deutsche Kritik an einer EU-Institution kaum ausfallen können.

Gleichzeitig drängen die Länder Südeuropas und Frankreich immer intensiver auf Finanztransfers, wie sie der französische Präsident Emmanuel Macron in seiner Sorbonne-Rede vom September 2017 mit Nachdruck gefordert hatte. Die Heftigkeit, mit der die fast schon ultimativen Forderungen nach Transfers vorgetragen wurden, begründet sich durch die enormen wirtschaftlichen Schwierigkeiten der mediterranen Länder, die weder mit dem Euro noch mit dem Wettbewerb der osteuropäischen Niedriglohnländer zurechtkommen. Die Anrainerstaaten des Mittelmeerraumes leiden unter einer tiefgreifenden Wettbewerbsschwäche, die über die Absatzmärkte, über die Zinspolitik der EZB und über fiskalische Rettungssysteme voll zu uns durchschlägt. Die Corona-Krise, die in den gleichen Ländern wütet, die diese Schwierigkeiten haben, hat die Problemlage nochmals dramatisch verschärft und einen Erwartungsdruck gegenüber Deutschland aufgebaut, dem wir kaum gerecht werden können. Deutschland hat zwar breite Schultern, doch ist es auch nicht mehr in allzu guter Verfassung. Seine eigene Industrie schwächelt seit dem Sommer 2018, ja befindet sich seitdem bereits in einer heftigen Rezession, die viel mit den radikalen rechtlichen Vorgaben der EU zur Eindämmung der Verbrennungsmotoren zu tun hat. Diese Vorgaben kamen wesentlich aufgrund des Einflusses derjenigen Länder zustande, deren Industrien selbst lädiert sind.

Die Ursachen für die Probleme dieser Länder reichen vor die Zeit der großen Finanzkrise zurück, die mit der Lehman-Pleite 2008 kulminierte. Die Corona-Epidemie und die Finanzkrise sind nur Brandbeschleuniger, die aus einer gravierenden wirtschaftlichen Schieflage, die der Euro zwischen Nord- und Südeuropa erzeugt hat, eine akute Wirtschaftskrise in Südeuropa und eine Krise der EU an sich gemacht haben.

Das Hauptproblem liegt in Italien, das schon lange in wirtschaftlichen Schwierigkeiten ist. Schon als die Italiener in den Euro wollten, kamen sie mit ihren Staatsschulden nicht mehr zurecht. Mitte der 1990er Jahre war Italien eigentlich schon am Rande der Pleite mit einer Schuldenquote (Schulden geteilt durch Bruttoinlandsprodukt) von etwa 120 Prozent und Zinsen von zwölf Prozent auf zehnjährige Staatspapiere. Das ließ auf die Dauer eine Zinsbelastung des Haushalts von mehr als 14 Prozent des Bruttoinlandsproduktes erwarten. Es ging so nicht mehr weiter.

Man wollte unbedingt in den Euro, denn der Euro versprach niedrigere Zinsen, weil er für die teilnehmenden Länder und ihre Gläubiger eine Art von implizitem Schutzversprechen gegen den Staatskonkurs bedeutete. Tatsächlich schrumpfte der Zinsabstand zu Deutschland durch den Beitritt Italiens um fünf Prozentpunkte, also 500 Basispunkte. Das war sehr viel, und Italien hat dadurch sehr viel Geld für die ausstehenden Staatsschulden gespart, so viel, dass es die Mehrwertsteuer hätte streichen können. Zusätzlich haben die niedrigen Zinsen Italien in die Lage versetzt, sich zur Finanzierung des Staates noch mehr zu verschulden als ohnehin schon. Hier den moralischen Zeigefinger zu erheben, wäre aber nicht richtig. Das Geld wurde nicht verprasst. Das kann man nicht sagen. Aber es ist eindeutig, dass die Verfügbarkeit billiger Kredite half, eine rabiate Steuererhöhung und möglicherweise auch eine Rezession zu vermeiden, die ansonsten wohl stattgefunden und die das Land auf den Boden der Tatsachen zurückgeführt hätten.

Die Folge der Verschuldung war freilich, dass sich die italienische Schuldenquote trotz der fallenden Zinsen weiter erhöhte. In den ersten Jahren fiel die Schuldenquote zwar, was an den gesunkenen Zinsen lag und auch an den Nachfrageimpulsen, die mit der Verschuldung einhergingen und die das Sozialprodukt sogar noch etwas erhöhten. Aber Verschuldungsprogramme sind niemals Wachstumsprogramme, auch wenn die Politiker das tausendmal so sagen. Sie sind bestenfalls konjunkturelle Aufputschmittel, die nachher umso schlapper machen. Jedenfalls stieg die Schuldenquote seit dem Ausbruch der Finanzkrise wieder und landete Ende 2019 bei 133 Prozent. Und jetzt kommt die Corona-Krise hinzu, einerseits mit einer neuen Staatsverschuldung – das italienische Budgetdefizit wird dramatisch hochgefahren – und andererseits mit einer Schrumpfung der Wirtschaftsleistung, die im Bereich von zehn Prozent liegen könnte. Das bedeutet, dass die Schuldenquote noch mal sprunghaft in die Höhe gehen wird. Schätzungen deuten selbst kurzfristig in die Richtung von 150 Prozent und mehr.

Die Verschuldung war natürlich zunächst einmal eine schöne Sache, denn sie half, dem volkswirtschaftlichen Kreislauf so viel Impulse zu geben, dass die üblichen Lohnerhöhungen weiterhin möglich waren, so als hätte es den Euro gar nicht gegeben. Die Italiener haben ja immer kräftig inflationiert und dann ihre Währung abgewertet, um die Wettbewerbsfähigkeit dennoch zu erhalten. Wenn man aber eine gemeinsamen Währung hat, dann kann man nicht mehr abwerten, und wenn die eigenen Produktpreise trotzdem schneller als im Rest des Euroraums steigen, geht die Wettbewerbsfähigkeit verloren. Das genau ist das italienische Problem.

Vom Gipfel von Madrid im Jahr 1995, als die Zeitschiene für die Einführung des Euro verbindlich beschlossen wurde, bis hin zur Lehman-Krise im Jahr 2008 sind die Preise der in Italien produzierten Güter relativ zu den Preisen der in Deutschland produzierten Güter insgesamt um etwa 40 Prozent gestiegen. Ökonomen sprechen in dem Zusammenhang von einer realen Aufwertung, obwohl ja eine offene Währungsaufwertung nicht mehr möglich ist. Mit enthalten in dieser Zahl ist eine anfängliche Lira-Aufwertung von 16 Prozent, doch der Löwenanteil dieses Anstieges ist auf die italienische Sonderinflation zurückzuführen. Und leider hat sich an dem erhöhten relativen Preisniveau auch während der letzten zwölf Jahre nur wenig geändert. Kaum eine Volkswirtschaft hätte eine Aufwertung von 40 Prozent schadlos verkraften können.

Die negativen Effekte wurden bis zur Lehman-Krise im Jahr 2008 dadurch kompensiert, dass der Staat die Zinsersparnisse und auch die neuen Kredite, die per Saldo aus dem Ausland kamen, dem volkwirtschaftlichen Kreislauf zuführen konnte. Das hat die Binnennachfrage und die Importe aufrechterhalten, die für einen hohen Lebensstandard erforderlich sind. So schien die Sache eine Weile trotz des schleichenden Verlustes der Wettbewerbsfähigkeit zu funktionieren. Statt der Waren wurden Schuldscheine exportiert, um die Importe zu bezahlen.

Mit der Lehman-Krise war jedoch damit auf einmal Schluss, weil die Gläubiger nicht mehr bereit waren, neues Geld zu geben, und stattdessen die fällig werdenden Kredite zurückhaben wollten, und so war es in ganz Südeuropa. Die Importe schrumpften, weil es an Geld fehlte, und weil die Importe des einen Landes die Exporte des anderen waren, schrumpften auch die Exporte. Es verbesserte sich zwar die Leistungsbilanz mit dem Ausland – auch weil Italien in der Krise dank der Null- und Negativzinspolitik der EZB immer weniger Zinsen an Ausländer zahlen musste –, doch war das kein Hinweis auf eine Verbesserung der Wettbewerbsfähigkeit, wie manchmal behauptet wird, sondern vor allem das Ergebnis des plötzlichen Geldmangels, der die Importe schrumpfen ließ.

Tatsächlich zeigte sich nun, dass Italien mit dem Euro überhaupt nicht zurechtkam. Die Zahl der Firmen im verarbeitenden Gewerbe fiel von ihrem Höhepunkt kurz vor der Lehman-Krise bis zum Ausbruch der Corona-Krise um 20 Prozent. Einige Firmen wurden neu gegründet, aber netto sind es heute ein Fünftel weniger! Und um ein Fünftel ist in dieser Zeit auch die italienische Industrieproduktion gefallen.

Das ist sehr schade, weil Norditalien eine der hervorragenden Industrieregionen Europas war, die über eine sehr leistungsfähige Wirtschaft verfügte. Auch heute noch kann diese Region mit ihren Textilien, Modeartikeln, Möbeln und hochwertigen Werkzeugmaschinen in Spezialbereichen punkten. Kein Wunder also, dass die Nerven der Italiener blank lagen, als sie merkten, dass sich all die schönen Versprechungen der Vielzahl der zwischenzeitlich regierenden Ministerpräsidenten von Berlusconi über Monti und Renzo bis hin zu Letta und Gentiloni als Schall und Rauch entpuppten, und sich die Bevölkerung zunehmend radikalen Parteien wie Cinque Stelle und insbesondere der Lega von Matteo Salvini zuwandte, die die EU nur mit riesigen Rettungsprogrammen an der Machtergreifung hindern kann. Diese Rettungsprogramme werden zwar als Wachstums- und Wiederaufbauprogramme tituliert, doch in Wahrheit handelt es sich dabei um konsumerhaltende Seitenzahlungen zum Erhalt einer EU-freundlichen Gesinnung in der Bevölkerung.

In Griechenland und Spanien entstanden durch den billigen Kredit, den der Euro brachte, sogar echte Wirtschaftsblasen, die zum Zeitpunkt der Lehman-Krise platzten und ebenfalls verschiedene radikale Strömungen an die Macht brachten. In Griechenland floss der Kredit wie in Italien an den Staat und von dort zu den Pensionären und Staatsbediensteten, deren Käufe dann die Binnennachfrage belebten und die Inflation ernährten. In Spanien floss der ausländische Kredit über die Banken zu den privaten Bauherren in die Lohntüten der Bauarbeiter und erzeugte ebenfalls einen inflationären binnenwirtschaftlichen Boom. Aber die binnenwirtschaftliche Belebung, die dem ausländischen Kredit zu verdanken war, erwies sich als schädlich für die Industrien, weil die sich ja auf den Weltmärkten nun bei steigenden Kosten behaupten mussten.

Der gesamte Mittelmeerraum ist seit der Lehman-Krise abgerutscht und hat seine Wettbewerbsfähigkeit gegenüber Deutschland und dem Rest der Welt weitgehend verloren. Das galt selbst für Frankreich, dessen wirtschaftliche Entwicklung immer irgendwo zwischen der Entwicklung von Deutschland und Italien verlief. Dass die Industrieproduktion Italiens, Spaniens und Griechenlands vor der Corona-Krise um ein Fünftel unter dem Vor-Lehman-Niveau lag, hatte ich schon erwähnt.

Die Corona-Krise gibt den bereits angeschlagenen Ländern nun den Rest, denn sie wurden von der Epidemie stärker getroffen als alle anderen kontinentaleuropäischen Länder. Die Todesfallzahlen waren ein Vielfaches der deutschen Zahlen, absolut gesehen und erst recht, wenn man sie in Beziehung zur deutschen Bevölkerung setzt. Kein Wunder, dass die Industrieproduktion nun noch einmal abgerutscht ist. Spanien stand im April 2020 bei minus 29 Prozent und Italien gar bei minus 32 Prozent im Vergleich zum Vor-Lehman-Niveau vom Herbst 2007. Und während Deutschlands Industrie von plus zwei Prozent auf minus sechs Prozent schrumpfte, ging Frankreichs Industrie von minus zehn Prozent auf minus 20 Prozent. Offenbar kommen die mediterranen Länder mit dem

Euro überhaupt nicht zurecht und rutschen bei jeder neuen Krise noch ein Stück tiefer in den Graben.

Die mediterranen Länder hatten zwar in den Jahren seit 2014 ein gewisses Wachstum des Bruttoinlandsproduktes erzielen können, aber das ist im Wesentlichen durch Neuverschuldung induziert worden und betraf die nicht im internationalen Wettbewerb stehenden Binnensektoren. Der Staat kann mithilfe der Verschuldung immer neuen Dampf im Kessel der Volkswirtschaft erzeugen und über üppige Pensionen und Beamtengehälter die Wirtschaft im Inneren eines Landes ankurbeln, doch den im internationalen Wettbewerb stehenden Sektoren hilft das gar nicht, denn sie werden dadurch eher noch teurer.

Neben der Überteuerung durch den billigen Kredit, den der Euro brachte, setzte den Volkswirtschaften West- und Südeuropas auch die Konkurrenz der osteuropäischen Länder zu, die vor etwa 15 Jahren der EU beitraten. Diese Beitritte führten zu einer schlagartigen Veränderung der Wettbewerbssituation in Europa, denn es traten recht junge, hungrige und gut ausgebildete Leute ein, die bereit waren, sich aus dem kommunistischen Dreck herauszuarbeiten, wild entschlossen, nun endlich den eigenen Lebensstandard an das westliche Niveau anzupassen, das man aus dem Fernsehen kannte. Sie arbeiteten „für 'n Appel und 'n Ei" und schufteten wie die Wilden.

Potenziell hätte diese Konkurrenz auch für die deutsche Industrie gefährlich werden können, doch das Gegenteil passierte. Die deutschen Firmen nutzten die Gelegenheit, die arbeitsintensiven Teile der Vorproduktketten nach Osteuropa auszulagern, und schafften es so, den asiatischen Wettbewerbern Paroli zu bieten und den Abbau der Arbeitsplätze, der sonst eingesetzt hätte, zu reduzieren. Weniger Glück hatten die Süd- und Westeuropäer. Zwar gab es einige bemerkenswerte Investitionen der Franzosen und Italiener in Rumänien, doch im Großen und Ganzen überwog der direkte Effekt eines neuen Konkurrenzdrucks, der mit ungeahnter Wucht über ihre eigenen Industrien hinwegfegte und sicherlich einen erheblichen Teil der beschriebenen Probleme erklärt.

Heute sind Tschechien, die Slowakei, Ungarn und Polen die neuen Stars der EU. Ihre Wachstumsraten stellten seit dem Beitritt alles in den Schatten, was man im Westen beobachten konnte, und sie holen mit Riesenschritten auf. Längst sind sie über das Stadium der verlängerten Werkbank hinausgewachsen und beliefern die Märkte mit innovativen und preisgünstigen Produkten, die sich auf den Weltmärkten behaupten können.

Hätten die Mittelmeerländer einschließlich Frankreichs noch die Möglichkeit, ihre Produkte durch Abwertungen ihrer Währungen zu verbilligen, wäre alles halb so schlimm. Dann würde sich der Konkurrenzdruck auf dem Wege über steigende Importpreise zwar in einer Dämpfung des Lebensstandards, aber nicht in einem großen Industriesterben und einer hohen Arbeitslosigkeit äußern. Doch der einst heiß ersehnte Euro verhindert diese Strategie, weil es unter den Euroländern keine Wechselkurse mehr gibt. Die EZB versucht zwar nach Kräften, stattdessen den Euro selbst abzuwerten, und senkte auch dazu die Zinsen, doch befinden sich im Euroraum leider auch die vielen wettbewerbsfähigen Länder des Nordens, die eher einen höheren Wechselkurs brauchen, um Waren nicht unter Wert verkaufen zu müssen.

Kurzum, genau dies ist das nur schwer zu lösende Problem des Euroraums. Nach dem Ausbruch der Eurokrise sind in ganz Süd- und Westeuropa Torsos einst halbwegs wettbewerbsfähiger Wirtschaftssysteme übrig geblieben, deren Löhne, gemessen an der Produktivität, überzogen sind und deren Produkte deshalb vielfach nicht mehr wettbewerbsfähig sind. Das ist das Grundproblem. Diese Länder müssten alle gegenüber den nördlichen Ländern des Euroraums, vor allem Deutschland, abwerten, können es jedoch nicht, weil sie im Euro sind. Und die Wirtschaftsmisere, die dadurch verursacht ist, übertüncht man durch immer neue Staatsverschuldung, immer mehr Geld aus den Druckerpressen des Eurosystems mit Zinsen, die sich vielfach schon am Anschlag der Null-Grenze befinden, und auch durch internationale Transfersysteme. Sie reichen von den intergouvernementalen Hilfen bis hin zu den verschiedenen Rettungsfonds EFSF, ESM, ESFM und wie sie alle heißen. Hunderte von Milliarden von Euro sind bereits in Bewegung gesetzt worden.

Und nun, in der Corona-Krise, soll von allem noch viel mehr kommen. So hat die EU bereits im April ein gemeinsames Kurzarbeitergeld beschlossen, hat die Mittel des Rettungsschirms ESM aufgestockt und die Europäische Investitionsbank ermächtigt, mehr Kredite an notleidende Länder zu vergeben. Das Volumen betrug 540 Milliarden Euro. Aber dabei soll es nicht bleiben. So hat Angela Merkel dem ewigen Drängen von Emmanuel Macron nachgegeben und stellt sich nun hinter die Schaffung einer gemeinsamen Verschuldungskapazität für die EU, die faktisch auf die Euro-Bonds hinausläuft, von denen sie einst sagte, wie würden zu ihren Lebzeiten nicht realisiert werden. Nicht weniger als 500 Milliarden Euro sollen durch einen „europäischen Wiederaufbaufonds" bewegt werden. Die Kommissionspräsidentin Ursula von der Leyen sattelte noch eins oben drauf und wünschte sich stattdessen ein Volumen von 750 Milliarden Euro. Und interessanterweise hat der EZB-Rat in enger zeitlicher Nähe ein Pandemic Emergency Purchase Programme beschlossen, das Wertpapierkäufe im Umfang von 750 Milliarden Euro beinhaltet. Letztlich soll das Geld für den Wiederaufbaufonds aus der Druckerpresse kommen.

Das sind aber alles keine wirklichen Lösungen der europäischen Misere, denn man kann die Wirtschaft nicht durch solche Fonds wieder aufbauen, man kann nur sicherstellen, dass das Finanzsystem nicht kollabiert, solange hinreichend viel Geld da ist, und man kann die Gläubiger der angeschlagenen Länder schützen, die die Papiere in ihrem Portfolio haben, allen voran französische Banken und andere französische Investoren. Deren Exposure gegenüber italienischen Schuldnern ist beispielsweise viermal so groß wie jenes deutscher Gläubiger.

„Der Wiederaufbaufonds ist ein Etikettenschwindel."

Wie lassen sich die wirtschaftlichen Probleme vieler Euroländer lösen, die durch die Corona–Krise verschärft wurden?

Die Linderung, die die Verschuldung und das Geld aus der Druckerpresse bedeuten, behindert die Selbstheilung der Wirtschaft und verfestigt die Probleme. Zwar kann man mit dem Kredit, egal ob er aus dem Ausland oder aus der Notenpresse der nationalen Notenbank stammt, Nachfrage erzeugen, sei es über das Staatsbudget oder über die wieder belebte Bauindustrie. Diese Nachfrage schafft Jobs in den Binnensektoren, die nicht im internationalen Wettbewerb stehen. Der Pensionär geht ins Restaurant, der Restaurantbesitzer zum Frisör, der Frisör ins Fitnessstudio und so weiter. Dadurch werden wieder Lohnerhöhungen in diesen Bereichen möglich, oder es können die eigentlich erforderlichen Lohnanpassungen nach unten unterbleiben. Doch müssen die im internationalen Wettbewerb stehenden Sektoren diese Löhne auch zahlen, ohne dass sie zugleich auf eine Erhöhung der Nachfrage nach ihren Produkten rechnen können oder deswegen Produktivitätszuwächse haben, die es möglich machen würden, mit den hohen Löhnen zurechtzukommen. Sie verlieren deshalb ihre Wettbewerbsfähigkeit, und dadurch wird die gesamte Volkswirtschaft immer stärker abhängig von ausländischen Finanzhilfen.

Um das Problem zu verstehen, muss man sich klarmachen, dass das von außen in eine Volkswirtschaft fließende Geld letztlich ja Anrechte auf ausländische Waren bedeutet. Man darf sich jetzt also zum Beispiel mit diesem Geld wieder deutsche Autos oder andere Importwaren kaufen. Das alles hilft der heimischen Wirtschaft aber nur bedingt. Es kommt zwar zu einem binnenwirtschaftlichen Boom, weil die Verteilung dieser Anrechte im Inneren der Länder zunächst einen Konjunkturstimulus bedeutet, also die Kette vom Restaurant bis zum Fitnessstudio in Gang setzt. Im Endeffekt bedeuten aber die Geldmittel, dass Waren aus dem Ausland geliefert werden und dass jene Sektoren der Wirtschaft, die ohnehin schon unter der ausländischen Konkurrenz leiden, zusätzlich unter Druck geraten. Es hilft dem Lebensstandard der Menschen, es ist auch als Beruhigungspille zu sehen, aber es ist nichts, was der Wiederherstellung der Wettbewerbsfähigkeit der Länder Südeuropas unmittelbar förderlich ist, ganz im Gegenteil.

Natürlich kann man wieder die schönen Geschichten erzählen, die schon vor zehn Jahren bei der Griechenlandkrise vorgebracht wurden, dass man mit dem Wiederaufbaufonds die Infrastruktur und damit die Wachstumschancen der Industrie angebotsseitig verbessern kann. Das Argument könnte also, überspitzt gesagt, sein, dass man die deutschen Autos nimmt, um mit ihnen italienische Arbeiter dafür zu bezahlen, dass sie italienische Autobahnen herstellen, die anschließend die Transportkosten für die italienische Industrie senken. Doch eine Lösung über konditionierte Mittel des Rettungsfonds ESM, die speziell für solche Zwecke hätten reserviert werden können, hat die italienische Regierung ja mit Händen und Füßen erfolgreich bekämpft. Nach aller Erfahrung wird man davon ausgehen müssen, dass statt der Autobahnen doch wohl mehr Restaurant-Essen und andere Dienstleistungen erzeugt werden, die die Standortbedingungen eher nicht verbessern. Und selbst wenn man die deutschen Autos nehmen würde, um die Arbeiter für den Aufbau einer lokalen Infrastruktur zu kompensieren, so wäre Fiat darüber immer noch nicht glücklich gewesen, denn Autos hätten sie ja auch gerne selbst hergestellt.

Was sich an diesem Gedankenexperiment zeigt, ist ein fundamentales Problem der Entwicklungspolitik. Dort erkannte man schon vor Jahrzehnten, dass Geldmittel an Entwicklungsländer, die zwangsläufig einen Warenfluss nach sich ziehen, für die dortige Industrie kontraproduktiv sind. Der Warenfluss in ein bedrängtes Land hilft dem Lebensstandard in diesem Land, hilft Versorgungskrisen zu überwinden, schädigt aber die dortigen Industrien. An diesem Konflikt kommt man nicht vorbei. Insofern kann man bestimmt nicht davon reden, dass der neue Geldtopf der EU ein Wiederaufbaufonds ist. Das ist ein von Politprofis geschickt gewählter Begriff, um die Mittel zur Ruhigstellung der lokalen Bevölkerung der wirtschaftlich angeschlagenen Länder des Mittelmeerraumes in den öffentlichen Medien plausibel zu machen, doch verschleiert er das, was durch diesen Fonds tatsächlich ausgelöst wird. Ein Etikettenschwindel, sonst nichts.

Die Volkswirte bezeichnen die negativen Auswirkungen auf die Industrie als „Holländische Krankheit". Als die Niederlande in den 1960er Jahren Gas gefunden hatten und in die Welt verkauften, erzielten sie ordentliche Einnahmen. Davon hat der Staat profitiert, die Löhne konnten erhöht werden, alles, was an der Gaswirtschaft hing, prosperierte. Aber die steigenden Löhne setzten der heimischen Industrie zu, der es immer schwerer fiel, international wettbewerbsfähig zu bleiben. Erst als die Gaspreise in den 1980er Jahren fielen, die Bestände zur Neige gingen und die Tarifpartner mit dem sogenannten Wassenaar-Abkommen eine Kehrtwende bei der Lohnentwicklung einleiteten, löste sich das Problem allmählich wieder, und die Industrie kam wieder hoch.

Eine andere Bezeichnung für die Holländische Krankheit ist der „Ressourcenfluch" (*resource curse*). Länder, die über hohe Einnahmen aus dem Verkauf von natürlichen Ressourcen verfügen wie zum Beispiel Norwegen oder Venezuela, haben, gemessen an der lokalen Standortqualität und der Produktivität der Arbeitskräfte, zu hohe Löhne, als dass eine wettbewerbliche Industrie sich etablieren oder halten kann. Das ist so lange kein Problem, wie die Ressourcen verfügbar und die Preise hoch sind, denn man kann sich ja die Güter, die man braucht, in der Welt zusammenkaufen, anstatt sie selbst zu produzieren. Aber wenn die Ressourcenpreise fallen, wird die einseitige Abhängigkeit ein Problem, wie die wirtschaftliche Katastrophe und die sozialen Aufstände Venezuelas in den letzten Jahren in aller Deutlichkeit gezeigt haben. Norwegen hat seine Erlöse aus dem Ölverkauf verwendet, um ein Vermögensportfolio im Ausland aufzubauen, den berühmten Sovereign Wealth Fund. Damit kommt es vorläufig über die Runden. Aber auch in Norwegen sucht man eine leistungsfähige Industrie vergebens. Bis auf die Werften ist da nicht viel zu finden.

Was in den Niederlanden der Gasverkauf und für Norwegen und Venezuela der Ölverkauf war, der zu einem Mittelzufluss aus dem Ausland führte, ist in den mediterranen Ländern Europas nun der Geldtransfer aus dem Norden, der in den letzten 30 Jahren in Form billiger privater Kredite unter dem Schutz des Euro, durch Rettungsaktionen der Staatengemeinschaft und der EZB sowie durch echte Transfers organisiert wird, wie sie nun Macron erfolgreich gegenüber Deutschland in Form des großen Wiederaufbaufonds durchgesetzt hat. Die Wirkungen sind immer dieselben. Dabei spielt es keine Rolle, ob die Geldmittel als Kredit oder als Geschenke kommen. In beiden Fällen fließen Geldmittel in das bedrängte Land, und mit diesen Geldmitteln lässt sich ein Lohnniveau stützen, das sonst keine wirtschaftliche Basis mehr hat, und es lassen sich Importe ins Land holen. Man kann durch solche Mittel in einer akuten Krise natürlich den Untergang von Industrien verzögern, aber sobald das eine Dauereinrichtung wird, zementiert man ein Lohnniveau, bei dem die Exportwirtschaft ihre Wettbewerbsfähigkeit verliert. Der Patient wird drogenabhängig und kommt vom Tropf nicht mehr los.

Das Problem der fehlenden Wettbewerbsfähigkeit der südeuropäischen Industrien ist nicht, dass die Produktivität dort nicht so hoch wie anderswo ist. Dass einige Länder nicht so produktiv sind wie andere, das ist immer so auf der Welt, und trotzdem kann der Wettbewerb funktionieren. Das unproduktivste Land der Welt kann wettbewerbsfähig sein, wenn es sich mit Lohnstrukturen begnügt, die der niedrigen Produktivität entsprechen, aber es verliert seine Wettbewerbsfähigkeit, wenn man sagt, dort muss der Lebensstandard derselbe sein wie bei den produktiveren Handelspartnern, dann bricht alles zusammen. Wir haben ja gerade mit Süditalien, dem Mezzogiorno, ein Musterbeispiel für die verheerenden Wirkungen dauerhafter Geldtransfers auf die wirtschaftliche Prosperität einer Region. Die dortigen Löhne werden von den Gewerkschaften des produktiven Nordens bestimmt, und die verheerenden Konsequenzen der resultierenden Löhne werden durch die Transfers des italienischen Staates abgefedert. So lässt es sich im Süden zwar leben, doch lebt man mit fremdem Geld, das aus den Regionen Norditaliens stammt und letztlich auch sie herunterzieht und im Übrigen im Süden die Mafia ernährt, weil staatliche Pfründe stets Begehrlichkeiten bei Personengruppen schaffen, die ihre Kraft nicht mehr in den Verkauf eigener Leistungen legen, sondern sich lieber in den Kampf um staatliche Mittel begeben.

Ich habe angesichts dieser Probleme zwei Herzen in meiner Brust. Einerseits bin ich sehr für solidarische Maßnahmen. In einer Krise wie dieser gilt es, den besonders betroffenen Ländern Italien und auch Spanien großzügig zu helfen. Das sollte aber ein jedes Individuum in eigener, freier Entscheidung tun, und meinetwegen noch der Staat, zu dem es gehört. Andererseits habe ich große Angst vor der Einrichtung kollektiver Leistungsmechanismen, die das Individuum oder den einzelnen Staat einer Mehrheitsentscheidung unterwerfen und die zu Dauereinrichtungen werden, an die sich die Empfänger gewöhnen und anpassen. Ich finde es nicht nur moralisch verwerflich, das Geld anderer Leute spenden zu wollen. Ich finde den neuen Weg der EU darüber hinaus gefährlich. Die Welt, in die wir unsere Kinder entlassen, ist schwierig genug. Den Wettbewerb mit den Völkern Asiens und auch den immer aggressiver agierenden USA zu bestehen, wird nicht leicht sein. Angesichts dessen können wir es uns gar nicht leisten, Europa dauerhaft durch eine Transferunion à la Macron mit der Holländischen Krankheit zu infizieren und zuzulassen, dass der gesamte Mittelmeerraum in Lethargie verharrt und zu einem großen Mezzogiorno mutiert, der vom Tropf des Nordens nicht mehr loskommt.

„Papandreou wollte austreten."

Was ist der richtige Weg zur Stabilisierung des Euroraums?

Die Möglichkeiten und Grenzen einer sinnvollen Politik erkennt man erst, wenn man sich klarmacht, dass die relativen Güterpreise durch die inflationäre Euroblase, die vor der Lehman-Krise stattfand, dramatisch verfälscht wurden. Die

Marktwirtschaft wird durch die Struktur der relativen Preise gesteuert. Ihre Leistungsfähigkeit entfaltet sie, wenn diese
Preise durch Angebot und Nachfrage von den Marktpartnern
selbst gebildet werden. Manchmal ist die Wirtschaft indes gestört. Es gibt zum Beispiel konjunkturelle Störungen, die mit
einer allgemeinen Nachfrageschwäche zu tun haben. Sie be-
dürfen der Konjunkturpolitik. Oder es gibt das Problem der
Pandemie, die die Leute zwingt, Abstand zu halten, anstatt in
wirtschaftliche Aktion zu treten. Das ist heute akut, und dagegen braucht man eine medizinische Politik. Es kann aber auch
eine Störung in Form falscher relativer Preise geben, und die
war vor Corona das Hauptproblem und wird es nach Corona
bleiben. Es handelt sich um eine chronische Wirtschaftskrank-
heit eines Patienten, der nun auch noch von der Pandemie erwischt wird.

Es gibt nur vier Wege, wie man auf diese chronische Krankheit reagieren kann. Erstens: Man gibt Morphium. Das ist die
beschriebene Transferpolitik, die zur Abhängigkeit führt. Die
zweite Möglichkeit besteht darin, die südeuropäischen Länder,
die zu teuer geworden sind, wieder billiger zu machen. Die dritte verlangt, die nordeuropäischen Länder nachzuinflationie-
ren, damit der Nachteil des Südens durch die Sonderinflation
in den ersten Eurojahren wieder kompensiert wird. Die Preise
zu senken ist äußerst schwierig, dann geraten Schuldner und
Mieter, die nominalwertgesicherte Kontraktverpflichtungen
haben, in Schwierigkeit. Außerdem treibt diese Politik die Gewerkschaften auf die Barrikaden, weil dazu in der Regel auch
Lohnsenkungen gehören. Das ist wie bei einer Chemotherapie.
Das Ziel der Therapie, niedrigere Preise zu haben, ist die Gesundung, doch der Weg dahin, die Deflation, ist schrecklich. Da
scheint es dann schon leichter, die nördlichen Länder zu infla-
tionieren. Das hat die EZB in den letzten Jahren versucht. Das
funktioniert aber auch nicht so einfach, weil sich ein Riesen-

tanker wie Deutschland nur schwer in Bewegung setzen lässt, und dabei würde ja im Übrigen das Mandat der EZB für Preisstabilität verletzen, denn wenn man auf die Inflation einer Ländergruppe mit der Nachinflationierung einer anderen Gruppe statt mit der Deflationierung der ersten Gruppe reagiert, steigen nun mal die Preise. Und der vierte Weg? Er besteht darin, das betroffene Land aus dem Euro austreten und die neue Währung abwerten zu lassen. Die Abwertung stellt die Wettbewerbsfähigkeit quasi über Nacht wieder her, doch führt dieser Weg im Vorhinein zu einer Kapitalflucht und zu einer Destabilisierung der Finanzmärkte. Mehr Möglichkeiten gibt es nicht.

Das Ergebnis ist ziemlich ernüchternd, zeigt es doch, in welche Sackgasse sich Europa mit dem Euro hineinmanövriert hat. Wie schön wäre es, es gäbe noch eine fünften Weg ohne die negativen Begleiterscheinungen, doch den gibt es definitiv nicht, weil alles, was man sich noch einfallen lassen kann, unter einen der vier Wege zu subsumieren ist. Es gibt beim Menschen bekanntlich Krankheiten, für die es nur Therapien mit negativen Begleiterscheinungen gibt. Bei volkswirtschaftlichen Problemen ist es bisweilen leider auch so.

Ich habe in meinem Buch „Der Euro" im letzten Kapitel die Theorie einer „atmenden Währungsunion" entwickelt, nicht weil ich glaube, dass sie den gordischen Knoten zerschlägt, sondern weil sie der bestmögliche Kompromiss zwischen dem Ziel der Wiederherstellung der Wettbewerbsfähigkeit und der Vermeidung der schädlichen Begleiterscheinungen ist. Ich würde den Euro nicht aufgeben, ich würde aber zulassen, dass Länder, die im Euro nicht zurechtkommen, weil sie zu teuer sind und auch nicht abwerten können, den Euro temporär verlassen, um anschließend nach einigen Jahren, wenn sie bei niedrigerem Wechselkurs wieder wettbewerbsfähig geworden sind und auch wieder eine funktionierende Industrie aufgebaut haben, zu dem neuen Wechselkurs zurückzukehren. Das habe ich damals am Beispiel Griechenland durchgespielt, und die Politik hatte ja auch eine gewisse Sympathie dafür gehabt. Ich will nicht sagen, dass ich der Einzige war, der auf diese Idee gekommen ist. Der damalige deutsche Finanzminister Wolfgang Schäuble hat sich im Frühjahr und Sommer 2015 dafür starkgemacht und im EcoFin-Rat bereits 15 Finanzminister auf seine Seite gebracht. Nur die höhere Politik, in die der US-Präsident Barack Obama, der französische Präsident François Hollande und die deutsche Kanzlerin Angela Merkel involviert waren, hat diesen Weg damals verhindert.

Schon vorher, im Jahr 2011, hatte aber der griechische Ministerpräsident Giorgos Papandreou die gleiche Idee. Das hat er ein paar Jahre später am Vorabend der Münchner Sicherheitskonferenz zur Überraschung der Anwesenden öffentlich verkündet. Er wollte damals ein Referendum in seinem Land über das Angebot der Troika (Europäische Kommission, EZB und Internationaler Währungsfonds) abhalten und ging davon aus, dass es abgelehnt würde, und dann hätte er den Austritt des Landes aus dem Euro betrieben. Und weil das die anderen Staatschefs, Nicolas Sarkozy insbesondere und Angela Merkel, erfuhren, musste Papandreou zurücktreten, übrigens in der selben Woche wie der italienische Ministerpräsident Silvio Berlusconi, der bereits Geheimverhandlungen über den Austritt seines Landes aus dem Euro geführt hatte, wie wir aus einem Buch des ehemaligen EZB-Direktoriumsmitglieds Lorenzo Bini Smaghi wissen, der jetzt die französische Versicherungsgesellschaft Société Générale leitet.

Papandreou hat in München offensiv den Standpunkt vertreten, dass es für Griechenland besser gewesen wäre, auszutreten und abzuwerten, dann hätte es die Wettbewerbsfähigkeit im Nu wiederhergestellt. Das wäre natürlich ein Problem für die Finanzmärkte gewesen, weil solch eine Abwertung bedeutet, dass Griechenland auch die Schulden nicht mehr in Euro hätte bedienen müssen. Nach der Lex Monetae kann ein jeder Staat selbst die Währung definieren, in der er zurückzahlt. Diese Schulden bestanden im Wesentlichen auch damals gegenüber den französischen Banken. Die hätten also erhebliche Verluste in ihren Bilanzen verbuchen müssen. Deswegen musste Griechenland drinbleiben. Deswegen hat man den Weg der Transferunion für Griechenland und der immer wieder erneuerten Hilfskredite gewählt, was aber dem Land überhaupt nicht gutgetan hat.

Der Rettungsversuch für Griechenland ist absolut schiefgegangen. Wir schreiben jetzt das Jahr 2020. Die erste Griechenlandkrise, die zur Vergabe von Rettungskrediten führte, war 2010, also genau vor zehn Jahren. 2011 wollte Papandreou austreten. 2012 gab es stattdessen einen großen Schuldenschnitt zugunsten Griechenlands, der die privaten Gläubiger Griechenlands 105 Milliarden Euro kostete und die staatliche Schuldenquote Griechenlands für sich genommen um 54 Prozentpunkte verringerte. Es folgte ein zweites Rettungspaket für Griechenland. Im Herbst des Jahres gab es einen weiteren impliziten Schuldenschnitt zu Lasten der öffentlichen Gläubiger des Landes in Form von Zinsnachlässen, der versicherungsmathematisch äquivalent zu einer weiteren Schuldenreduktion um 43 Prozent des Bruttoinlandsproduktes war, ohne dass deswegen freilich die offiziell ausgewiesene Schuldenquote fiel. Im Sommer 2015 stellte das Direktorium des Rettungsschirms ESM formell die Zahlungsunfähigkeit Griechenlands fest. Der Konkurs des Landes wurde aber danach in letzter Sekunde dann doch noch durch eine drittes Rettungspaket abgewendet, das abermals Zinsentlastungen in ähnlicher Größenordnung enthielt. Und im Sommer 2018 wurde das dritte Rettungspaket gestreckt, weil Griechenland wieder nicht in der Lage war, die öffentlichen Kredite, die ihm gewährt wurden, ordnungsgemäß zu bedienen. Eigentlich wurde damals ein viertes Rettungspaket geschnürt. Man nannte es aber nicht so, damit es nicht so viel Aufmerksamkeit in der Öffentlichkeit finden würde. Es hieß bei den Rettungsaktionen immer wieder, Griechenland könne nun wieder wachsen, mit dem Geld sinnvolle Investitionen in die Infrastruktur tätigen und seinen Schulden davonwachsen. Tatsächlich stieg die griechische Schuldenquote trotz des Schuldenschnitts von 54 Prozent des Bruttoinlandsprodukts von 181 Prozent am Ende des Jahres 2011 auf 185 Prozent am Ende des Jahres 2018, was der letzte gesicherte Wert bei der Abfassung dieser Zeilen ist. Ohne den expliziten Schuldenschnitt hätte die Quote mindestens bei 236 Prozent gelegen.

In den Schulden des Landes sind die umfangreichen fiskalischen Rettungskredite der Staatengemeinschaft enthalten, die dem Land in den Jahren 2010, 2012 und 2015 gewährt wurden. Nicht enthalten sind die unter dem Namen Target verbuchten Überziehungskredite des Eurosystems, die die griechische Notenbank im Eurosystem bezog. In der Summe lagen die Kredithilfen ohne die Schuldenschnitte, die die gesamte griechische Volkswirtschaft (Staat und Private) von anderen Ländern als fiskalische Hilfen und über die EZB erhielt, bis zum Ende des Jahres 2019 bei 264 Milliarden Euro, 123 Prozent der Wirtschaftsleistung (BIP) oder 24 627 Euro pro Kopf der Bevölkerung,

Trotz oder wegen all dieser Hilfen geht es Griechenland immer noch sehr schlecht. Die Corona-Krise hat die Touristen ferngehalten, und viel Industrie hat das Land nicht mehr. Selbst die einst leistungsfähige Landwirtschaft ist nicht mehr in der Lage, das Land zu ernähren. Griechenland ist wegen der Hilfen sogar zum Nettoimporteuer landwirtschaftlicher Produkte geworden. Strukturelle Verbesserungen aufgrund der umfangreichen Mittel, die dem Land zuflossen, sind nicht auszumachen.

Aber man will es noch mal probieren. Wie erläutert soll der Wiederaufbaufonds von Merkel und Macron nach dem

Willen der EU-Kommission von 500 Milliarden auf 750 Milliarden Euro aufgestockt werden, und nach den Vorschlägen für die Vergabe an die Länder wird Griechenland relativ zu seiner Bevölkerungsgröße mit 3100 Euro pro Kopf der größte Nettoempfänger der Wiederaufbauleistungen sein. Vielleicht klappt es ja dieses Mal. Die Hoffnung stirbt zuletzt.

„Die wundersame Geldvermehrung durch das Corona-Virus"

Welche anderen Gefahren im Euroraum werden durch Corona noch verschärft?

Die Holländische Krankheit bei den Empfängern ist die eine Gefahr, und die Inflation ist die andere. Man muss sehen, dass die Staaten und die EU sich einen erheblichen Teil des vielen Geldes, das sie für die Rettungs- und Wiederaufbaufonds benötigen, nicht bei den Sparern leihen, sondern von den Notenbanken des Eurosystems drucken lassen. Dadurch steigt die Geldmenge immer weiter über den Bedarf der Realwirtschaft hinaus.

Eigentlich ist das verboten. Artikel 123 des Vertrages über die Arbeitsweise der Europäischen Union (AEUV) verbietet die Monetisierung der Staatsschulden, dass sich also die Staaten letztlich mit der Notenpresse finanzieren und somit frisch gedrucktes Geld unter den Leuten verteilen. Dennoch geschieht genau das in der Eurozone faktisch schon seit einem Jahrzehnt.

Das ist ein Vorgang, den man in Anlehnung an den großen Ökonomen Milton Friedman bisweilen mit dem Begriff „Helikoptergeld" kennzeichnet. Friedman hatte, um seinen Studenten die Wirkungen der Geldpolitik zu verdeutlichen, einmal die Metapher entwickelt, dass der Staat des Nachts ein Geschwader von Helikoptern ausschickt, die in den Gärten der Menschen landen, die Tresore öffnen, frisch gedrucktes Geld dort hineinlegen und dann wieder verschwinden. Ernst gemeint hat er diese Metapher nie, es ging nur darum, die Studenten zum Nachdenken darüber zu bringen, was die Menschen mit dem überraschenden Geldfund anstellen würden und wie es daraufhin zu einer Inflation kommen könnte.

Die Helikopter wurden in der Eurozone beginnend mit dem sogenannten Securities Markets Programme, SMP, das 2010 aufgelegt wurde, in Bewegung gesetzt. Das hat sowohl den deutschen Chefvolkswirt der EZB, Jürgen Stark, als auch den Präsidenten der deutschen Bundesbank, Axel Weber, veranlasst, unter Protest von ihren Posten zurückzutreten. Mit dem späteren PSPP, dem Public Sector Purchase Programme, das 2015 begann, und dem neuen PEPP, dem Pandemic Emergeny Purchase Programme von 2020, das in der Corona-Krise aufgelegt wurde, hat die EZB diese Politik immer weiter vorangetrieben. Stets verkauften die Staaten ihre Schuldpapiere zwar zunächst an die Banken, doch die Banken verkauften sie alsbald weiter an die jeweilige nationale Notenbank. Durch die Zwischenschaltung der Banken wird das Verbot der Staatsfinanzierung mit der Notenpresse geschickt unterlaufen.

In der Regel liegen die Schuldtitel, die die Staaten emittieren, wie die Bundesbank dem deutschen Verfassungsgericht mitgeteilt hat, jedoch nur etwa zehn Tage bei den Banken, bevor die Banken sie an die Notenbank weiterverkaufen, die den Banken dafür das frisch geschaffene Geld geben. Faktisch ist das kein großer Unterschied zu einem direkten Verkauf von Staatsschuldtiteln an die Zentralbanken, und insofern handelt es sich offenkundig um einen Umgehungstatbestand. Helikoptergeld ist es allemal, denn der Zwischenstopp bei den

Banken ist ökonomisch vollkommen irrelevant für die Auswirkungen der wundersamen Geldvermehrung, die auf diese Weise stattfindet.

Ich halte diesen Teil der Rettungsaktionen für hochgradig gefährlich. Es ist zwar richtig, dass der Staat in dieser Krise die Unternehmen rettet – ich war mit einem *Handelsblatt*-Artikel mit dem Titel „Die Corona-Ökonomie" vom 16. März einer der Ersten, die das eindringlich gefordert haben. Es ist auch richtig, dass der Staat dafür keine Steuermittel heranzieht, sondern sich unter Ausnutzung einer Sonderregelung im Grundgesetz, die die Schuldenbremse im Katastrophenfall aussetzt, massiv verschuldet. So kann er nämlich die Lasten des Lockdowns über die Generationen verteilen. Die Last in der Zeit zu strecken ist eine alte und wohlbegründete Empfehlung der Finanzwissenschaft. Es ist aber nicht in Ordnung, dass er die Papiere dafür nicht an die Sparer, sondern an die Notenbanken verkauft, denn das beschwört die Inflationsgefahr herauf.

Es wäre in der heutigen Situation überhaupt kein Problem, die benötigten Geldmittel bei den Sparern einzusammeln. Sehr viele Menschen sitzen auf ihrem Geld, wissen nicht, wohin damit, trauen sich an Aktien und andere riskante Anlagen nicht heran und würden liebend gerne festverzinsliche Staatspapiere kaufen. Bei einem Großteil der neu emittierten Papiere erhalten sie aber gar keine Gelegenheit dazu, weil diese Papiere sogleich den Notenbanken angeboten werden, die sich mit niedrigsten Zinsen begnügen.

Wir reden hier nicht über Marginalien und kleinere Effekte, die man aufbauschen kann. Vielmehr hat in der Eurokrise und verstärkt in der Corona-Krise ein fundamentaler und gravierender Paradigmenwechsel stattgefunden, der nach meiner festen Überzeugung nicht mehr mit dem hauptsächlichen und kompromisslos zu verfolgenden Auftrag der EZB kompatibel ist, für Preisstabilität zu sorgen. Das sind die Zahlen: Die Europäische Zentralbank hat die Zentralbankgeldmenge durch ihre Wertpapierkaufaktionen und durch billige Kreditvergabe aus der Druckerpresse schon fast vervierfacht: von 900 Milliarden im Juli 2008 auf 3,2 Billionen Euro Ende 2019. Und zusammen mit den neuen Beschlüssen, die für dieses Jahr getroffen worden sind, kommen jetzt noch mal 1,7 Billionen Euro dazu. Dann sind wir bei knapp fünf Billionen Euro. Das wäre dann schon eine Verfünffachung der Zentralbankgeldmenge gegenüber dem Sommer 2008, ohne dass die reale Wirtschaft in Europa inzwischen sonderlich gewachsen wäre. Tatsächlich liegt die Wirtschaftstätigkeit im Jahr 2020 nur unwesentlich über dem Niveau von damals. Und das bedeutet, dass der Geldwert gefährdet ist.

Ich möchte nicht missverstanden werden. Ich prognostiziere hier nicht, dass der Geldüberhang unmittelbar und ursächlich eine Inflation erzeugen wird. Das ist tatsächlich nicht zu erwarten, solange sich die europäische Wirtschaft in der Krise befindet. In einer solchen Krise ist nämlich die Liquiditätspräferenz der privaten Haushalte, der Banken und der Firmen fast unbegrenzt. Da die Zinsen mit einem Niveau von fast null schon am Anschlag sind, sehen diese Geldhalter gar keine Veranlassung, das Zentralbankgeld, über das sie verfügen, als Kredite anzubieten, die die Kreditnehmer dann für die Finanzierung von Investitionen verwenden können. Auch geben sie das Geld nicht für Konsumgüterkäufe aus. Stattdessen horten sie das Geld, egal wie viel man davon in den Kreislauf pumpt. Der Ökonom John Maynard Keynes hat in diesem Zusammenhang einmal sehr treffend von der Liquiditätsfalle gesprochen, in der sich die Wirtschaft befindet, und in der Tat ist es seine größte wissenschaftliche Leistung, erkannt zu haben, dass das Auffüllen von Geldhorten den Wirtschaftskreislauf erschlaffen lassen kann. Die klassischen Ökonomen vor Keynes hatten diesen Effekt nicht im Blick und glaubten, dass der Wirtschaftskreislauf sich stets selbst stabilisiert, weil die Menschen die Einkommen, die sie mit der Produktion von Gütern und Leistungen erwirtschaften, für den Erwerb ebendieser Leistungen wieder verausgaben, sodass per Saldo gar kein Nachfragedefizit in der Wirtschaft entstehen kann. In jedem gängigen Lehrbuch der Volkswirtschaftslehre wird erläutert, warum die Geldpolitik in der Liquiditätsfalle vollkommen wirkungslos ist, im Guten wie im Bösen. Sie kann in einer Liquiditätsfalle also auch keine Inflation erzeugen. Das erklärt, warum man in den letzten Jahren trotz der Geldschwemme keine Inflationstendenzen in Europa sah, es waren schließlich Jahre der fortwährenden Krise des Euroraums, an der nur Deutschland und noch ein paar Länder nicht vollumfänglich teilhatten.

Dennoch erzeugt der Geldüberhang eine Inflationsgefahr insofern, als die Wirtschaft nach der Überwindung der Pandemie wieder anziehen und höhere Preise entwickeln könnte, weil sich dann die aufgestauten Konsumwünsche auf einmal entladen, während zugleich ein Teil der Produktionskapazität durch den Stellenabbau oder offene Konkurse verschwunden ist.

Auch könnte es sein, dass die Krise im Sinne der Theorie des Ökonomen Joseph Schumpeter zu einer kreativen Zerstörung überkommener Unternehmensstrukturen führt, auf die ein Innovationsschub folgt, der die Nachfrage nach Investitionsgütern belebt und einen neuen Wirtschaftsboom einleitet. Marx, Schumpeter und viele andere Ökonomen haben dieses Phänomen eindringlich beschrieben. Erst gibt es einen lang anhaltenden Aufschwung, bei dem sich der Optimismus der Menschen gegenseitig beflügelt und anheizt. Die Immobilienpreise und die Aktienkurse steigen, und die Preissteigerungen erzeugen selbst neue Investitionen, mit denen die Investoren an den Wertsteigerungen partizipieren wollen. Der Boom überhitzt und wird zu einer Blase, die dann platzt, sobald irgendjemand, und sei es ein Virus, dort hineinsticht. Dann kommt eine plötzliche Rezession, viele Firmen gehen in Konkurs, und auf den Ruinen der alten Firmen entstehen neue. Die Zuversicht wächst allmählich wieder, es wird wieder investiert, Löhne und Preise steigen, und schließlich entwickelt sich erneut eine Blase, die, wenn man den Prozess nicht rechtzeitig abbremst, mit einer kräftigen Inflation einhergehen kann.

Es kann schließlich auch sein, dass steigende Preise für natürliche Ressourcen höhere Lohnforderungen induzieren und eine Lohn-Preis-Spirale in Gang setzen. In der Rezession fallen die Preise, weil es an Ölnachfrage fehlt, doch genauso führt ein neuer Aufschwung zu steigenden Preisen. In der Corona-Krise hat sich zum Beispiel der Ölpreis glatt halbiert, obwohl die OPEC das zu verhindern versuchte. Wenn die Krise vorbei ist und ein neuer Wirtschaftsaufschwung einsetzt, könnten sich die Ölpreise wieder verdoppeln.

„Wenn die Inflation beginnt, können wir sie nicht mehr abbremsen."

Könnte die EZB ihre Politiken nicht rückabwickeln, wenn eine Inflation droht, und damit die Inflation verhindern?

Theoretisch kann sie das natürlich. Alles lässt sich grundsätzlich rückgängig machen. Indes sprechen politökonomische Gründe dagegen, dass das passieren wird. In all den genannten Fällen, die einen Anstoß für eine sich selbst verstärkende Inflation bedeuten könnten, müsste die EZB die geldpolitischen Zügel wieder anziehen, um rechtzeitig zu bremsen, aber das würde verlangen, dass sie die vielen Staatspapiere wieder verkauft, die sie zuvor in den Krisenjahren erworben hat. Das werden die südeuropäischen Länder nicht zulassen, denn wenn sie das tut, rutschen die Kurse in den Keller und gehen die Zinsen in den Himmel. Ihre Banken, deren Bilanzen vollgesogen sind mit den Staatspapieren der Heimatländer, müssten sofort riesige Buchverluste verbuchen, und die Bewertungsblasen, die zuvor durch exzessive Geldpolitik erzeugt wurden, würden platzen. Zugleich kämen die Staaten selbst in Schwierigkeiten, weil sie höhere Zinsen für ihre Schulden zahlen müssten. Kurzum, es drohte der Kollaps des Finanzsystems und des Staatssystems mancher bereits angeschlagener Euroländer des Mittelmeerraums, wenn die EZB ihre Staatspapierkäufe rückabwickeln wollte. In der Vergangenheit hat die EZB aus Angst vor diesem Ereignis die längst notwendige Korrektur ihrer Politik immer wieder hinausgeschoben, doch hat sie dadurch keine Gesundung herbeigeführt, sondern eine Sucht erzeugt.

Vermutlich wird die Mehrheit der Vertreter des EZB-Rates, die von hoch verschuldeten Staaten gestellt wird, auch bei einer sich abzeichnenden Inflation davor zurückschrecken, den Entzug einzuleiten, sorgt doch die Inflation von ganz allein dafür, dass sich die Staatsschulden in realer Rechnung entwerten. Je höher das Preisniveau, desto geringer ist der Verzicht an Konsumgütern, der für eine Tilgung der Schulden erforderlich ist, desto größer ist freilich auch die Konsumeinschränkung, die man den Sparern zumutet, wenn sie ihre Ersparnisse eines Tages verbrauchen wollen, um ihre Rente aufzubessern.

Und wenn die Inflation erst einmal angefangen hat, dann neigt sie dazu, sich selbst zu verstärken, weil die Menschen in der Erwartung von immer mehr Inflation ihre Geldhorte auflösen würden, um sich durch Güterkäufe oder reale Investitionen vor dem Verlust ihres Vermögens zu schützen. Man spricht in einer solchen Situation von einer galoppierenden Inflation – ein Bild, das an galoppierende Pferde erinnern soll, die der Kutscher nicht mehr bremsen kann. Wenn der Kutscher die

Zügel nicht festhält, fangen die Pferde nicht an zu galoppieren, weil sie müde sind, doch wenn sie sich erholt haben und dann, aus welchem Grund auch immer, mit dem Galopp anfangen, dann hat er seine liebe Not, die Zügel wieder anzuziehen, wenn sie irgendwo am Boden schleifen. Von solch einem Kutscher möchte man eigentlich nicht gefahren werden.

Die Menschen würden in einer solchen Situation ihr Geld in reale Vermögensobjekte wie Häuser und Aktien investieren oder es konsumieren. Alles ist potenziell inflationär. Der verstärkte Wunsch, Konsumgüter zu kaufen, versetzt die Händler in die Lage, höhere Preise zu fordern. Der Kauf von Häusern treibt die Hauspreise und ermöglicht Lohnerhöhungen in der Baubranche. Und der Kauf von Aktien veranlasst die Firmen, mehr neue Aktien auszugeben, um neue Investitionen zu finanzieren, sodass auch bei den Produzenten der Investitionsgüter ein Lohnanstieg möglich wird. Die Lohnerhöhungen breiten sich auf andere Sektoren aus und treiben die Inflation über die Kostenseite und über die Konsumnachfrage, die sie induzieren.

Eine Geldentwertung würde Deutschland im Vergleich zu anderen Euroländern besonders hart treffen, weil sich ein überproportional großer Teil des vielen Geldes, das jetzt in den letzten zehn, zwölf Jahren geschaffen wurde, in Deutschland gesammelt hat und auch weiterhin hier sammeln wird. Der elektronische Liquiditätsfluss nach Deutschland wird durch die sogenannten Target-Salden der Bundesbank gemessen, und diese Salden lagen im Juni bei einer Billion Euro.

Das Geld kam, weil Deutschland in der Krise als das sicherste Land weit und breit angesehen wird. Deutschland hat weltweit für seine Staatspapiere die niedrigsten Zinsen, weil man davon ausgeht, dass Deutschland nicht in Konkurs geht und ein Schuldner ist, der immer seine Verpflichtungen erfüllt. Es ist deshalb auf den gesamten Kapitalmärkten der Welt immer der Maßstab für die sogenannten Zinsspreads, die Unterschiede der Zinsen eines bestimmten Landes im Vergleich zu einem weltweit einheitlichen Maßstab, und dieser Maßstab ist Deutschland. Ein überproportionaler Teil des Geldüberhangs, der irgendwo in Europa entstanden ist, landet deswegen in Deutschland.

Aber es wird nicht einfach hier irgendwo hingelegt, sondern verwendet, um Waren und andere Vermögensobjekte zu kaufen, und statt der Ausländer sind es die Deutschen, die anschließend das Geld halten. Vielfach wurden deutsche Aktien gekauft, die heute überwiegend in ausländischer Hand sind, doch es wurden auch ganze Firmen erworben. So steht der Anstieg der Käufe deutscher Firmen durch die Chinesen auch im Zusammenhang mit der von der EZB ausgelösten Geldschwemme und den Target-Salden, weil letztlich die Anleihen der europäischen Staaten gegen Target-Salden getauscht wurden. Und natürlich sind ausländische Investoren mit dem frisch gedruckten Geld auch in den deutschen Immobilienmarkt eingestiegen, zumal die deutschen Immobilien lange Zeit als unterbewertet galten. Wenn man jetzt das Geld durch eine Inflation entwertet, dann liegen die Verluste bei den deutschen Geldhaltern, während die ausländischen Käufer deutschen Realvermögens in der Regel nicht von Verlusten betroffen sind.

Es kommt hinzu, dass Deutschland seine großen Exportüberschüsse in der Vergangenheit in besonders hohem Maße in nominalwertgesicherte Vermögenstitel im Ausland angelegt hat. So haben ja zum Beispiel die Versicherungsgesellschaften die ihnen anvertrauten Mittel großenteils festverzinslich in Europa angelegt. Auch diese Ansprüche, die nicht Geld sind, sondern in Geldeinheiten berechnet sind, erodieren in der Inflation.

Eine große Inflation würde also zu enteignungsähnlichen Tatbeständen führen, die eine systematische Umverteilung zwischen den Ländern der Eurozone zu Lasten jener Länder bedeutete, die besonders viele nominalwertgesicherte Vermögenstitel im Ausland und besonders viel Eurogeld halten, was unter anderem durch die Target-Forderungen gemessen wird. Profitieren würden umgekehrt die Target-Schuldner-Länder und jene Länder, die sich auch ansonsten mittels Anleihen finanziert haben, die an das Ausland verkauft wurden. Das sind im Wesentlichen die Länder Südeuropas.

Noch gravierender könnten die Umverteilungseffekte innerhalb der einzelnen Länder sein, denn die internen Schuldverhältnisse sind wesentlich größer als die grenzüberschreitenden Schuldverhältnisse. Wer Aktien und Häuser besitzt, muss sich vor der Inflation nicht fürchten, denn ein allgemeiner Preisanstieg würde auch die Preise dieser Anlagen mit ansteigen lassen. Wer Schulden aufgenommen hat, um beispielsweise ein Haus zu bauen, gehört zu den Gewinnern, weil sein Haus wertvoller wird, während seine Schulden nominal bleiben und genau deshalb in realer Rechnung weginflationiert werden. Wer aber ein Sparbuch besitzt oder auf seine Lebensversicherung vertraut, der ist der Gelackmeierte. Er kann sich später nicht mehr die Güter dafür eintauschen, die er erhofft hatte. Die internen Umverteilungseffekte rufen insofern erhebliche soziale Verwerfungen innerhalb der europäischen Länder hervor.

Ich würde die Inflationsgefahr für die Zeit nach der Überwindung der Krise nicht so stark betonen, wenn wir Deutschen nicht bereits in den Jahren von 1914 bis 1923 eine solch leidvolle Erfahrung mit der Inflation gemacht hätten. Während des Ersten Weltkrieges und danach hatte die Reichsbank die Staatsschulden monetisiert, indem sie staatliche Schatzanweisungen, also kurzfristig laufende Staatsanleihen, diskontierte. Diskontieren heißt in diesem Zusammenhang, dass sie die Schatzanweisungen mit einem Abschlag auf den Nennwert in Höhe des Zinses erwarb und dann nach Ablauf einer vereinbarten, kurzen Frist wieder zum Nennwert zurücktauschte. Da aber stets mehr solche Schatzanweisungen erworben als zurückgegeben wurden, stieg die Geldmenge. Während des Krieges verfünffachte sie sich, stieg also im gleichen Ausmaß, wie die Eurogeldmenge von Beginn der Lehman-Krise bis Ende des Jahres 2020 gestiegen sein wird. Anschließend, nach dem verlorenen Krieg, stieg die Geldmenge freilich ins Unermessliche und löste dann eine Hyperinflation aus, die erst dann ihr Ende fand, als der Geldwert dem reinen Papierwert entsprach, sodass man sich damit die Wände hätte tapezieren können, und eine Währungsreform die alte Währung ersetzte.

Die Hyperinflation führte zur Enteignung des unteren Mittelstandes, also jener Leute, die bereits ein bisschen Vermögen hatten, aber nicht genug, als dass sie bereits Häuser oder Aktien hätten kaufen können, und deshalb ihr Vermögen in Form von Sparbüchern, Lebensversicherungen, Bargeld und Bankkonten hielten. Die Enteignung dieser Bevölkerungsschicht schuf ein Protestpotenzial, das den Boden für die Nationalsozialisten bereitete, die zehn Jahre später die Macht übernahmen. Und weil uns Deutschen diese schreckliche Entwicklung noch in den Knochen steckte, wollten unsere Politiker unbedingt im Maastrichter Vertrag eine Sicherung einbauen gegenüber einer Strategie, bei der die Staatsschulden abermals in Geld umgetauscht, also monetisiert werden. Diese Sicherung ist heute der Artikel 123 des Vertrages über die Arbeitsweise der Europäischen Union (AEUV). Er war die zentrale Bedingung für die Bereitschaft, dem französischen Drängen nachzugeben und die D-Mark in den Euro einzutauschen. Und Artikel 125 AEUV enthält eine weitere zentrale Bedingung, dass es nämlich keinen Bail-out gibt von Ländern, die pleitegehen, sondern dass die Gläubiger dieser Länder die Verluste tragen statt der Steuerzahler. Beide Bedingungen wurden inzwischen geschliffen. Und damit laufen wir in das Risiko, das den Müttern und Vätern des Maastrichter Vertrages auf deutscher Seite vor Augen stand, nämlich die Rückkehr der Inflation wie vor bald 100 Jahren.

Das muss nicht gleich das Risiko der Hyperinflation sein, dazu wäre noch viel mehr nötig. Doch eine galoppierende Inflation, die die EZB nicht mehr einfangen kann, weil sie die Zügel hat schleifen lassen, ist im Bereich der Möglichkeiten.

„Die Begründung für die Staatspapierkäufe ist im Kern scholastisch."

Auch das Bundesverfassungsgericht hat sich gegen die Kauf-programme der EZB gestellt. Wird das ein Umsteuern bewirken?

Die gigantischen Kaufprogramme der EZB haben Europa in eine Verfassungskrise geführt, denn am 5. Mai 2020 hat sich das deutsche Verfassungsgericht erstmals in der Geschichte gegen ein Urteil des EuGH gewandt und dieses Urteil als nicht gültig für die Bundesrepublik Deutschland erklärt. Es ging um die EZB und die Staatspapierkäufe.

Der Widerstand des deutschen Gerichts begann mit der OMT-Entscheidung. OMT, Outright Monetary Transactions, bezeichnet das Versprechen der Europäischen Zentralbank aus dem Sommer 2012, aus den Portfolios der Anleger heraus beliebige Mengen von Anleihen der Eurostaaten zu kaufen, sollten diese Staaten in Zahlungsschwierigkeiten kommen. Damit hat die EZB eine kostenlose Kreditausfallversicherung oder Bürgschaft gewährt, wie sie die Anleger am Markt auch als sogenannte CDS-Versicherung für viel Geld hätten kaufen können. EZB-Chef Mario Draghi hatte sogar auf Nachfragen erklärt, dass die EZB etwaige Verluste im Falle des Konkurses eines Staates tatsächlich selbst übernehmen würde – anders als im Falle des griechischen Schuldenschnitts von Anfang 2012, wo sich die EZB durch eine Umwidmung der Papiere zu Lasten privater Anleger aus der Affäre zog. Die Öffentlichkeit kennt diese Entscheidung der EZB unter dem Begriff „Whatever it takes". Die Bürgschaft der EZB hat damals schlagartig das Vertrauen der Investoren wieder verbessert. Indem sie kostenlos zur Verfügung gestellt wurde, haben die Krisenstaaten und ihre Gläubiger Dutzende von Milliarden an Versicherungsprämien gespart. Die Bürgschaft kam einer öffentlichen Subventionierung des Kapitalflusses in die Krisenländer des Eurosystems gleich.

Gegen dieses Vorgehen der EZB haben eine Reihe von Privatleuten und Institutionen geklagt, so die ehemalige Ministerin der SPD, Helga Däubler-Gmelin, der ehemalige CSU-Bundestagsabgeordnete Peter Gauweiler oder die Partei Die Linke, vertreten durch Gregor Gysi. Das Verfassungsgericht hat geprüft, ob diese Entscheidung der EZB mit der unveräußerlichen Budgethoheit des Bundestages, wie sie im Grundgesetz verankert ist, kompatibel ist. Es verneinte die Kompatibilität und fand die Klagen berechtigt, fällte aber kein formelles Urteil, sondern legte die Angelegenheit dem Europäischen Gerichtshof (EuGH) mit der Bitte um eine Stellungnahme vor, wobei es keinen Zweifel an seiner eigenen Meinung ließ. Es selbst war der Ansicht, dass das Angebot der EZB dem Artikel 123 des Vertrages über die Arbeitsweise der Europäischen Union widersprach, weil es die Monetisierung der Staatsschulden zumindest für den Eventualfall vorsah. Der EuGH hat diese Meinung zurückgewiesen und sogleich ein formelles Urteil verkündet. Damit hat sich das Bundesverfassungsgericht zähneknirschend zufriedengegeben. Man hielt das Urteil des EuGH zwar für falsch, aber noch für nachvollziehbar und nicht objektiv willkürlich, also nicht für so falsch, dass man dem EuGH nicht mehr folgen konnte. Als Gericht eines Einzelstaates der EU hat es sich dem Urteil des EuGH gefügt.

Dieses Spiel zwischen den Gerichten hat sich nun anlässlich eines neuen Kaufprogramms (Public Sector Purchase Programe, PSPP) der Europäischen Zentralbank von 2015 wiederholt, mit dem die Käufe der Staatspapiere nicht nur für den Notfall angeboten, sondern tatsächlich realisiert wurden. Im Zuge dieses Programms wurden für etwa 2 000 Milliarden Euro Staatspapiere von den Mitgliedsnotenbanken gekauft. Und dieser Kauf schien aus der Sicht der Kläger und auch aus der Sicht des Bundesverfassungsgerichts, das den Klägern Recht gab, nicht mehr geldpolitisch begründbar zu sein. Das Bundesverfassungsgericht bat den EuGH erneut, zu prüfen, ob diese Käufe vertragsgemäß sind, wobei es davon ausging, dass der EuGH die gleichen Kriterien zu Rate ziehen würde, die der EuGH selbst für die Zulässigkeit im OMT-Beschluss entwickelt hatte. Der EuGH hat daraufhin erneut die Rechtmäßigkeit des Kaufprogramms bestätigt.

Doch diesmal platzte dem Bundesverfassungsgericht sozusagen der Kragen, wenn auch ein solches Bild bei den sorgfältig abwägenden Richtern ein bisschen schief wirkt. In seinem Urteil vom 5. Mai 2020 kritisierte das deutsche Gericht die Entscheidung des EuGH als „willkürlich und schlechterdings nicht mehr nachvollziehbar". Streng genommen hat das Bundesverfassungsgericht damit allerdings nicht direkt geurteilt, dass das Kaufprogramm vertragswidrig sei, sondern nur kritisiert, dass der EuGH inkonsistent geurteilt und seine eigenen früheren Kriterien vergessen habe, insbesondere, dass die Papiere nur im Ausnahmefall bis zur Endfälligkeit gehalten werden, dass das Eurosystem nicht mehr als ein Drittel der Anleihen eines Staates halten darf, dass die Käufe proportional zur Landesgröße stattfinden müssen und dass nur Anleihen von Staaten gekauft werden dürfen, die nach dem Urteil der Ratingagenturen als kreditwürdig einzustufen sind. Hinter diesem Urteil steht der im Text mehrfach anklingende Verdacht des Bundesverfassungsgerichts, dass diese Kaufprogramme vertragswidrig sind und vor allem der günstigen Finanzierung der Staaten dienen, nicht aber Maßnahmen der Geldpolitik sind. Diesen Verdacht hätte einerseits die EZB selbst ausräumen müssen, und andererseits hätte der EuGH den Verdacht prüfen und von der EZB eine Erläuterung verlangen müssen. Da das alles nicht geschah, untersagte das Bundesverfassungsgericht der Bundesbank die weitere Beteiligung an dem Programm, es sei denn, der EZB-Rat werde innerhalb von drei Monaten, also bis zum 5. August, die fehlende Begründung nachliefern und dabei insbesondere die Verhältnismäßigkeit seiner Politik im Hinblick auf das Mandat der EZB darlegen.

Das ist zunächst einmal nur eine formale Anforderung, doch reicht sicherlich keine Presseerklärung der Kommunikationsabteilung. Vielmehr wird eine ernsthafte Befassung mit dem Thema durch den EZB-Rat gefordert, die einer Überprüfung durch den Bundestag und die Öffentlichkeit zugänglich ist. Zwar ist jetzt schon klar, dass es Ökonomen und Politiker geben wird, die die Begründung dann ausreichend finden. Dennoch glaube ich nicht, dass der EZB die Begründung gelingen wird, wenn sie bei ihren bisherigen Erklärungsmustern bleibt.

Bisher hat die EZB immer wieder stereotyp vor der Presse erklärt, ihr Mandat sei es, die Inflationsrate auf zwei Prozent Inflation zu heben, und dazu müsse sie mehr Geld durch den Kauf von Staatspapieren in Umlauf bringen. An dieser Begründung ist eigentlich alles falsch. Erstens darf ja die EZB eigentlich keine Staatspapiere kaufen, und schon gar nicht, um eine Inflation zu erzeugen. Ihr Mandat ist es, Preisstabilität herzustellen, und das ist nun mal eine Inflation von null Prozent statt von zwei Prozent. Die von Ex-Präsident Draghi stets wiederholte Behauptung, das Mandat der EZB sei es, zwei Prozent Inflation herzustellen, ist schlichtweg unwahr, und die Behauptung, das sei Preisstabilität, ist eine scholastische Übung, nicht mehr. Zweitens kann die EZB auf diese Weise keine Inflation erzeugen, solange sich die Wirtschaft in einer Liquiditätsfalle befindet, denn dann verschwindet das zusätzliche Geld in Horten, ohne nachfragewirksam zu werden. Die EZB kann also keine Inflation erzeugen, und sie darf es auch nicht. Wenn sie ihr Mandat trotzdem als Begründung für die Staatspapierkäufe anführt, muss sie andere Gründe haben als die, die sie vorgibt.

Die Scholastik erwies sich als ein wundervolles Kommunikationsinstrument der EZB, denn da die tatsächliche Inflationsrate deutlich unter zwei Prozent lag und die Liquiditätsfalle einen Anstieg der Inflation wirksam verhinderte, konnte sie nun grenzenlos Staatspapiere kaufen, um den Staaten die Finanzierung mit der Druckerpresse zu erlauben. Genialer hätte der scholastische Gottesbeweis auch nicht geführt werden können. Die Frage bei allem ist nur, wie lange sich die Öffentlichkeit noch mit solcherlei Tricksereien zufriedengibt. Das Thema ist eigentlich zu ernsthaft dafür.

Meine Hoffnung ist jedenfalls, dass das Bundesverfassungsgericht den Bundestag verpflichtet, sich wirklich mit der Ausweitung der Kaufprogramme der EZB zu befassen. Im Moment erfüllt der Bundestag diesen Auftrag nicht. Die Abgeordneten sehen gerne das Große und Ganze und betonen den Wert der europäischen Integration an sich, und dann verstricken sie sich wieder im Klein-Klein der Gesetze, wobei sie sich von ihren Parteigängern und den betroffenen Lobbys bedrängen lassen. Für den riesigen Zwischenbereich der makroökonomischen Verwerfungen und Gefahren, die bei einer ausufernden Interpretation des Mandats der EZB und einer schleichenden Verletzung des Subsidiaritätsprinzips durch die EU entstehen, scheint sich kaum jemand zu interessieren geschweige denn zuständig zu fühlen. Diese Dinge sind zu komplex für die öffentliche Debatte, und die Wirkungen treten zu spät ein, als dass man schon bei der nächsten Wahl damit punkten könnte. Die

Sachverhalte sind schwierig und verlangen eine eingehende Befassung, wenn nicht auch Fachwissen. Der politische Prozess in der Mediendemokratie lässt es schlichtweg nicht zu, dass ein Abgeordneter seine Zeit damit verbringt, sich diesen großen Themen zu widmen.

Aber damit ist ja nun Schluss. Nach dem Urteil des Bundesverfassungsgerichts müssen Bundestag und Regierung der EZB auf die Finger schauen und die Einhaltung des Mandats überwachen. Sie müssen verhindern, dass die EZB Leistungsmechanismen etabliert, die die Budgethoheit des Bundestages aushöhlen. Dazu gehörten dann sicherlich auch die ernsthafte, inhaltliche Befassung mit den Target-Salden, die Risiken aus den Vergemeinschaftungsaktionen der EZB, die von Refinanzierungskrediten bis zu den Staatspapierkäufen im Zuge des SMP-Programms reichen. Sonst kann man vor dem Verfassungsgericht gegen sie klagen. Die Möglichkeit der Popularklage hat das Bundesverfassungsgericht in seiner Stellungnahme zum OMT-Urteil den Bürgern zum großen Ärger der deutschen Regierung explizit gegeben. Auch hier darf man gespannt sein, was dabei herauskommt.

Wir haben uns mit dem Euro in eine unglaubliche Zwickmühle hineinmanövriert. Der ganze Prozess läuft darauf hinaus, dass die kaum bedienbaren Staatspapiere einiger Länder in der Eurozone jetzt durch den geplanten Wiederaufbaufonds von bis zu 750 Milliarden Euro teilweise vergemeinschaftet werden, indem die Mittel die Staatsbudgets entlasten und damit die Bedienung alter Schulden ermöglichen. Es wird noch diskutiert, ob die Mittel mit einer Zweckbindung versehen werden sollen, doch darauf kommt es für den Bail-out nicht an. Geld ist Geld, und wenn die EU die Autobahn finanziert, dann kann man die dafür vorgesehenen Mittel zur Schuldentilgung verwenden. Das war quasi eine Automatik im Eurosystem, die kluge Politiker schon lange antizipiert hatten. Deswegen haben seinerzeit auch so viele Regierungen gejubelt, als Helmut Kohl tatsächlich dem Euro beim Maastrichter Vertrag zustimmte und sich bei den für Deutschland so wichtigen Artikeln 123 und 125 AEUV, die die Monetisierung der Staatsschulden und den Bail-out ausschließen sollten, mit schwammigen Formulierungen zufriedengab, die im Nachhinein ganz anders interpretiert werden konnten, als er es gegenüber dem Bundestag erklärt hatte. Noch am 23. April 1998 hatte er im Bundestag gesagt, dass sich die Abgeordneten keine Sorgen machen müssten, dass mit dem gemeinsamen Geld auch die Haftung für die Schulden sozialisiert würde. Das sei strikt ausgeschlossen.

„Viele denken, bei dem großen Corona-Fonds geht es darum, Italien zu retten, es geht aber vor allem darum, die Gläubiger des italienischen Staates zu retten."

Sollten wir Schuldenschnitte einzelner Länder zulassen?

Der Konkurs eines Staates ist nicht dasselbe wie der Konkurs einer Firma. Natürlich kann man sich keinen Konkurs vorstellen in dem Sinne, dass der Staat seine Beamten und Polizisten nicht mehr bezahlt, sodass anschließend das Chaos und der Bürgerkrieg ausbrechen. Ein solcher Konkurs ist selbst bei den gefährdetsten Ländern der Eurozone in weiter Ferne. Man muss ihn sicherlich verhindern. Aber es gibt auch Teilinsolvenzen in dem Sinne, dass ein Staat seine Schulden nicht mehr bedienen kann und dass er deswegen eine Umschuldung anstrebt, bei der die Gläubiger auf einen Teil ihrer Forderungen verzichten oder die Rückzahlungsfristen verlängern. Schuldenschnitte dieser Art haben viele Vorteile, erstmal natürlich für die überschuldeten Länder, die von der Schuldenlast befreit werden. Sodann ist es nur gerecht, wenn jene Leute die Verluste tragen, die sich verspekuliert haben, und nicht die Steuerzahler, die bei den Investitionsentscheidungen gar nicht gefragt wurden. Noch wichtiger ist freilich der Anreizeffekt, der darin besteht, dass die Gläubiger sich bei der Kreditvergabe vorsehen, wenn sie wissen, dass sie im Falle einer Zahlungsunfähigkeit ihrer Schuldner selbst das Risiko tragen. Irgendwer trägt diese Verluste, das ist die einfache Wahrheit. Die Steuerzahler, und zwar im Wesentlichen auch die deutschen Steuerzahler; die Geldhalter, die von einer Inflation getroffen werden; oder die in aller Welt verstreuten Inhaber der Staatspapiere selbst, die sich verspekuliert haben. Nur wenn es Letztere sind, kann man davon ausgehen, dass es gar nicht erst zu Schuldenexzessen kommt, weil der Kredithahn frühzeitig abgedreht wird.

Viele Staatspapiere sind wie erläutert schon bei der Zentralbank gelandet. Die Vergemeinschaftung über die Zentralbank ist schon zu großen Teilen passiert, obwohl man es rechtlich eigentlich ausschließen wollte, weil die Zusatzliquidität, die auf diese Weise in Umlauf kam, für Nettokäufe von Vermögensobjekten in Deutschland verwendet wurde und insofern zu Target-Forderungen der Bundesbank führte. Die Verkäufer erhielten Geld von der Bundesbank, die die Zahlungsaufträge ausführen musste. Dieses Geld ist ein Anspruch gegen die Bundesbank und wird in ihrer Bilanz als Passivum verbucht. Und die Bundesbank erhielt eine Target-Ausgleichsforderung gegen das Eurosystem, dem Target-Schulden der Notenbanken jener Länder gegenüberstehen, die der Bundesbank Überweisungsaufträge gegeben haben. Da eine Schuldner-Notenbank im Innenverhältnis des Eurosystems in den Konkurs gehen kann, wenn das örtliche Finanzsystem und der zugehörige Staat insolvent werden, liegt auf dem gesamten Eurosystem ein Ausfallrisiko in Höhe der Target-Schulden der Krisenländer, an dem die Bundesbank anteilig beteiligt ist. Das habe ich in anderen Schriften viel ausführlicher dargelegt, als es hier möglich ist. Und sollte gar der Euro selbst zu existieren aufhören, weil sich Deutschland und andere nördliche Länder immerwährenden Finanztransfers in den Süden verweigern, dann würde Deutschland womöglich seine gesamten Target-Forderungen abschreiben müssen. Dass das diesbezügliche Risiko in Schach gehalten wird, eben weil es die Transfers gibt, macht die Sache nicht besser, sondern bedeutet nur, dass sich das Risiko in Form dieser Transfers bereits zeigt und zur Gewissheit mutiert.

Es gibt aber natürlich noch viele Staatspapiere, die noch nicht bei der Zentralbank gelandet sind, sodass diese restlichen Papiere zu Verlusten bei den Eigentümern führen würden, wenn man einen Schuldenschnitt machte. Insofern ist es noch nicht zu spät. Schuldenschnitte sind nicht so ungewöhnlich, wie viele Leute sich das vorstellen. Wir haben seit dem Krieg mehr als 180 Schuldenschnitte in der Welt gesehen. Selbst in der Eurozone kam das vor. Den großen griechischen Schuldenschnitt aus dem Jahr 2012, der dazu führte, dass die privaten Gläubiger Verluste in Höhe von 105 Milliarden Euro auf griechische Staatspapiere akzeptieren mussten, habe ich schon erwähnt.

Lieber ist es den Schuldnerstaaten natürlich, wenn sie den Schuldenschnitt nicht verlangen müssen, sondern stattdessen Hilfen von der Gemeinschaft der anderen Staaten kriegen. Denn während private Gläubiger unerbittlich sind und versuchen, das Auslandsvermögen der Schuldnerstaaten zu pfänden, wenn sie nicht zahlen, kommt man mit den anderen Staaten leichter zurecht, weil man sie politisch und auch durch Medienkampagnen öffentlich bedrängen kann.

So war es den geschickten Politikern der mediterranen Länder tatsächlich gelungen, bei der Griechenland-Krise gegenüber Deutschland den Vorwurf der Austeritätspolitik, also der Knausrigkeit, wenn nicht Knebelei zu erheben, obwohl insbesondere auch von Deutschland Rettungssummen auf den Tisch gelegt wurden, die in historischer Perspektive ohne Parallelen waren. Die Austerität kam damals ausschließlich und allein von den Märkten, die manchen Staaten des Südens, speziell Griechenland und Zypern, das Vertrauen entzogen hatten und nicht mehr bereit waren, weitere Kredite zu geben. Die Staatengemeinschaft hat diese Austerität abgemildert, aber nicht geschaffen. Darüber hatte ich schon gesprochen. Erstaunlicherweise fand der Austeritätsvorwurf sogar in manchen deutschen Pressemedien seinen Widerhall, und auf jeden Fall wurde er willig von der angelsächsischen Finanzpresse verbreitet, die stets alle möglichen Gründe dafür anzuführen pflegt, warum es gut und notwendig ist, wenn Deutschland sich solidarisch zeigt. Dass es gar nicht um Solidarität mit den bedrängten Griechen ging, sondern um die Absicherung der Portfolios der City, sagte man nicht, doch war es nur allzu offenkundig.

In Wahrheit waren die Präferenz und der Einfluss der Gläubiger in der politischen Diskussion dominant. Natürlich war es den Gläubigern lieber, wenn die Schuldner von der Staatengemeinschaft Rettungskredite bekamen. Und deswegen wollten die Banken Europas, in deren Portfolios die griechischen Staatspapiere lagen, allen voran die französischen Banken, die sogar Eigentum am griechischen Bankensystem hatten, natürlich unter gar keinen Umständen einen Bankrott Griechenlands. In den Portfolios der Anleger der Welt fand man die griechischen Staatspapiere, auch natürlich bei deutschen Lebensversicherern und bei den deutschen Banken, doch war das französische Exposure gegenüber Griechenland fast doppelt so groß wie das deutsche. Frankreichs Position war deshalb bei der Frage der Rettungsschirme so kompromisslos verhärtet, dass der französische Staatspräsident Nicolas Sarkozy bei den

Verhandlungen im Mai 2012 sogar mit dem Austritt Frankreichs aus der Eurozone gedroht hat, wie nachzulesen war in *El País*, der großen spanischen Zeitung, die in diesem Zusammenhang den damaligen Ministerpräsidenten José Zapatero zitierte. Von französischer Seite ist damals sehr intensiv gedrückt und gedrängelt worden: Da war Sarkozy als Staatspräsident, da war Dominique Strauss-Kahn als IWF-Präsident, da war Christine Lagarde als französische Finanzministerin und nicht zuletzt der von mir hochgeschätzte Claude Trichet, dem die französische Finanzwirtschaft im Nacken saß. Lagarde hat ja dann in einem Interview im *Wall Street Journal* gesagt: Wir mussten das Recht verletzen, weil wir den Euro retten wollten. Sie hat in Wahrheit das französische Bankensystem gerettet.

Auch jetzt ist es wieder so, wenn wir über Italien reden, das ja heute in einer ähnlichen Krise ist wie damals Griechenland: Wir spielen dasselbe Theater wie vor zehn Jahren. Doch wer besitzt die Ansprüche gegen italienische Staatspapiere? Die deutschen Lebensversicherer haben in den ersten Jahren des Euro ihre Portfolios blindlings mit italienischen Staatspapieren gefüllt, auch weil sie die ihnen anvertrauten Gelder aus der Riester-Rente anlegen mussten. Die Sparer haben ihr Geld zu den Lebensversicherern getragen, und die haben damit italienische Staatspapiere gekauft und damit einen Anspruch gegen die zukünftige Generation der Italiener und der anderen Südeuropäer begründet. Das war auch nichts anderes als eine Rentenversicherung nach dem Umlageverfahren, wie man sie in Deutschland für unzureichend hielt, nur dass es nun junge Italiener statt junger Deutscher sind, die die Lasten zu tragen haben.

Viele denken, bei dem großen Corona-Fonds geht es darum, Italien zu retten, es geht aber vor allem darum, die Gläubiger des italienischen Staates zu retten. Das sind zunächst einmal die Italiener selbst, die auf dem Umweg über verschiedene Fonds und Versicherungsgesellschaften den größten Teil der Staatspapiere besitzen. Zu den Gläubigern gehören auch unsere eigenen Lebensversicherer sowie Investoren aus aller Welt inklusive der amerikanischen Pensionsfonds, die von erheblicher Bedeutung für den Weltkapitalmarkt sind. Doch die bei Weitem meisten der nichtitalienischen Gläubiger sitzen wieder in Frankreich. Die Investition von französischen Institutionen in Italien ist nach Auskunft der BIZ, der Bank für Internationalen Zahlungsverkehr, viermal so groß wie jene deutscher Institutionen.

Frankreich ist politisch stark und ökonomisch trotz der Großzügigkeit seines Sozialstaates und seiner ausufernden Staatsquote noch solide. Jedenfalls sehen das die Ratingagenturen so, die Frankreich nach wie vor gute Bewertungen aussprechen. Wenn Frankreich seine Banken und Versicherungen retten will, dann kann es das selbst tun. Wir können nicht die Anleger aus aller Welt retten, wenn Italien seine Schulden nicht bezahlen kann. Ein jeder Staat kann vor seiner eigenen Haustür kehren.

Ich war und bin nach wie vor für großzügige Finanzhilfen für Italien und Spanien, einfach weil die Corona-Krise diese beiden Länder in besonderer Weise getroffen hat. Es kann aber nicht sein, dass die in- und ausländischen Anleihegläubiger dieser Länder immer wieder von den europäischen Steuerzahlern rausgehauen werden, sei es über fiskalische Rettungsaktionen der Staatengemeinschaft, sei es über die ausufernden quasifiskalischen Rettungsaktionen der EZB, anstatt sie auch nur einmal selbst zu beteiligen. Im Pariser Club, einer 1956 gegründeten Schlichtungsstelle, an der viele Staaten der Welt beteiligt sind, gibt es bewährte Regeln für eine geordnete Umschuldung, die die Lasten gerecht auf die Gläubiger verteilen.

Die Finanzmärkte versetzt es verständlicherweise in Aufruhr, wenn man die Möglichkeit eines Schuldenschnittes auch nur zu erwägen gibt. Zu sehr hat man auf das Dogma gesetzt, dass stets der Steuerzahler zu Hilfe kommen muss, als dass man bereit wäre, den Tabubruch zu tolerieren. Der Bail-out, so heißt es, sei alternativlos, weil sonst die ganze Welt zusammenbreche. Aber wie gesagt, es gab seit dem Krieg bereits über 180 Schuldenschnitte in der Welt, und nichts ist zusammengebrochen außer den Portfolios, die davon betroffen waren. Wenn ein Schuldner zahlungsunfähig ist, hat nun einmal irgendjemand ein Problem. Aber es ist nicht offenkundig, dass die Welt besser dabei fährt, wenn die Staatssysteme erodiert werden, als wenn es die Portfolios der Anleger sind, die sich verspekuliert haben.

Dass Verluste bei den Investoren anfallen, die die Papiere von konkursgefährdeten Staaten halten, ist generell kein Beinbruch, denn wohldiversifizierte Portfolios müssen in der Lage sein, solche Verluste zu verkraften. Der ökonomische Wert des Kapitalmarktes liegt gerade darin, dass er das Risiko von Abschreibungsverlusten durch die breite, weltweite Verteilung der Vermögensportfolios beherrschbar macht. Wer meint, Schuldenschnitte dürften nicht passieren, verkennt diese zentralen Wesensmerkmale unserer marktwirtschaftlichen Ordnung.

Ein großer Vorteil der Selbsthaftung der Anleger in Form von Schuldenschnitten liegt darin, dass sie selbst Obacht haben müssen, wem sie ihr Geld anvertrauen. Sorgfältig müssen sie die möglichen Renditen gegen die Gefahren des Verlustes abwägen. Diese Sorgfalt bewirkt, dass das mühsam über Generationen angesammelte Sparkapital der Volkswirtschaften dieser Welt bestmöglich unter rivalisierenden Verwendungen aufgeteilt wird und einen größtmöglichen Beitrag zum Wirtschaftswachstum und allgemeinen Wohlstand leistet. Ersetzt man die Selbsthaftung durch die Staatshaftung, wird dieser Mechanismus empfindlich gestört, weil die Anleger ihre Furcht vor unrentablen Investitionen verlieren, die zwar im günstigen Fall einträgliche Renditen liefern, doch es im Mittel gar nicht tun, weil die Verlustrisiken die Gewinnchancen überwiegen. Das Sparkapital fließt deshalb unter dem Einfluss der expliziten oder impliziten Staatshaftung in volkswirtschaftlich unrentable Verwendungen, wenn es nicht gar verschleudert wird.

Richtig ist, dass die Erwartung von Schuldenschnitten im Vorhinein zu einer Kapitalflucht aus bestimmten Ländern und Klassen von Anleihen zu führen pflegt. Deswegen ist es unerlässlich, gleich zu Beginn der möglichen Diskussion über Schuldenschnitte Kapitalverkehrskontrollen zu verhängen, die es den Anlegern unmöglich machen, sich rechtzeitig aus dem Staube zu machen. Kapitalverkehrskontrollen sind auch nötig, um zu verhindern, dass durch Nettoüberweisungen von Geldern in andere Länder im Fluchtland die Geldmenge schrumpft und insofern eine Liquiditätskrise ausgelöst wird, die das ganze Finanzsystem gefährdet. Solche Kapitalverkehrskontrollen wurden im Falle Griechenlands und bei den Bankpleiten Zyperns für einige Jahre verhängt, und sie haben sich als sehr wirksamer Schutz des lokalen Finanzmarktes erwiesen. Es gab sie im Übrigen an vielen Orten der Welt, so auch in den 1950er Jahren in der Bundesrepublik Deutschland. Auch der große Ökonom Keynes ging, als er noch im Krieg die Grundlagen eines neuen Weltwährungssystems entwarf, das später in Form des sogenannten Bretton-Woods-Systems Realität wurde, davon aus, dass kein freier Kapitalverkehr herrschen würde. Insofern ist das Thema der Kapitalflucht im Falle von Schuldenschnitten durch Kapitalverkehrskontrollen sehr gut beherrschbar.

Das alles sehen manche Vertreter der Finanzbranche natürlich ganz anders. Ihnen geht es nicht um gesamtwirtschaftliche Effizienz, sondern um privaten Profit. Deshalb trommeln sie seit Jahr und Tag in den einschlägigen Zeitschriften der internationalen Finanzwelt für eine umfassende Rettungsarchitektur in Europa, deshalb finanzieren sie einschlägige Forschungsinstitute, deshalb etablieren sie ihre Lobbys in den Hauptstädten der Welt, und deshalb versuchen sie, Einfluss auf die Zentralbanken zu gewinnen und ihre Leute dort zu platzieren bzw. die vorhandenen Mitarbeiter später bei genehmem Verhalten mit gut bezahlten Posten zu entlohnen. Und deshalb kam auch von ihnen ein gewaltiger Aufschrei, als das Bundesverfassungsgericht mit seinem PSPP-Urteil im Mai 2020 den EuGH in seine Schranken wies. Die Dominanz der Finanzinteressen ist heute allgegenwärtig und unerträglicher als je zuvor.

Die Fluchtmöglichkeiten, die dem Finanzkapital offenstehen, sind umso problematischer, als wir ja in einer Zeit leben, in der uns das Virus zu ganz ungewöhnlichen und vor Kurzem noch kaum vorstellbaren Politikmaßnahmen veranlasst. Läden werden geschlossen, Menschen werden in ihren Wohnungen, in ihren Ortschaften und in ihren Ländern eingesperrt. Dass nun gerade das Finanzkapital von all dem nicht berührt sein sollte, sondern mitten in der Krise frei um den Erdball herumwandern kann, um die Krisenherde zu verlassen und die Lasten der früheren Fehlinvestitionen auf andere abzuladen, ist keine Selbstverständlichkeit, sondern eine vermeidbare Fehlentwicklung.

Wundern kann man sich in dem Zusammenhang nur, dass gerade die linke Presse bei der Frage der Rettungsarchitektur des Eurosystem stets für die Gemeinschaftshaftung und für den Bail-out überschuldeter Finanzsysteme votiert. Das Motiv hierfür ist sicherlich die tief verwurzelte und im Grundsatz ja nicht falsche Idee der Solidarität. Doch ironischerweise schützen die Linken damit vor allem das Finanzkapital, das Leuten gehört, denen sie ansonsten nicht sonderlich zugeneigt sind. Wie so häufig gilt auch in diesem Fall, dass die Verbindung aus einer moralischen Grundposition wichtiger gesellschaftlicher Gruppen mit einem gravierenden Profitmotiv eines besonderen Wirtschaftszweiges auf wundersame Weise einen medialen Konsens erzeugt, gegen den man mit Argumenten kaum noch ankommt.

„Dann wären wir bei über 100 Prozent Schuldenquote. Griechenland ließe schön grüßen."

Warum warnen Sie immer wieder besonders vor den Target–Überziehungskrediten?

Target-Überziehungskredite sind die Fluchttür für das Investitionskapital, durch die die Investoren in letzter Sekunde entkommen können, wenn ihnen der Braten zu heiß wird. Target ist eigentlich nur der Name für ein innereuropäisches Überweisungssystem, doch im Falle der Kapitalflucht entstehen Ungleichgewichte, indem die Überweisungen aus dem Inland ins Ausland die Überweisungen in die andere Richtung übersteigen und entsprechende Salden verbucht werden. Die Notenbank eines anderen Landes, das Nettoüberweisungen ins Ausland tätigt, nimmt dafür einen Überziehungskredit in Anspruch, und die Notenbank eines Landes, die per Saldo Geld auszahlt, gewährt diesen Überziehungskredit. Der Kredit dient dazu, die Lieferung von Waren oder die Übereignung von Vermögensobjekten jedweder Art zugunsten der Bürger des Target-Schuldner-Landes zu finanzieren, bzw., was ökonomisch fast dasselbe ist, diesen Bürger die Möglichkeit zu geben, die fliehenden Anleger aus dem Ausland auszuzahlen.

In den letzten Jahren kam es immer wieder zu einer Kapitalflucht aus den Mittelmeerländern, denn wie erläutert hatten diese Länder ihre Wettbewerbsfähigkeit in der anfänglichen Wirtschaftsblase verloren, die der Euro erzeugt hatte, weil er viel privaten Kredit aus dem Ausland dorthin geschwemmt und eine Sonderinflation erzeugt hatte, an der der Norden Europas nicht teilhatte. Als die Blase mit der Lehman-Pleite platzte, verweigerten sich die internationalen Anleger und waren nicht bereit, allen Ländern auch weiterhin so viel Geld zur Finanzierung von Importen zur Verfügung zu stellen, wie sie gerne gehabt hätten. Ab und zu kriegten die Anleger sogar kalte Füße, neigten zur Panik und flohen in Scharen aus dem Mittelmeerraum in die nördlichen Euroländer, vor allem nach Deutschland. Und dann haben die heimischen Notenbanken der Mittelmeerländer ausgeholfen, indem sie fleißig neues Geld geschaffen und dieses Geld über die Banken an die heimische Wirtschaft und auch an den heimischen Staat verliehen haben. Die ausländischen Notenbanken, allen voran die Bundesbank waren ebenfalls involviert, indem sie die internationalen Überweisungsaufträge ausführten, die im Zuge der Kapitalflucht anfielen und durch die das neu geschaffene Geld im einen Land eingezogen und im anderen als Überweisungsgeld wieder ausgegeben wurde.

Mit den Ersatzkrediten aus der elektronischen nationalen Gelddruckmaschine konnte man die ausländischen oder auch inländischen Gläubiger auszahlen, die das Weite suchten, oder auch einfach das Geld für den Erwerb von Importgütern herstellen, das man sich nicht mehr leihen konnte.

Auch in der Corona-Krise kam es wieder zu einer gewaltigen Kapitalflucht aus Südeuropa nach Deutschland und in andere nördliche Länder. So war der Anstieg der deutschen Target-Forderungen mit 114 Milliarden Euro allein im März 2020 der bislang bei Weitem größte monatliche Anstieg seit der Einführung des Euro. In zwei anderen Höhepunkten der Eurokrise, im September 2011 und im März 2012, war der deutsche Target-Saldo ebenfalls aufgrund einer Kapitalflucht stark angestiegen, doch ging es damals „nur" um Anstiege von 59 Milliarden Euro bzw. 69 Milliarden Euro. Im April und Mai beruhigte sich der Kapitalmarkt etwas, und die Target-Werte gingen wieder etwas zurück, doch im Juni schoss die deutsche Target-Forderung abermals um 84 Milliarden hoch und erreichte mit einem Wert von 995 Milliarden Euro den absoluten Höchststand in der Geschichte des Euro. Von Februar bis Juni war die deutsche Target-Forderung insgesamt um 174 Milliarden Euro gestiegen. Spiegelbildlich dazu hatte sich in der gleichen Zeitspanne die italienische Target-Schuld um 152 Milliarden und die spanische um 84 Milliarden Euro vergrößert, was Ende Juni Werte von 537 bzw. 462 Milliarden Euro, in der Summe also 999 Milliarden Euro, implizierte.

In Deutschland ist also im Laufe der Jahre für ziemlich genau eine Billion Euro Überweisungsgeld angelandet. Dieses Überweisungsgeld übt für die Zwecke des innerdeutschen Zahlungsverkehrs die gleichen Funktionen aus wie das üblicherweise von der Bundesbank per Kredit an die Banken in Umlauf gebrachte Geld. Der Unterschied ist nur, dass die Bundesbank dafür eine Target-Forderung gegen das Eurosystem statt einer Kreditforderung gegenüber einer deutschen Bank erhielt.

Der tiefere Grund für die Verbuchung einer Target-Forderung in der Bilanz der Bundesbank ist, dass die Bundesbank im Zuge der Erfüllung des Überweisungsauftrags einer anderen Notenbank einen Kredit gegeben hat, denn sie erhielt für die Auszahlung des Geldes nichts. Sie erhielt nicht, wie es zum Beispiel im US-amerikanischen Zahlungssystem zwischen den Distrikt-Notenbanken üblich ist, marktfähige Wertpapiere von anderen Zentralbanken. Und sie erhielt auch kein Guthaben auf einem Konto bei der EZB, das andere Notenbanken dort womöglich früher durch die Übergabe von Vermögenstiteln hätten aufbauen können; das hätte man sich vielleicht in Analogie zum innerdeutschen Zahlungsverkehr vorstellen können, wo bei Überweisungen zwischen Banken Guthaben bei der Bundesbank vom Eigentum der einen Bank in das Eigentum einer anderen Bank übergehen. Nein, sie erhielt nichts außer einer ungedeckten Kreditforderung, und sie hatte selbst auch keinen Einfluss auf die Höhe der Forderungen, die sich aufbauten. Insofern handelt es sich bei dem Target-Saldo tatsächlich um einen Überziehungskredit, den andere Notenbanken bei der Bundesbank aufnehmen konnten. Der Kredit ist unbegrenzt, er kann, muss aber nicht getilgt werden. Damit ist die Bundesbank in einer ähnlichen Rolle wie einst die russische Zentralbank, die im Rubel-System der Sowjetunion auch nur ungedeckte Kreditforderungen für die Warenlieferungen aus Russland in die einzelnen Sowjetrepubliken erhielt. Russland hat seine targetähnlichen Rubelforderungen beim Untergang des Rubelsystems ersatzlos verloren.

Der Zuwachs der Target-Forderung ist im Lichte des europäischen „Wiederaufbaufonds" von mindestens 500 Milliarden, an dem sich ja auch Deutschland beteiligen soll, von einer erheblichen Brisanz. Jene, die Deutschlands Solidarität nun fast schon ultimativ einfordern, scheinen völlig zu übersehen, dass die Bundesrepublik Deutschland über ihre Bundesbank bereits eine Billion Euro an Target-Überziehungskrediten an andere Länder des Euroraums, allen voran Italien und Spanien, vergeben hat, mithilfe derer diese Länder in die Lage versetzt wurden, ihre privaten Auslandsschulden zu tilgen, die sich früher im Laufe der Finanzierung von Leistungsbilanzdefiziten aufgebaut hatten, und außerdem noch echte Vermögenswerte wie deutsche Staatspapiere, Forderungen gegen Banken, Aktien, Immobilien und ganze Firmen sowie auch Waren aus laufender Produktion in Deutschland zu erwerben. Und wenn sie es nicht übersehen, dann sind sie klug genug, es nicht zu erwähnen, denn sie wissen, dass auch die deutsche Bundesregierung schweigen möchte. Die Bundesregierung kann den Target-Kredit der Bundesbank beim europäischen Verhandlungspoker heute nicht öffentlich in die Waagschale werfen, weil sie ihn seit Jahren unter den Tisch kehrt, um nicht in Erklärungsnot gegenüber der Öffentlichkeit zu geraten. Die Großartigkeit des europäischen Einigungswerkes wollte man nicht mit scheinbar kleinen Rechnungen belasten und hoffte inständig, dass die Target-Forderungen der

Bundesbank alsbald von allein wieder zurückgehen würden. Sie gingen aber nicht zurück, sondern wuchsen immer weiter an. Heute, da sie eine Billion erreicht haben und das Verfassungsgericht von der Regierung und dem Bundestag verlangt, sich proaktiv mit den Interna des Eurosystems auseinanderzusetzen, ist ein solches Verhalten nicht mehr tolerierbar.

Etwa die Hälfte des Geldes, das heute in Deutschland zirkuliert, ist, netto gerechnet, nicht durch einen Kredit der Bundesbank an deutsche Banken oder durch Käufe von Wertpapieren von diesen Banken entstanden, sondern ist bloßes Überweisungsgeld, das die Bundesbank hat in Umlauf bringen müssen, weil entsprechende Vorgänge schon von ausländischen Notenbanken vorgenommen wurden.

In den Jahren 2012 und 2013, als die Geldschwemme bei Weitem noch nicht das Ausmaß von heute angenommen hatte, lag der Anteil des Überweisungsgeldes sogar bei 100 %. Damals war so viel Geld auf dem Überweisungswege in Deutschland angelandet, dass die Banken gar kein Kreditgeld von der Bundesbank mehr brauchten. Das gesamte Zentralbankgeld, das in Deutschland physisch oder elektronisch zirkulierte, bestand nur noch aus Überweisungsgeld, das ursprünglich als Kreditgeld von anderen Notenbanken in Umlauf gebracht worden war.

Um die Natur des Problems zu verstehen, stelle man sich vor, die Eurogeldscheine seien Umschläge, die im Inneren D-Mark, Lira, Pesetas, Escudos, Schilling etc. enthalten, je nachdem, in welchem Land dieses Geld ursprünglich von einer Notenbank als Kredit an die lokalen Banken in Umlauf gebracht wurde. Hätte man in den Jahren 2012 und 2013 die in Deutschland zirkulierenden Umschläge geöffnet, hätte man keinerlei D-Mark mehr darin gefunden, sondern nur noch Lira, Pesetas, Escudos, Franken etc. Diese Metapher erklärt vielleicht, warum der Euro so attraktiv für die Länder des Mittelmeerraumes ist und warum sie nicht davon lassen wollen, obwohl sie dringend eine Abwertung bräuchten, um wieder wettbewerbsfähig zu werden. Es handelt sich dabei um eine Währung, die man selbst schaffen kann und mit der man in anderen Ländern einkaufen und seine privaten Schulden tilgen kann, weil sie dort als gesetzliches Zahlungsmittel anerkannt ist.

In der Tat hat man mit dem eigenen Kreditgeld im Norden Waren gekauft, die man sonst mit privaten Auslandskrediten oder durch die Lieferung von Exportware hätte finanzieren müssen. Man hat auch Schulden getilgt, weil Anleger aus dem Norden kritisch waren und sich zurückziehen wollten, insofern also alte Schuldtitel zurückgekauft. Das war die oben angesprochene Kapitalflucht im Sinne eines Rückzugs der ausländischen Kreditgeber. Man hat aber auch ausländische Vermögensobjekte wie Immobilien, Aktien etc. gekauft. Alles war möglich, weil man die für die Überweisungen nötigen Euros selbst herstellen konnte.

Viele Leute denken ja, dass das Geld nur in Frankfurt bei der EZB gemacht wird, doch davon kann nicht die Rede sein. Die EZB ist vor allem eine Koordinationszentrale. Das Geld wird vor Ort erzeugt, wobei es hier, das sei nochmals betont, vornehmlich um elektronische Vorgänge geht und nicht so sehr um physisches Geld. Und dieses selbst gemachte Geld kann über die Banken an die Wirtschaft und den Staat verliehen werden. Es ersetzt Geld, welches man sich sonst zu üblichen Bedingungen auf den europäischen Märkten hätte leihen müssen. Dadurch, dass man das selbst gemachte Geld für seinen internationalen Zahlungsverkehr benutzt, wenn man einkaufen will, statt sich Geld aus dem Ausland durch eine private Kreditaufnahme oder den Verkauf von Waren und Dienstleistungen hereinzuholen, ist eine Unwucht in den Zahlungsbilanzen Europas entstanden.

Natürlich geht das alles nur innerhalb des Regelwerks, das der EZB-Rat festlegt. Aber das ist so locker, dass sehr viel nationaler Spielraum bleibt. So können die nationalen Notenbanken nach eigenem Gutdünken ELA-Notfallkredite (Emergency Liquidity Assistance) vergeben und auch im Rahmen des ANFA-Abkommens (Agreement on Net Financial Assets) nach eigenen Kriterien und auf eigene Rechnung Wertpapiere kaufen. Ferner haben sie die Möglichkeit, selbst die Pfandkriterien mitzubestimmen, unter denen sie Kredite an die Geschäftsbanken ausreichen, und können insofern die Kreditkonditionen maßgeblich mitbeeinflussen. Es ist sehr wichtig für das Verständnis der EZB-Politik, dass man sich diese Gründe für den autonomen nationalen Spielraum der Geldversorgung vor Augen hält.

Per Saldo floss auch aus diesen Gründen Liquidität von den Krisenländern in die anderen Länder, indem internationale Überweisungsaufträge getätigt wurden. Im Norden wurden Waren und Wertpapiere sowie andere Vermögensobjekte gekauft. Das Eigentum an den Waren und Vermögensobjekten ging dann an den Süden, und der Norden erhielt Geld, das im Süden ursprünglich als Kreditgeld in Umlauf kam, dann aber bei der Überweisung wieder eingezogen und von der Bundesbank neu emittiert und an die Empfänger der Überweisungen übergeben wurde, wodurch die Bundesbank dem Notenbanksystem statt den lokalen Banken einen Kredit gab, den Target-Kredit.

Die deutsche Exportwirtschaft fand dieses System genauso toll wie die Mittelmeerländer, denn letztlich wurden hiermit ihre Kunden finanziert. Den deutschen Exporteuren ist es egal, wo das Geld herkommt, ob es von der Bundesbank kreditiert wird oder ob es durch Eigenlieferungen anderer Länder erwirtschaftet wurde. Aber es kann den deutschen Bürgern in ihrer Gesamtheit nicht egal sein. Für sie zählt nur, was letztlich wieder an Importgütern zurückkommt.

Es muss nicht sofort zurückkommen. Man kann auch erst einmal Vermögenstitel im Ausland akkumulieren, die man später in Waren umtauscht. Aber es muss irgendwann zurückkommen. Das jedoch ist alles andere als sicher, wenn diese Vermögenstitel nur aus Target-Forderungen der Bundesbank bestehen. Denn die Target-Forderungen der Bundesbank begründen sich in Überziehungskrediten, die nicht fällig gestellt werden können, deren Wert vom Fortbestand des Systems abhängt und die nur zu einem geringen, derzeit sogar negativen Wert verzinst werden.

Durch die Vorentscheidung des EZB-Rates, der ein System geschaffen hat, in dem sich diese Überziehungskredite haben aufbauen können und das in den Maastrichter Verträgen gar nicht vorgesehen war, ist die Wirtschaftspolitik der Staaten unter Zugzwang gesetzt und ihrer Freiheits- und Entscheidungsspielräume beraubt worden. Es ist eine Pfadabhängigkeit der Politik entstanden, wobei der Beginn des Pfades durch Entscheidungen des EZB-Rates festgelegt wurde, eines Gremiums, in dem jedes Land die gleiche Stimmenzahl hat und Deutschland so viel zu sagen hat wie Malta oder Zypern und das weit mehr tut, als nur Geldpolitik zu beschließen. Die EZB ist durch die Entscheidungen ihres Rates zu einer Behörde umgeformt worden, die fast den Charakter einer Bad Bank angenommen hat, indem sie unsichere Anleihen von privaten Firmen, Pfänder mit Schrottstatus und Wertpapiere von Staaten ohne eine Investment Grade (also ohne eine solide Bewertung) der Ratingagenturen akzeptiert. Es gibt zwar theoretisch, aber nicht praktisch die Möglichkeit, eines Tages wieder zu normalen Zinsen zurückzukehren, weil die Staaten, die dann die Zinsen aufbringen müssten, auf die Zentralbanken einwirken, dass das nicht passiert. Unabhängigkeit hin, Unabhängigkeit her. Die Europäische Zentralbank macht sich nicht frei von dem Wunsch der Staaten, die ihre Mitglieder im EZB-Rat benennen. Die Vorstellung ist bestenfalls naiv.

Theoretisch führen auch die Target-Salden zu zusätzlichen Zinseinnahmen der südlichen Zentralbanken, die über den europäischen Zinsverteilungsschlüssel dann in den Norden ließen müssten. Die Bundesbank hätte dann entsprechend dauerhaft Einnahmen. Aber wir leben in einer Welt von Null- und Negativzinsen. Heute muss die Bundesbank im Gegenteil dafür an die südlichen Zentralbanken noch Zinsen zahlen! Die Bundesbank kann ihre Ansprüche auch nicht fällig stellen. Sie kann nicht fordern: Jetzt liefert mal endlich Waren in die Gegenrichtung nach Deutschland, um die Target-Salden auszugleichen. Oder schickt uns Gold – wie das übrigens zwischen den amerikanischen Distriktzentralbanken bis 1975 der Fall war. Das kann sie alles nicht tun. Es handelt sich um Forderungstitel, die notfalls bis in alle Ewigkeit stehen. Und wenn sie das noch zu Null- und Negativzinsen tut, dann sind die Waren und Vermögensobjekte, die dafür ins Ausland gingen, letztlich geschenkt. Nach den Regeln der Buchhaltung kann man die Erwartung hegen, die Forderungen seien noch werthaltig, weil wir vielleicht irgendwann wieder zu normalen Zinsen zurückkehren. Insofern geht es in Ordnung, dass die Bundesbank tapfer im Umfang von einer Billion Target-Forderungen in ihrer Bilanz verbucht. Indes sollte man sich über die tatsächliche Werthaltigkeit dieser Forderungen keine Illusionen machen.

Die Target-Forderungen der Bundesbank sind auf jeden Fall sehr riskant, denn es ist ja möglich, dass sie nicht bedient werden, indem einmal Güter und marktfähige Vermögenstitel in die andere Richtung fließen, nämlich von den Schuldnerländern nach Deutschland. Am offenkundigsten ist das Risiko im Fall eines Zusammenbruchs des Euro. Da nichts geregelt ist und einige Stimmen, auch solche aus Deutschland, die Target-Forderungen wiederholt als belanglose Verrechnungssalden dargestellt haben, wird die Bundesbank in einem solchen Fall vermutlich ihre gesamten Target-Forderungen von einer Billion Euro verlieren. Und der Verlust kann nicht durch irgendwelche Tricksereien vertuscht werden, denn das Bundesverfassungsgericht hat festgestellt, dass die Bundesbank in einem solchen Fall vom Staat rekapitalisiert werden muss, weil der Staat die Anstaltslast hat und für den ordnungsgemäßen Geschäftsbetrieb sorgen muss. Rekapitalisieren heißt zum Beispiel, dass der Staat der Bundesbank für eine Billion Euro normale Staatspapiere als Eigenkapital schenkt, um die Verluste auszugleichen. Die Zinsen auf die Staatsschuld würden es dann ermöglichen, wieder einen Zustand mit normalen Bundesbankgewinnen zu erreichen, wie sie ohne den Verlust der Salden zu erwarten gewesen wären.

Die deutsche Staatsschuld stiege nun im Umfang der Target-Salden. Eine Billion Euro sind 31 Prozent des für 2020 erwarteten deutschen Bruttoinlandsproduktes. Mit diesem Schuldenzuwachs wären wir plötzlich nicht mehr bei einer Schuldenquote von 75 Prozent – mit diesem Wert rechnet man ohnehin als Ergebnis der Corona-Krise – sondern deutlich über 100 Prozent. Griechenland lässt grüßen.

Aber es muss ja nicht gleich der ganze Euro platzen. Auch wenn ein Land wie Italien den Träumereien der Lega-Partei folgt und die ewigen Austrittsdrohungen ihres finanzpolitischen Sprechers Claudio Borghi wahr macht, drohen Deutschland Verluste, in diesem Fall allerdings nur anteilig, weil das Eurosystem als Ganzes seine Forderungen riskiert. Verlässt Italien den Euro und verweigert die Rückzahlung der Target-Schulden, entfallen auf Deutschland 31 Prozent des Ausfalls. Das sind dann rechnerisch 166 Milliarden Euro.

Es gibt auch die Gefahr, dass nicht der Euro zerbricht, sondern dass der italienische Staat und die italienische Finanzwirtschaft einfach nur insolvent werden. Dann ist auch die italienische Notenbank im Innenverhältnis des Eurosystems zahlungsunfähig, denn sie kann ihre Zinsverpflichtungen im Eurosystem nicht mehr erfüllen, wenn es wieder normale Zinsen gibt. Sie müsste für ihre Geldschöpfungskredite laufend Zinsen aus dem italienischen Bankensystem extrahieren und über den Zinsverteilungsschlüssel des Eurosystems an die Bundesbank weiterleiten, was die zirkulierende Geldmenge in Italien verringern und in Deutschland vergrößern würde. Aber das kann die Banca d'Italia nicht, wenn weder die Staatspapiere, die sie hat, noch die Refinanzierungskredite, die sie den Banken gab, bedient werden. Kurzum, das Eurosystem kann seine Target-Forderungen gegen Italien im ökonomischen und versicherungsmathematischen Sinne auch dann verlieren, wenn der Euro nicht zerbricht, sondern der italienische Staat mitsamt dem italienischen Finanzsystem kollabiert.

Das verlangte nicht nur massive Steuererhöhungen oder Ausgabenkürzungen. Hinzu kommt, dass Deutschland an den Kapitalmärkten seine bislang noch überlegene Bonität verlieren würde. Man sah das jetzt zum Beispiel schon in der Corona-Krise, als sich die Meinung verdichtete, dass wir eine gesamtschuldnerische Haftung für die Corona-Bonds in Europa einführen. Sofort reduzierte sich der Zinsaufschlag der amerikanischen Staatspapiere auf die deutschen, und zwar massiv. Übrigens hat im Jahre 2012 bereits eine Ratingagentur Deutschland wegen der Target-Salden auf die Beobachtungsliste gestellt und einen negativen Outlook angekündigt. Wenn der Target-Krisenfall tatsächlich eintritt, dann sind wir den ganzen Vorteil los und zahlen Zinsen wie die andern auch. Deutschland ist dann nicht mehr der Hort der Stabilität, sondern wird als risikobehafteter Anlageort gesehen, und das geht sofort ins Geld. Wenn wir ein Prozent höhere Zinsen auf eine Staatsschuld zahlen, die dann über 100 Prozent des BIP liegt, dann ist das schon für sich genommen mehr als ein Prozent des BIP. Das Geld würde bei Investitionen in die Infrastruktur oder beim Sozialhaushalt fehlen.

Die mit den Target-Salden verbundenen Risiken sind durch den Corona-Schock und die gewählten Mittel zu seiner Bewältigung nochmals deutlich gewachsen, weil Kapitalflucht und Rettungsarchitektur die Salden weiter anwachsen ließen.

Wir müssen diese Risiken jetzt dringend diskutieren, bevor der weitere Weg in eine Transferunion beschritten wird.

Nun kann man sagen, die gerade beschriebenen Risiken werden wegen der ganzen Rettungsschirme nicht eintreten, aber wenn man einem Land Geld schenkt, damit es seine Kreditverpflichtungen erfüllen kann, dann ist das Geld auch weg. Die Rettungstransfers sind der realisierte Verlust.

Und was geschieht eigentlich, wenn wir irgendwann einmal an dieses Geld heranwollen, weil wir nicht mehr können, weil die deutsche Gesellschaft aus demografischen Gründen nicht mehr so leistungsfähig ist und lauter Alte, aber wenig Junge umfasst? Dann bräuchten wir ja Importe von Waren, um davon zu leben. Wenn wir nicht mehr die Kraft zum Exportieren haben, müssten wir in der Lage sein, den Target-Finanztitel aufzulösen. Das sind wir aber nicht so ohne Weiteres, denn die Zustimmung zum Target-System, die wir heute überall sehen, wird sofort mehrheitlich in eine Ablehnung umspringen, wenn sich die Zahlungsströme und Warenlieferungen eines Tages umdrehen sollten. Dann wird es schon Wege geben, wie sich die Mehrheit der heutigen Target-Schuldner aus der Affäre ziehen kann. Die negativen Zinsen auf die Target-Salden, die heute schon vorliegen, können vielleicht sogar schon als Versuch interpretiert werden, sich der Schulden auf elegante Weise zu entledigen.

Deshalb plädiere ich dafür, in einem neuen EU-Vertrag, der ja ohnehin wird kommen müssen, wenn man der EU die Möglichkeit der Kreditaufnahme geben will und sie zu einer Transferunion umbauen will, wie Macron und Merkel es anstreben, das Target-Thema und überhaupt das ganze Thema der Entscheidungsfindung im EZB-Rat anzugehen. Ich habe an anderer Stelle ausgeführt, dass die Target-Kredite begrenzt werden oder regelmäßig durch Hergabe marktgängiger, sehr gut bewerteter Vermögenstitel getilgt werden sollten. Dann hätten die Notenbanken weniger Anreiz, in großem Umfang

Ersatzkredite zu gewähren, die die Voraussetzung dafür sind, dass die Liquiditätsabflüsse durch negative Target-Salden stets wieder ausgeglichen werden. Sie würden ihre nationalen Spielräume (ELA, ANFA, Pfänderpolitik etc.) dann vermutlich nicht so extensiv nutzen, wie es bislang der Fall war. Stattdessen würden sie entweder Kapitalverkehrskontrollen verhängen, um die Kapitalflucht einzudämmen, oder sie müssten höhere nationale Zinssätze akzeptieren, die den Anlegern adäquate Risikoprämien dafür versprechen, dass sie bleiben.

Die Sinnhaftigkeit solcher Reformen wird den meisten Politikern nicht einleuchten, denn es handelt sich bei den Gefahren um viele zu diffuse, versteckte Belastungen, als dass die Politik bereit wäre, darauf zu reagieren. Wie schon gesagt: Man kümmert sich um das Große und Ganze, die wundervollen Ideen vom vereinten Europa und dann wieder um das Kleingedruckte in marginalen Gesetzesvorgaben, an denen aber irgendwelche Lobbyisten Interesse haben. Sich in die schwierigen Details ökonomischer Makrothemen einzuarbeiten, liegt dem Abgeordneten meistens nicht, und wenn da Problematisches ist, das die Grundideologie nicht unterstützt oder zurechtrückt, dann will man davon lieber gar nicht erst hören.

Die größten Gewinne im komplexen Finanzsystem machen die Insider, die diese ganzen Zusammenhänge durchschauen und ihre eigenen Süppchen kochen, ohne dass es jemand merkt. Für die Politik ist das alles zu kompliziert, als dass sie in der Lage wäre, kontrollierend und regulierend einzugreifen. Und die Öffentlichkeit versteht es auch nicht. Die Öffentlichkeit ist nur so klug wie die Medien, die sie tagtäglich beschallen. Sie braucht erst eine Ebene der öffentlichen Bewusstwerdung, am besten vermittelt durch bewegte Fernsehbilder unmittelbarer Bedrohung, wie zum Beispiel Flüchtlinge vor Stacheldrahtzäunen oder Corona-Tote, die von einer Kolonne von Armeelastern abtransportiert werden. Erst wenn solche Bilder zu sehen sind, regiert die große Politik. Diese Ebene kann ich aber heute nicht liefern. Sie kommt erst in zehn, 15 Jahren, wenn wir über die Verarmung unserer Rentnergeneration reden und über die vielen Menschen, die dann nicht mehr ordnungsgemäß in Pflegeheimen und anderswo versorgt werden können. Die Verbindung von dorthin zu den Target-Salden ist aber hinreichend komplex, sodass es interessengeleiteten Stimmen immer wieder gelingen könnte, sie mit irgendwelchen Scheinargumenten zu verneinen oder moralisch zu diskreditieren.

Ähnliches gilt auch für andere Themen, wie etwa die deutsche Klimapolitik.

„Es macht keinen Sinn, die deutsche Automobilindustrie zu dezimieren und zu hoffen, damit der Umwelt zu dienen. Das Gegenteil könnte der Fall sein."

Auch in Deutschland waren die ökonomischen Vorzeichen vor Corona nicht nur rosig. Wie würden Sie hier die wirtschaftliche Ausgangslage bewerten?

Wir haben seit 2018 eine Rezession in der deutschen Industrie. Während sich die Produktion im verarbeitenden Gewerbe nach der Lehman-Krise von 2008/2009 bereits im Jahr 2010 wieder gefangen hatte und danach bis zu zehn Prozent über das Vorkrisenniveau anstieg, geht die Reise seit dem Sommer 2018 bergab. Unmittelbar vor dem Ausbruch der Corona-Krise lag die Produktion noch um zwei Prozent über dem Vor-Lehman-Niveau. Sie war also bereits vor Corona um acht Prozentpunkte abgerutscht. Doch nun, in der Corona-Krise, fiel sie innerhalb von zwei Monaten bis zum April um weitere acht Prozentpunkte und lag dann um sechs Prozent unter dem Vor-Lehman-Krisenniveau.

Der Rückgang um acht Prozentpunkte seit dem Sommer 2018 lag an den Problemen der Automobilindustrie, die selbst wiederum durch die immer schärferen Umweltstandards verursacht waren. Die EU hat im Zuge der Stickoxiddiskussion immer schärfere Grenzwerte eingefordert, und die Gerichte haben sie umgesetzt. Die Automobilhersteller kamen in Schwierigkeiten, diese neuen Standards zu erfüllen. Dann gab es den Dieselskandal, wobei die Stickoxidwerte in den Abgasen vor allem im VW-Konzern durch Abschaltvorrichtungen in einer Weise manipuliert wurden, die über die branchenüblichen Manipulationen hinausging. Das führte zu einer Klagewelle und zu einer Entrüstung der Öffentlichkeit, die von den im Hintergrund agierenden Konkurrenten und von Seiten grüner Parteien kräftig geschürt wurde. VW hat sich sicher falsch verhalten, aber im Windschatten des Sturms der Entrüstung hat die Politik gegenüber der Automobilindustrie im Allgemeinen sehr drastische Emissionsrichtlinien festgelegt und Verordnungen erlassen, die ihr größte Schwierigkeiten machen. Außerdem wurde die Einhaltung bestehender Verordnungen gründlicher kontrolliert. Das alles brachte die Automobilindustrie in Bedrängnis, denn sie kam im Jahr 2018 mit der Umrüstung ihrer Fahrzeuge nicht rasch genug voran, und als man die Technik im Griff hatte, brauchten die überlasteten Behörden extrem viel Zeit für die Genehmigungen. So mussten viele Fahrzeuge auf Halde genommen werden, bevor sie ausgeliefert werden konnten. Es kam hinzu, dass die Verbraucher angesichts der Unsicherheit über die zukünftige Erlaubnis, ihre Autos überhaupt noch fahren zu können, beim Kauf große Zurückhaltung übten und erst einmal abwarten wollten, in welche Richtung die Reise gehen würde.

An dieser Verunsicherung hatte die CO_2-Verordnung der EU vom Herbst 2018 großen Anteil, denn sie hat es ja wirklich in sich. Danach sollen die CO_2-Ausstoßwerte der PKWs bis 2030 unter 59 Gramm pro Kilometer gesenkt werden. 2015 waren noch 130 Gramm erlaubt, und Autos der gehobenen Mittelklasse mit Motoren von zwei Litern Hubraum und mehr stießen in der Regel eher um 180 bis 200 Gramm aus. Die Zielmarke von 59 Gramm pro Kilometer erscheint schon insofern als utopisch. Wie absurd dieser Wert ist, erkennt man besonders deutlich, wenn man Folgendes bedenkt. In Dieseläquivalente übersetzt bedeutet dieser Wert, dass ein Auto nur 2,2 Liter Diesel pro 100 Kilometer verbrauchen darf. Die Erfindungsgabe der Ingenieure in allen Ehren, aber es wird nicht möglich sein, sichere Autos mit einem gewissen Fahrkomfort zu bauen, die mit Motoren bewegt werden, die nur 2,2 Liter brauchen. Das Dreifache wäre wohl nötig.

Man fragt sich also, was die EU-Kommission im Sinn hatte, als sie diese technisch unmöglichen Werte festsetzte. Wie kommt sie nur auf die 2,2 Liter? Die Antwort liegt in dem Umstand, dass die EU-Kommission diesen Maßstab nicht für jedes einzelne Auto gesetzt hat, sondern nur für den Durchschnitt der Flotte, und dieser Durchschnitt soll durch Elektroautos gesenkt werden. Elektroautos haben ja angeblich keinen CO_2-Ausstoß. Wenn man also zwei Drittel Elektroautos in die Flotte nimmt und ein Drittel Autos, die 6,6 Liter Diesel verbrauchen, dann kommt man im Schnitt auf 2,2 Liter. Das ist die Marschrichtung, und das muss bis 2030 realisiert werden. Elektroautos, die eine praktikable Alternative zu den konventionellen Autos darstellen, gibt es aber noch nicht wirklich. Das Problem der fehlenden Ladestationen und der extrem schweren Batterien, die mitgeschleppt werden müssen und ein erhebliches Sicherheitsrisiko im Brandfall darstellen, ist noch lange nicht gelöst. Kein Wunder, dass sich die Verbraucher bei der Wahl zwischen

Verbrennungs- und Elektroautos wie Buridans Esel fühlten, der sich ja nicht zwischen zwei gleich großen Heuhaufen entscheiden konnte und ob seines Zwiespaltes verhungerte.

Die deutsche Automobilindustrie ist mit der CO_2-Verordnung, die offenbar von der deutschen Umweltministerin Svenja Schulze, gelernte Germanistin und Politikwissenschaftlerin, im Ministerrat mitgetragen wurde, auf dem falschen Fuß erwischt worden und ins Wanken gekommen. Die Verbraucher sind verunsichert und wissen nicht mehr, was sie kaufen sollen. Der Absatz an Dieselfahrzeugen ist massiv eingebrochen, und der Absatz an Benzinfahrzeugen hat das nicht ausgeglichen. Der Einbruch der Automobilindustrie hat ausgestrahlt auf das gesamte verarbeitende Gewerbe und ist die hauptsächliche Ursache für die zitierten Produktionsrückgänge. Das ist eine durch eine Verordnung der EU und die deutsche Umweltpolitik selbst fabrizierte Krise, die der deutschen Industrie bereits seit dem Sommer 2018 massiv zusetzt. Und jetzt kommt die Corona-Krise noch obendrauf. Man muss mal sehen, wie die deutschen Automobilhersteller das überstehen.

Im Moment stehen die Zeichen auf Sturm. VW, das sich so klar für das Elektroauto positioniert hat, kriegt die Programmierung seines neuen E-Golfs nicht in den Griff, und dem Vorstand steht der Angstschweiß auf der Stirn angesichts des von Tesla in Brandenburg geplanten Werkes für Elektroautos. Tesla setzt sich nun in das Nest, das die EU-Kommission und die deutsche Politik bereitet haben. Daimler und BMW versuchen ihr Bestes, doch scheint es, dass insbesondere Daimler, diese vornehmste Marke, die Deutschland zu bieten hat, deren Stern in aller Welt für deutsche Qualität steht, sich sehr anstrengen muss, um auf den neuen Trend einzuschwenken.

Kurzarbeit und Entlassungen sind allerorten eine Belastung für das Betriebsklima. Es ist aber bemerkenswert, dass die doppelte Anspannung aus Corona-Krise und dem schon zuvor realisierten Absatzeinbruch der Automobilindustrie noch nicht zu starken Spannungen und Ausschreitungen in den Zentren der Automobilindustrie geführt hat, die an die Verhältnisse in den USA erinnern. Zum Glück hat der deutsche Sozialstaat bislang verhindert, dass in Deutschland die Geschäfte geplündert und die Denkmäler von den Sockeln gestürzt werden. Dass die brutalen Krawalle in der Stuttgarter Innenstadt, bei denen ebenfalls Geschäfte geplündert wurden, damit zusammenhängen, ist nicht gesichert.

Ich bin sehr für Klima- und Umweltschutz und habe mich seit einem halben Jahrhundert aktiv wissenschaftlich auf diesen Gebieten betätigt. Ende der 1970er Jahre war die Ressourcenökonomie sogar zu meinem hauptsächlichen Forschungsfeld geworden. Es sind viele Aufsätze zu der Thematik entstanden, einiges speziell auch zum Klimawandel, so mein Buch „Das Grüne Paradoxon", das 2008 auf Deutsch und kurz darauf auch auf Englisch herauskam. Ich halte das Klimaproblem nach wie vor für ein ernstes Problem der Menschheit und nicht etwa für eine Einbildung überdrehter Wissenschaftler.

Dennoch beharre ich als Ökonom darauf, dass bloße Symbolpolitik sinnlos ist. Die Klimapolitik muss auch funktionieren. Sie muss einen Beitrag zur Verringerung des weltweiten CO_2-Ausstoßes leisten, damit die Erderwärmung sich verlangsamt. Doch gerade bei dieser selbstverständlichen Bedingung hapert es, wenn ein Land oder eine Ländergruppe wie die EU allein agiert. Das Problem ist nicht, dass Deutschland nur zwei Prozent zum Weltausstoß beiträgt und insofern durch einen Verzicht auf Emissionen kaum einen Effekt auf die Gesamtemission hat. Es liegt vielmehr darin, dass die Gesamtemission noch nicht einmal um diese zwei Prozent zurückgeht, wenn Deutschland es schafft, sie zu reduzieren.

Dafür gibt es zwei Gründe. Zum einen existieren im Gegensatz zu einer häufig gehegten Vermutung keinerlei technische

Mittel, mithilfe derer die Proportionalität zwischen der verbrannten Ölmenge und dem daraus resultierenden CO_2-Ausstoß verringert werden könnte. Wenn die Motoren effizienter werden und es schaffen, mehr Wärmeenergie in Bewegungsenergie zu verwandeln, dann stoßen sie proportional dazu weniger CO_2 aus, doch verbrauchen sie auch entsprechend weniger Treibstoff bzw. weniger Rohöl für die Raffinerien, in denen dieser Treibstoff erzeugt wird. Zum anderen bleibt das Öl, das wir nicht mehr auf den Weltmärkten kaufen, aller Voraussicht nach nicht im Boden, sondern wird einfach anderswohin geliefert. Die Tanker fahren dann nach Asien, Amerika oder sonst wo hin, und das Öl wird dort verbraucht und verbrannt. Der Kohlenstoff, den wir nicht mehr verbrauchen und nicht mehr in Form von CO_2 ausstoßen, indem wir die CO_2-Verordnung umsetzen, gelangt also nur anderswo in die Atmosphäre.

Es ist nicht zu erwarten, dass das Öl, das wir in Deutschland oder Europa nicht mehr verbrauchen, nicht mehr gefördert wird und im Boden verbleibt. Denn warum sollten die ölfördernden Länder auf eine Einnahmequelle verzichten? Lassen sie es für immer im Boden, dann haben sie nichts davon. Und planen sie, es später zu extrahieren, dann wissen sie gar nicht, ob sie es überhaupt noch fördern dürfen.

Der Mechanismus, durch den der Mehrverbrauch in anderen Teilen der Welt zustande kommt, liegt in der Absenkung des Weltmarktpreises, der durch unsere Aktionen verursacht wird, wenn die Ölscheichs ihre Abbaupläne nicht ändern. Natürlich ist der Preiseffekt klein, weil unsere Mengeneinsparung im Weltmaßstab klein ist, aber er kann ja auch klein sein, denn der Nachfrageschub, der anderswo ausgelöst werden muss, um die von uns freigegebenen Mengen unterzubringen, ist ebenfalls klein. Je mehr wir Europäer und Deutschen den Verbrauch einschränken, desto mehr fällt der Weltmarktpreis, und desto mehr Nachfrage entsteht anderswo auf der Welt. Dafür fehlt vielleicht manchem Leser die Intuition, doch ist dies eine zwingende ökonomische Notwendigkeit. Wenn die Ölscheichs nicht reagieren, dann muss der Nachfragezuwachs anderswo auf der Welt exakt so groß sein wie unsere Nachfragereduktion. Der Preis selbst spielt sich endogen gerade so ein, dass er diese exakte Gleichheit herstellt.

Nun könnte man entgegenhalten, dass marginale Förderstätten sich bei fallendem Weltmarktpreis für Öl nicht mehr lohnen und insofern geschlossen werden. Indes liegt der Preis bei erschöpfbaren natürlichen Ressourcen weit über dem Preis der marginalen Förderstätten, weil er im Gegensatz zu produzierbaren Waren ein reines Knappheitselement enthält, die sogenannten *user costs*, die sich in den Kosten der Schürfrechte niederschlagen. Die Ausgaben für die Schürfrechte machen einen erheblichen Anteil der Abbaukosten aus, aber sie sind völlig variabel und fallen, wenn die Ölpreise fallen. Während der Weltrohölpreis in den letzten Jahren zwischen 30 und 120 Dollar pro Barrel schwankte, liegen die Abbaukosten in den klassischen Ölländern bei drei bis fünf Dollar, und selbst die kanadischen Teersande kann man für 15 Dollar pro Barrel gewinnen. Insofern erscheint die Hoffnung, dass Deutschland oder auch die EU in ihrer Gesamtheit in der Lage sein könnten, den Weltmarktpreis für Öl in jene Bereiche zu drücken, in denen sich die Förderung selbst nach einer Neuverhandlung der Preise für die Schürfrechte nicht mehr lohnt, als wenig realistisch. Stattdessen muss man wohl von der Verlagerung der hierzulande nicht mehr gekauften Ölmengen in amerikanische SUVs statt in den Wüstenboden ausgehen.

Es könnte indes noch schlimmer kommen. So ist es möglich und denkbar, dass die ölfördernden Länder angesichts der immer unsicherer werdenden Absatzlage auf der Welt sogar mehr extrahieren, statt nur die Förderung konstant zu lassen. Denn wenn sie befürchten müssen, dass in Zukunft auch andere Regionen ähnlich wie die Europäer versuchen, ihre Verbrauchsmengen einzuschränken, dann ist es geradezu rational, heute schon eher mehr aus dem Boden herauszuholen, bevor es zu spät ist und die Grünen dieser Welt ihnen den Markt vollkommen kaputt gemacht haben. Wie ein Bauer, der das Gewitter kommen sieht, wollen sie die Ernte vorher einbringen.

Wenn dies die Erwartung ist, dann fällt der heutige Weltmarktpreis sogar noch mehr, als er es bei einer Konstanz der Fördermengen täte, und andere Regionen haben nun einen doppelten Vorteil. Sie konsumieren nicht nur die Erdölmengen, die wir freigeben, sondern auch jene Mengen, die die Produzenten aus Angst vor der in der Zukunft drohenden Marktvernichtung zusätzlich fördern. Das verheerende Ergebnis dieser Verhaltensweise ist das, was ich einmal als das Grüne Paradoxon bezeichnet habe. Der Wunsch, Klimaschutz durch die CO_2-Verordnung zu realisieren, beschleunigt die Erderwärmung.

Das ist, zugegeben, nur eine Möglichkeit, weil wir nicht genau wissen, welche Erwartungen die Ölscheichs haben und ob sie überhaupt an die Zukunft denken. Aber selbst wenn sie das nicht tun, kann es immer noch sein, dass sie heute eher mehr als weniger extrahieren, wenn die Europäer ihre Verbrauchsmengen einschränken, weil die Mengeneinschränkung einen Preisverfall hervorruft und die Scheichs, deren Hofstaat feste Kosten verursacht, den Erlösverlust pro Tonne extrahierten Öls durch eine Erhöhung der Zahl der extrahierten Tonnen ausgleichen wollen.

Wie dem auch sei: Diese Überlegungen zeigen, dass die Vorstellung, Deutschland und die EU könnten durch eine Einschränkung der Mengen an verbrauchtem Erdöl wenigstens einen kleinen Beitrag zur Rettung des Weltklimas leisten, naiv ist. Der Beitrag ist vermutlich nicht nur klein, sondern null oder negativ. Wir beschleunigen womöglich den Klimawandel durch unsere Aktionen, anstatt ihn zu verlangsamen. Wir legen die Axt an die Automobilindustrie, das Herz der deutschen Wirtschaft überhaupt, und riskieren außerdem noch sozialen Unfrieden in den Zentren der Automobilindustrie, ohne eine begründete Hoffnung haben zu können, auch nur kleinste positive Effekte für das Klima erreichen zu können. Gut gemeint und gut getan ist nun einmal nicht dasselbe.

Grüne Politiker werden nun antworten, dass meine Argumentation nur Spekulation sei. Sie mögen sich aber fragen, warum die inflationsbereinigten Weltmarktpreise für Öl in den letzten vier Jahrzehnten, während derer die grünen Klimabewegungen aufkamen, nicht gestiegen, sondern gefallen sind. Eigentlich hätte man angesichts der zunehmenden Verknappung der Vorräte in der Erdkruste und des massiven Wachstums der Weltwirtschaft doch eher eine stürmische Steigerung erwarten können. Das Grüne Paradoxon könnte die Erklärung sein.

Im Übrigen gilt ja wohl in einer freiheitlichen, marktwirtschaftlichen Ordnung, dass der Interventionist, der in das Marktgeschehen eingreift und die Bürger zu anderen Verhaltensweisen zwingen möchte als jenen, die sie aus eigenen Stücken gewählt hätten, die Beweislast hat. Er muss nicht nur nachweisen, dass die Marktwirtschaft krank ist, sondern auch, dass die Medizin, die er verordnet, überhaupt wirkt und keine schädlichen Nebenwirkungen hat. Und wenn der begründete Verdacht geäußert wird, dass es sogar andersherum sein könnte, dass die Medizin die Krankheit verschlimmert, dann darf der Interventionist sich nicht wegducken, sondern muss sich aus umso stärkerem Grunde der Beweisfrage stellen. Die Sorgfalt, die wir obwalten lassen, bevor wir einen Impfstoff gegen das Corona-Virus freigegen, sollten wir auch anwenden, bevor wir unsere Industrie wegen vermeintlicher Vorteile für das Weltklima dezimieren.

Aber leider ist eine solche Sorgfalt bei den Politikern, die in Deutschland und der EU an den Entscheidungen mitgewirkt haben, nicht einmal ansatzweise zu beobachten. In der Öffentlichkeit verliert man kein Sterbenswörtchen über die Angebotsseite des Klimaproblems, also das Verhalten der Anbieter und die Möglichkeit, Erdöl über die Weltmärkte anderswohin zu verkaufen. Man kann wohl unterstellen, dass es anfangs eine Mischung aus Naivität und Unkenntnis in der Politik gab. Inzwischen besteht die Unkenntnis aber schon längst nicht mehr. Dennoch scheut die Politik das Thema wie der Teufel das Weihwasser. Man müsste sich dann ja vielleicht für frühere Fehlentscheidungen rechtfertigen, man käme in die öffentliche Kritik, und die grüne Karriere, in die man schon so viel investiert hat, wäre dahin. Schweigen und gelegentlich einmal öffentliche Diskreditierungskampagnen gegen wissenschaftliche Zweifler sind die besseren Wege, sich das Thema vom Hals zu schaffen.

Diesen Ansatz können sich mündige Bürger nicht länger gefallen lassen. Sie müssen gegen eine Politik aufbegehren, die zu einer Mischung aus Symbol- und Klientelpolitik geworden ist, die moralisiert statt argumentiert, die den Lebensstandard der Menschen über steigende Energiepreise vermindert und die im Übrigen die deutsche Industrie gefährdet, von der unser aller Wohlstand abhängt. Auch Germanisten müssen letztlich von den Einkommen miternährt werden, die dort verdient werden.

Wir müssen jetzt sehen, dass wir durchkommen, dass wir unseren Wohlstand halbwegs retten. Da müssen auch die grünen Sperenzchen auf den ideologischen Spielwiesen unserer Gesellschaft ein Ende haben. Was wir brauchen ist eine verantwortliche Klimapolitik, die sich den ökonomischen Gesetzmäßigkeiten stellt und mit Augenmaß und im Hinblick auf ihre Wirksamkeit und Kosteneffizienz betrieben wird, eine Politik, die begreift, dass internationale Alleingänge der Europäer oder gar der Deutschen vollkommen sinnlos sind. Wir brauchen keine Ersatzreligion.

Die Klimapolitik, die wir betreiben, ist überhaupt nicht durchdacht. Es ist eine vordergründige, nur an der Nachfrage orientierte Politik, die die Angebotsseite – das Verhalten der Ölscheichs und der Weltmärkte für fossile Brennstoffe – nicht in den Blick nimmt. Tut man das, kommt man zu dem Schluss, dass es so nicht funktioniert. Deswegen bin ich gegen diese teuren Maßnahmen. Es macht keinen Sinn, die deutsche Automobilindustrie zu dezimieren und zu hoffen, damit der Umwelt zu dienen, das Gegenteil könnte der Fall sein.

Ich betone hier noch einmal, dass ich die Wirtschaftspolitik, die die Bundesregierung im Verein mit der EU gegen die deutsche Automobilindustrie betreibt, für verheerend, falsch und gefährlich halte – und für klimapolitisch vollkommen nutzlos. Wir machen unsere Automobilindustrie kaputt, und wir tun das auch noch mit einer Formel für die Berechnung des CO_2-Ausstoßes einer Automobilflotte, die einen großen Rechenfehler beinhaltet, der fast an eine bewusste Täuschung der Öffentlichkeit grenzt, die von ähnlicher moralischer Dimension ist wie die Täuschung, die die Automobilfirmen mit ihren Abschaltvorrichtungen vorgenommen haben. Wenn hier mit der Formel für den Flottenverbrauch gesagt wird, dass Elektroautos einen CO_2-Ausstoß von null haben, dann ist es einfach nicht wahr. Jedes Elektroauto stößt CO_2 aus, und zwar über zwei Quellen: Zum einen wird bei der Batterieproduktion, die in China stattfindet, sehr viel CO_2 emittiert, das ist so viel, dass es das ganze Autoleben hindurch die CO_2-Bilanz verhagelt. Die Chinesen betreiben anteilig noch viel mehr schmutzige Kohlekraftwerke in ihrem Netz als wir Deutschen, sodass der CO_2-Rucksack, der in Form der Batterie mitkommt, riesig ist. Und zum zweiten wird der Strom, den die Autos im Fahrbetrieb verbrauchen, in allen europäischen Ländern auch durch die Kohleverbrennung erzeugt. Insofern stoßen natürlich auch Elektroautos CO_2 aus. Man kann sich darüber auseinandersetzen, wie groß dieser Ausstoß ist, aber den Umstand als solchen kann man nicht bestreiten.

Vorläufig scheint jedenfalls das E-Auto im Hinblick auf seinen CO_2-Ausstoß noch nicht mit einem Diesel gleichziehen zu können. Nach einer großen Studie des österreichischen Instituts Joanneum Research, die 2019 für den österreichischen Automobilclub und den ADAC erstellt wurde, schlägt ein Elektro-Golf sein Diesel-Pendant unter realistischen Alltagsbedingungen erst ab einer Laufstrecke von 219 000 Kilometern, weil erst dann das CO_2 im chinesischen Batterie-Rucksack über hinreichend viele Kilometer verteilt ist. Vorher indes hat der E-Golf beim deutschen Energiemix keine Chance, den Diesel zu schlagen. Jedoch hält ein Auto im Schnitt in Deutschland nur etwa 180 000 bis 190 000 Kilometer. Insofern ist die Hoffnung auf einen positiven Klimaeffekt nicht begründet.

Das Ergebnis wurde vorher übrigens auch schon von Volkswagen selbst bestätigt. Nach einer eigenen 2019 herausgekommenen Studie findet das Unternehmen zwar, dass der E-Golf den Diesel-Golf knapp im Hinblick auf die Klimafreundlichkeit schlägt, wenn die Stromproduktion mit dem durchschnittlichen europäischen Mix aus grünen und fossilen Quellen erzeugt wird. Jedoch kommt auch Volkswagen selbst zu dem Schluss, dass der Diesel besser als der Elektro-PKW ist, wenn der deutsche Energiemix angenommen wird, auch wenn dieses Ergebnis nur in den wissenschaftlichen Tabellen steht, die der Konzern veröffentlicht hat, und von der Kommunikationsabteilung des Konzerns in den Hintergrund gestellt wurde.

In Wahrheit ist aber der Diesel wegen der Weltmarktbeziehungen beim Rohöl auf absehbare Zeit noch um Klassen besser, als es selbst diese Studien ausweisen. Das Öl, das wir für die Diesel verbrauchen, wird aus den beschriebenen Gründen nämlich anderen Verwendungen sonst wo auf der Welt entzogen, hat also insofern keinen Effekt auf den weltweiten CO_2-Ausstoß.

Für die Kohle, die ein E-Auto verbraucht, gilt das aber weniger, denn hier ist der Weltmarkt unvollständig. Die Braunkohle jedenfalls, mit der die deutschen E-Autos bisher noch fahren, wird vermutlich nicht oder nur zu einem kleineren Teil anderen Verwendungen auf der Welt entzogen, weil der Weltmarkthandel sehr eingeschränkt ist. Wir werden diese Kohle nicht importieren und damit anderen wegnehmen, und wir hätten auch nicht die Kohlemengen exportiert, die wir mit den E-Autos verbrauchen. Insofern ist vorläufig – nämlich bis die ganze deutsche Stromproduktion grün ist – nur der Diesel wie auch der Benziner, nicht aber das E-Auto klimaneutral.

Dass diese eigentlich offenkundigen Effekte in der Flottenverbrauchsregel der EU auf den Kopf gestellt werden, indem im Gegensatz zum Verbrenner das E-Auto als CO_2-neutral angesehen wird, ist entweder das Ergebnis von Oberflächlichkeit und Naivität, oder es entspringt anderen, dann vermutlich industriepolitischen Absichten von Leuten, die ihre E-Autos verkaufen wollen. Es ist ja bekannt, dass die E-Autos sehr stark von Frankreich unterstützt wurden. Dort haben die Hersteller schon früh eine ansehnliche Flotte auf die Räder gebracht, und es ist nachvollziehbar, dass sie jetzt nach Wegen suchen, ihren Absatz zu stärken. Die Devise dort ist: Wir kommen mit den Verbrennungsmotoren nie gegen die Deutschen an, aber bei den E-Autos haben wir jetzt leichte Vorteile. Jetzt müssen sie alle E-Autos produzieren, und dann wird der Wettbewerb neu aufgerollt. Hinten anstellen bitte! Das sagt man nicht in solcher Deutlichkeit in der Öffentlichkeit, aber das meint man, und deswegen kommen diese scharfen Grenzwerte hier in Europa zustande. Es ist unverantwortlich, dass die deutsche Politik das mitgemacht hat, unseren teuer erarbeiteten technologischen Vorsprung in der Dieseltechnologie einfach preisgibt und sich vor den Karren dieser industriepolitisch begründeten Initiativen auf europäischer Ebene hat spannen lassen. Wir achten zu wenig auf die eigenen Belange und lassen es zu, dass grüne Ideologie anstelle eines grünen Verstandes sich paart mit den industriepolitischen Interessen anderer europäischer Länder.

„Die Corona-Krise kostet uns sehr viel Geld, und wir sollten Luxusthemen, die teuer sind, überdenken. Dazu gehören die deutschen Alleingänge in der Klimapolitik."

Was wären aus Ihrer Sicht sinnvolle klimapolitische Maßnahmen?

Erst einmal müssen wir allerlei Unsinn wieder zurückdrehen. Wir haben energiepolitisch eine Fehlentscheidung an die andere gereiht. Etwa das Erneuerbare-Energien-Gesetz (EEG) mit Einspeisetarifen für den grünen Strom, das überhaupt nichts gebracht sondern uns nur die höchsten Strompreise in der gesamten industrialisierten Welt beschert hat mit der Folge, dass Unternehmen, die energieintensiv sind, abgewandert sind. Wenn wir mehr grünen Strom hier produzieren und den fossilen Strom zurückdrängen, dann setzen wir Emissionszertifikate frei, die über den europäischen Markt in andere Länder gehen, die zu fallenden Preisen eben mit diesen Emissionszertifikaten mehr fossile Stoffe verbrennen dürfen. Der sogenannte Cap, also die Menge der ausgegebenen Zertifikate beim Emissionshandel in Europa legt fest, wie viel CO_2 in die Luft kommt, und nichts, was ein einzelnes Land tun kann wie Deutschland mit seinem Erneuerbare-Energien-Gesetz und all den Windflügeln und den Solardächern kann diesen CO_2-Ausstoß irgendwie verändern. EEG und Emissionshandel sind doppelt gemoppelt. Eines ist überflüssig. Und da der Emissionshandel eine EU-Angelegenheit ist, die wir als gegeben annehmen müssen, bringt das EEG nichts. Es kostet die Verbraucher aber 25 Milliarden Euro im Jahr. Das ist eine irrsinnige Summe für nichts und wieder nichts. Auch dies ist ein Stück quasireligiöser Ideologie in der deutschen Politik.

Die Windräder, die überall herumstehen, erzeugen zwar Strom, doch verdrängt dieser Strom nicht nur den Kohlestrom aus dem Netz, sondern auch die Emissionszertifikate in andere Länder, wo sie billigst zu haben sind und die Kohlekraftwerke rentabel machen und fördern, während der grüne Strom, der dort erzeugt wird, deswegen eher einen schweren Stand hat und zurückgedrängt wird.

Es kommt hinzu, dass Wind- und Sonnenstrom extrem flatterhaft sind, weil manchmal der Wind weht und manchmal die Sonne scheint und manchmal eben nicht. Im frühen Sommer ist genug Wind- und Sonnenstrom da. Dann weiß man nicht wohin damit und liefert ihn häufig zu negativen Preisen ins Ausland. Doch in den ausgeprägten Dunkelflauten um die Weihnachtszeit muss der Strom auch geliefert werden, und da man ihn nicht in den benötigten Mengen von einer Saison zur anderen speichern kann – Vorstellungen, das mit Talsperren oder gar Batterien zu machen, sind ökonomisch und technisch meilenweit von irgendeiner realistischen Möglichkeit entfernt –, braucht man die alten, mit fossilen Brennstoffen betriebenen Kraftwerke oder auch den Atomstrom weiterhin als Lückenbüßer. Man kann diese Kraftwerke zwar untereinander ersetzen und sollte in Zukunft mehr Gas als Kohle verwenden, doch netto gerechnet kann man die Kraftwerkskapazität in dieser Kategorie nicht verringern, wenn mehr Wind- und Sonnenstrom produziert wird. Ihre volle Kapazität ist für die Dunkelflauten weiterhin erforderlich. Die grüne Strategie geht also nur mit Doppelstrukturen: Man zahlt sowohl die Fixkosten der grünen Anlagen als auch jene der konventionellen Anlagen, und nur wenn Wind und Sonne zur Verfügung stehen, kann man die fossilen Brennstoffe einsparen. Die Gebäude, die Maschinen und vor allem die vollen Belegschaften der konventionellen Kraftwerke müssen weiterhin vorgehalten und bezahlt werden. Die Doppelstrukturen kosten doppeltes Geld, und deshalb hat Deutschland, wie schon erwähnt, die höchsten Stromkosten aller Industrieländer. Man muss kein Ökonom sein, um festzustellen, was das für die Standortqualität, die Arbeitsplätze und den Lebensstandard bedeutet, der in diesem Land perspektivisch überhaupt noch möglich ist.

Wenn grüne Politiker darauf verweisen, dass die Förderung grüner Technologien Deutschland einen Wettbewerbsvorteil gegenüber anderen Ländern verschaffen würde, weil wir dann früher auf den so einträglichen Märkten der Zukunft aktiv sind, so ist auch das wenig überzeugend. In dem Maße, wie es solche Marktentwicklungen tatsächlich geben wird, haben die privaten Unternehmen auch jetzt schon jeden Anreiz, sich rechtzeitig vorzubereiten. Dazu brauchen sie die Ratschläge der Politiker im Umweltministerium nicht. Wer Investitionen mit seinem eigenen Geld statt mit fremdem Geld finanziert, das er anderen mit ein paar Unterschriften wegnehmen kann, ist sicherlich besser in der Lage, die möglichen Markterträge und -risiken gegeneinander abzuwägen, und um solche Erträge geht es ja bei diesem Argument und nicht etwa um den Umweltnutzen, der jenseits der Markterträge liegt. Die Förderung mag man umweltpolitisch begründen wollen, aber sie hilft den Unternehmen wohl eher nicht dabei, besser auf die weltweiten Marktchancen zu reagieren, sondern läuft stattdessen Gefahr, die Unternehmer von den tatsächlich lukrativen Geschäftsmodellen wegzulenken.

Wir haben die Fehlentscheidung bei den Autos zugelassen, die dem Klima überhaupt nichts bringt. Wir haben die Atomkraftwerke abgeschaltet, die klimaneutral sind, und kaufen jetzt französischen und tschechischen Atomstrom dazu. Was ist das für eine Klimapolitik? Die scheint mir stimmungsbestimmt zu sein, moralisch gelenkt, aber nicht pragmatisch. Nicht pragmatisch auf das Ziel hin, den Klimawandel wirklich zu verringern und gleichzeitig unseren Wohlstand zu retten.

Richtig ist jedoch der Kohleausstieg, weil er bedeutet, dass die Kohle bei uns in der Erde bleibt, anstatt in die weite Welt verkauft zu werden, Braunkohle vor allem. Deutschland ist ja der weltgrößte Produzent an Braunkohle, obwohl es nur über minimale Lagerstätten im Vergleich mit Ländern wie Russland, USA, Kanada oder Australien verfügt. Das ist übrigens auch eine Implikation des Grünen Paradoxons, denn natürlich wussten Vattenfall und all die anderen Produzenten, dass ihnen der Produktionsstopp droht und dass sie einen Teil ihrer Ressourcen nie würden verwerten können, wenn sie sich nicht beeilen würden. Ein Glück, dass damit nun Schluss ist, denn die Kapazität der Atmosphäre als Deponie reicht nicht aus, all das CO_2, das latent noch in den Kohlevorräten liegt, aufzunehmen. Die Einschränkung des Kohleverbrauchs in Deutschland reduziert den weltweiten CO_2-Ausstoß tatsächlich.

Falsch ist aber der Ausstieg aus der Kernkraft, denn die ist ja CO_2-neutral. Wenn die Kernkraft im Netz ist, braucht man die Kohle nicht aus der Erde zu holen. Das ist ein direkter positiver CO_2-Effekt, der im Gegensatz zu den Maßnahmen zur Verminderung des Erdöl- und Gasverbrauchs nicht durch Lieferungen in andere Gebiete der Welt konterkariert wird.

Bei der Kernkraft sind in Deutschland freilich die Würfel erst einmal gefallen, denn die Zeit bis zum Jahr 2022, in dem die letzten Kernkraftwerke abgeschaltet werden sollen, reicht nicht mehr aus, die Abschaltungen noch zu verhindern, selbst wenn man das wollte. Die nötigen Mengen an Kernbrennstoffen hätten längst bestellt werden müssen, und anstatt das hochqualifizierte Fachpersonal in die Frühpensionierung zu locken, hätte man eine zweite und dritte Ebene von Führungs- und Fachkräften in den Kraftwerken heranbilden müssen, die einen Weiterbetrieb ermöglichen. Das Einzige, was wir nun noch sinnvoll tun können, ist die Kraftwerksgelände als solche planungsrechtlich zu erhalten, um der Generation unserer Kinder wenigstens die Option zu lassen, es mit neuen Ausbildungsgängen und neuen und dann auch besseren Kraftwerken nochmals zu versuchen.

Ein Blick auf Schweden sollte uns zu denken geben. Die Schweden hatten nach dem Unglück von Harrisburg 1979 beschlossen, ihre Kernkraftwerke abzuschalten; damit waren sie weltweit das erste Land, das den Atomausstieg propagierte. Das Land wurde zum Rollenmodell für die deutschen Atomkraftgegner und die grüne Bewegung, die ja anfangs eine Anti-Atomkraft-Bewegung war. Indes hat Schweden in Wahrheit kein einziges Kernkraftwerk abgeschaltet. Die Schweden betreiben immer noch alle zehn und haben im Jahr 2016 endgültig, nachdem sie das Ausstiegsdatum immer wieder verschoben hatten, den Grundsatzbeschluss getroffen, alle Kernkraftwerke zu erhalten, zu reparieren und notfalls neu zu bauen, um die jetzige Kapazität zu erhalten. Und so wie die schwedische Politik in der Lage war, frühere Denkfehler zu korrigieren, ist das vielleicht dann auch irgendwann bei der deutschen Politik der Fall.

Weltweit gibt es 440 Atomkraftwerke, und ca. 50 neue sind in Bau, davon elf in China. China plant schon 36 weitere Kraftwerke. Japan hat sich vom Ausstieg verabschiedet und nimmt die meisten Reaktoren nach einer Modernisierung sukzessive wieder in Betrieb. Die Corona-Krise sollte uns Anlass geben, grundsätzlich über den Kurs der Klimapolitik nachzudenken. Wir haben eine solch massive Belastung des Staates und der zukünftigen Generationen durch diese Krise, dass wir uns die Zerstörung einer funktionierenden und klimaneutralen Energieproduktion durch Kernkraft eigentlich nicht erlauben können.

Sicher, manch ein Leser mag nun an das Endlagerproblem denken. Indes ist das ein typisch deutsches Problem, weil die meisten Länder mit Kernkraft die Brennstäbe in der Nähe der Kraftwerke aufbewahren, um sie später bei steigenden Uranpreisen in schnellen Brütern und anderen modernen Reaktorvarianten wiederzuverwenden. Durch die Wiederverwendung lassen sich fünf Sechstel der restlichen Strahlungsenergie in verwertbare Wärme umwandeln, und die Reststrahlung ist dann nur noch ein Sechstel. Die Mengen, die zu lagern sind, sind schon heute minimal im Vergleich zu den riesigen Mengen an Kohlenstoff, den wir in der Atmosphäre ablagern, wenn wir Wärme durch die Verbrennung fossiler Brennstoffe erzeugen, und sie lassen sich abermals dramatisch verringern.

Weil die Corona-Krise uns gewaltige Summen an Geld kostet, sollten wir die Palette der teuren Luxusthemen, die wir im Energiebereich lustvoll diskutieren, noch einmal überdenken. Wir müssen aufhören, teure Symbolpolitik zu machen. Insbesondere im klimapolitischen Bereich werfen wir das Geld nur so zum Fenster hinaus. Das können wir uns nicht mehr erlauben. Wir müssten genau prüfen, ob die Maßnahmen wirksam sind und ob wir nicht irgendwie von den hohen Kosten der Stromerzeugung wieder herunterkommen. Mit Versteckaktionen, wie sie nun im Zuge des Corona-Konjunkturpakets der Bundesregierung vorgesehen sind, indem die Stromproduktion mit Steuermitteln bezuschusst wird, kommen wir nicht weiter. Für den Lebensstandard der Bevölkerung spielt es keine Rolle, ob die Mittel zur Abdeckung der hohen Gestehungskosten des Stroms in Deutschland vom Finanzamt oder dem Netzbetreiber eingezogen werden.

Leider werden jetzt in der Krise Dinge durchgewunken, die die Öffentlichkeit gar nicht registriert. Denken Sie an die Taxonomieverordnung der EU zu Umweltfragen vom Dezember 2019. Da macht die EU-Kommission einen Kriterienkatalog auf, den Banken in Zukunft bei der Kreditvergabe berücksichtigen müssen. Sie müssen unterscheiden, wie grün die Aktivitäten ihrer Kunden sind, und danach werden die Kreditkonditionen bemessen. Das bedeutet eine zentralplanerische Steuerung der Wirtschaft durch eine Kommandozentrale in Brüssel, die die Allokation des mühsam über Generationen angesammelten Sparkapitals auf rivalisierende Verwendungen festlegt. So etwas ist grundsätzlich ineffizient, denn unser System lebt davon, dass die Vermögensbesitzer selbst darüber entscheiden, wo sie ihr mühsam akkumuliertes Vermögen anlegen können. Weil sie selbst die Gewinne behalten können und für die Verluste einstehen müssen, achten sie sorgfältig darauf, möglichst rentable Anlageformen zu finden, die damit zugleich den Wachstumsbeitrag des Kapitals zum Sozialprodukt maximieren. Wenn diese Funktion in die Hände einer politischen Institution gelangt, also von Leuten verwaltet wird, die es sich selbst nicht erarbeitet haben und selbst nicht für ihre Fehler haften, dann zeigt alle Erfahrung, dass sehr viel Kapital in sinnlose Prestigeprojekte investiert und dort vernichtet wird.

Natürlich ist es schön, wenn wir grün sind und die Umwelt sauberer wird. Wer wollte dagegen sein. Aber die Anstrengungen zur Reduktion der Verschmutzung muss man über einheitliche Preise für die jeweiligen Schadstoffe steuern, und der Preis sollte sich über einen erweiterten Emissionshandel bilden, der für alle Sektoren der Wirtschaft gilt, sodass überall ein gleichmäßiger Anreiz besteht, den CO_2-Ausstoß zu vermindern. Ein jeder Emittent wird dann nämlich seine Anstrengungen zur Reduktion der Verschmutzung so weit erhöhen, bis die dabei entstehenden Kosten für eine weitere Einheit emittierten Schadstoffes so groß sind wie dieser Preis. Da der Preis für alle Verschmutzer gleich ist, wird ein Zustand erreicht, bei dem eine bestimmte Summe an Schmutz zu minimalen Gesamtkosten aller Beteiligten vermieden werden kann, oder bei gegebenen

Kosten, die die Gesellschaft insgesamt zu tragen bereit ist, ein Maximum an Schmutz vermieden.

Der Preis würde auch optimale Anreize für die Erforschung und Anwendung grüner Technologien setzen, denn er würde die Umweltexternalitäten bestmöglich in die Kostenkalkulation der Firmen integrieren. Denn grundsätzlich ist es ja sehr sinnvoll, dass die Forschung weiter nach umweltschonenden Technologien sucht, und es wäre wunderbar, wenn sich dann zeigen würde, dass diese Technologien den Strom sogar billiger erzeugen können, als es bei der Verwendung fossiler Energiequellen der Fall ist.

Aber von einer solchen Lösung sind wir meilenweit entfernt. Die Beamten, Politiker und Lobbyisten, die mitgewirkt haben, haben eine riesenlange Liste von Aktivitäten erstellt, die angeblich grün oder weniger grün sind. Das führt zu Willkür, das führt zu einem unglaublichen Machtzuwachs der Bürokraten. Lobbys sind tätig, damit das, was man selber macht, als grün deklariert wird, damit die eigene Branche dann in Zukunft billige Kredite vom Bankensystem erhält, die refinanziert werden durch das Eurosystem. Das sind geradezu unglaubliche zentralplanerische Entwicklungen, die die wirtschaftliche Effizienz der Eurozone aushöhlen und auch umweltpolitisch bedenklich sind, weil auf diese Weise bei gegebenen Kosten weniger Mengeneinschränkung bei den Schadstoffen zustande kommt, als es bei einer geschickteren Verteilung der Vermeidungsanstrengungen möglich ist, wie sie der Preismechanismus von ganz allein generiert. Wir brauchen dringend eine Wiedergeburt des Realismus in der Klimapolitik, Maß, Mitte und Sachverstand und marktgesetzliche Regulierungsmechanismen, damit wir frei bleiben von den Diktaten der Bürokraten.

Wenn wir wirklich etwas für das Klima tun wollen, dann bleibt vor allem der weltweite Emissionshandel als Option übrig, an dem sich praktisch alle Länder beteiligen. Es werden den Ländern von der UNO oder einer anderen zentralen Stelle

Emissionsrechte zugewiesen, und diese Rechte können selbst genutzt oder auch verkauft und jedenfalls gehandelt werden. Mit einem solchen System hat man den CO_2-Ausstoß der Welt im Griff, und der einheitliche Preis für das CO_2, der sich dann einstellt, sorgt für eine optimale Strukturierung der Vermeidungsanstrengungen. Natürlich ist es politisch schwierig, ein solches System einzurichten. Da mache man sich nichts vor. Nur, was soll es denn nützen, wenn man sich selbst durch eine unilaterale Beschränkung der Mengen an erworbenem Öl und Gas kasteit und diese Brennstoffe dann in andere Länder geleitet werden und von dort aus die Atmosphäre erreichen? Die Selbstkasteiung kann ein Individuum als spirituelles Mittel der Abtötung des Fleisches ansehen, um innerlich frei zu werden für Höheres, meinetwegen. Aber darum kümmere man sich lieber selbst, wenn man es mag. Als rationale wirtschaftspolitische Begründung eines kollektiven Zwangssystems taugt sie nicht.

„Eine Nachfragepolitik ist nur von begrenztem Wert in dieser Krise."

Die Corona–Krise führt zur schlimmsten Rezession in der Geschichte der Bundesrepublik. Manche suchen den Vergleich mit der Weltwirtschaftskrise von 1929, andere greifen zurück auf 1918/19 mit dem Ende des Ersten Weltkriegs, seinen vielfältigen politischen Umbrüchen und dann auch den verheerenden Auswirkungen der Spanischen Grippe. Stimmen die Vergleiche?

Wir hatten im Winter 2017/2018 gemessen am Geschäftsklimaindex und anderen Indikatoren die prächtigste Konjunkturlage, die wir überhaupt je hatten seit Beginn der Aufzeichnungen im vereinten Deutschland. Und jetzt erleben wir den schlimmsten Einbruch in der Geschichte der Bundesrepublik. Der ifo Geschäftsklimaindex, der gewonnen wird durch eine Umfrage bei etwa 10 000 Unternehmen des verarbeitenden Gewerbes und des Dienstleistungssektors, gibt Auskunft über die Situation heute und über das, was die Unternehmen für die nächsten sechs Monate erwarten. Beide Einschätzungen sind extrem tief in den Keller gerutscht, deutlich weiter noch als in der Finanzkrise. Auch der Exportklimaindex ist gefallen. Wegen der im Frühjahr noch regen Bautätigkeit, die ja auch nicht wegen der Epidemie unterbunden wurde, konnte man temporär der Meinung sein, dass der Bau vielleicht verschont bleiben würde. Aber auch das ist leider nicht der Fall, denn der Index für die Auftragslage der Architekten, der ein Frühindikator für die Bautätigkeit im Jahr 2021 gibt, ist senkrecht abgestürzt. So gesehen sind sämtliche Indizes, die das ifo Institut erhebt, eingebrochen.

Die Arbeitslosenzahlen gingen in Deutschland im internationalen Vergleich indes nur sehr wenig hoch. Das lag am Kurzarbeitergeld, das verhindert, dass die Leute entlassen werden. Während Deutschlands Arbeitslosenquote nach ersten Einschätzungen der EU im Mai noch unter fünf Prozent lag, verzeichnete Frankreich eine Quote von zehn Prozent, Italien eine solche von zwölf Prozent, und Spanien lag gar bei 19 Prozent. Auch in den USA lag die Quote mit 16 Prozent in dieser Größenordnung, nachdem sie kurzzeitig im April die 20-Prozent-Marke gestreift hatte. Für die USA ist das eine Zahl, die das Land, das ja in den letzten Jahren fast ein Jobwunder erlebt hatte, weit hinter das Niveau der Lehman-Krise zurückwirft, als im Maximum zehn Prozent erreicht wurden.

Was die Spanische Grippe betrifft: Da schätzt man, dass es 40 bis 100 Millionen Tote weltweit gab. So viele werden es hoffentlich bei Weitem nicht werden. Mitte Juni zählte man weltweit etwa 450 000 Todesfälle, also nur etwa ein Hundertstel. Das ist zum Glück eine ganz andere Hausnummer, so schlimm die Zahl für sich genommen natürlich ist. Bei der Spanischen Grippe gingen die Todesfallzahlen besonders in der zweiten Welle hoch, die entstand, als sich die Bevölkerung schon wieder in Sicherheit wähnte. Diese Information sollte ein Warnung gegenüber jenen sein, die meinen, sie müssten sich nicht mehr einschränken.

Und die Weltwirtschaftskrise von 1929? Sie war gravierender als die Corona-Krise, denn da hatten wir beim Sozialprodukt in den USA einen Einbruch von etwa 25 Prozent und in Deutschland einen solchen von 20 Prozent. Damit rechnet im Moment keiner. Die Prognosen liegen alle so bei sieben, acht Prozent für Deutschland, deutlich mehr für die mediterranen Länder und etwa sechs Prozent für die USA. Für die Weltwirtschaft sind wir nach der Prognose des Internationalen Währungsfonds nur bei etwa fünf Prozent Einbruch. Das ist erheblich, denn bei der Lehman-Krise war eine Wachstumsrate von etwa null Prozent verzeichnet worden. Die Weltwirtschaft wächst schon wegen der Bevölkerungszunahme, aber auch wegen der hochkommenden Schwellenländer generell sehr viel schneller als die westliche Welt, sodass sich selbst ernsthafte Krisen nicht notwendigerweise in einer Schrumpfung des Sozialprodukts zeigen.

Also nein, die Corona-Krise ist nicht so schlimm wie die Weltwirtschaftskrise, sie ist nicht die Spanische Grippe, aber sie ist andererseits doch sehr viel gravierender als die Lehman-Krise des Jahres 2008. Damals gab es eine reine Finanzkrise, die dann durchschlug auf die Realwirtschaft, weil die Firmen sich nicht mehr zu investieren und die Haushalte sich nicht mehr zu konsumieren trauten. Das Virus führt demgegenüber zu einer anderen Störung. Während des Höhepunktes der Corona-Epidemie waren die Fabriken und Läden direkt betroffen, indem sie ihre Tore aufgrund staatlicher Anordnungen oder wegen eines

Lieferstopps aus China schließen mussten. Die meisten Firmen waren allerdings nicht durch das Virus selbst betroffen, sondern durch die Schutzmaßnahmen, die die Politik verhängte: durch die Quarantänemaßnahmen und den Versuch, die Ansteckung zu vermeiden. Wirtschaft besteht darin, dass Menschen zusammenkommen, miteinander interagieren, aber das sollten sie ja nun aus epidemiologischen Gründen gerade nicht.

Die Finanzkrise war eine Nachfragekrise, da fehlte es wegen der Angst um das liebe Geld an gesamtwirtschaftlicher Nachfrage für die Firmen. Die Leute trauten sich nicht mehr, Produkte zu kaufen, weil sich nicht wussten, ob ihre Arbeitsstellen noch sicher waren. Auch trauten sie den Banken nicht mehr. Sie reduzierten nicht nur ihre Konsumgüterkäufe, sondern zogen zudem ihr Geld von den Banken ab. Es kam zu einem sogenannten Bankrun, der Anfang Oktober 2008 dazu führte, dass viele Bankautomaten leer waren. Die Geldtransporter kamen vielfach nicht mehr nach, so groß waren die abgehobenen Summen. Das veranlasste die Bundeskanzlerin und den Finanzminister, zur Beruhigung eine Garantie für die Bankkonten auszusprechen – eine Garantie, die sie im Notfall gar nicht hätten einlösen können, die aber trotzdem ihre beruhigende Wirkung nicht verfehlte.

Die Corona-Krise ist eher eine Angebotskrise oder vielleicht auch ein Zwischending zwischen einer Angebots- und einer Nachfragekrise, denn die Staaten verhängten Transaktionsverbote. Die Firmen durften nicht mehr verkaufen, die Produktion wurde stillgelegt, die Läden zugemacht. Das ist etwas grundsätzlich anderes. Und weil das so ist, sind natürlich auch die Rezepte, die hier wirtschaftspolitisch angebracht sind, nicht mehr dieselben wie in der Lehman-Krise.

Bei der Finanzkrise konnte man sagen, man stimuliert die Nachfrage seitens des Staates. Das kann geschehen, indem der Staat sich verschuldet und dann das aufgenommene Geld wieder verausgabt. Dann geht das Geld in den Einkommenskreislauf und erzeugt Multiplikatoreffekte über den Konsum. Das war in der Corona-Krise zunächst einmal überhaupt nicht angebracht, denn die Leute sollten ja nicht in die Läden gehen und wieder einkaufen, sondern sie sollten zuhause bleiben. Insofern wäre eine normale Nachfragepolitik mittels Staatsverschuldung kontraproduktiv gewesen.

Einzuräumen ist natürlich, dass Firmen, die keinen Absatz mehr haben, weil die Kunden weggesperrt sind, auch selbst keine Vorprodukte mehr einkaufen, sodass für die Lieferanten dieser Firmen eine Nachfragekrise entsteht. Aber man geht bei der Beurteilung des Geschehens immer von der Endnachfrage aus, und die entfiel großenteils durch staatliche Anordnungen, nicht durch ein fehlendes Kaufinteresse der Konsumenten.

Es kam hinzu, dass die Epidemie viele Firmen zwang, die Werkstore zu schließen, weil es bei ihnen bereits Infektionsfälle gab oder sie fürchteten, dass es welche geben würde. So gesehen hatte die Krise auch gewisse Ähnlichkeiten mit den Ölkrisen der Jahre 1974/75 und 1980/81. Damals wurde der wichtige Produktionsfaktor Öl auf einmal knapp. In der Corona-Krise fiel der Mensch als Produktionsfaktor aus.

Die Politik hatte in den Ölkrisen mit Staatsverschuldung reagiert, und das war nicht sonderlich sinnvoll. Denn wenn das Angebot zu knapp ist, muss man nicht die Nachfrage erhöhen, sondern das Angebot vergrößern, also die Öllieferungen ankurbeln oder Ersatzenergie beschaffen, aber diese Möglichkeiten standen kurzfristig nicht zur Verfügung. Die Nachfragepolitik, die damals unter der Regierung Schmidt in Deutschland betrieben wurde und auch von anderen Regierungen auf der Welt, hat nur einen riesigen Inflationsschub erzeugt. Sie hat nicht geholfen, die Krise zu überwinden.

In der Corona-Krise bestehen ähnliche Gefahren. Deshalb hat man die immense Staatsverschuldung, die auf den Weg gebracht wurde, zunächst nicht als Konjunkturpolitik, sondern als Rettungspolitik tituliert. Und als solche hatte sie ihre Berechtigung, denn es wäre ja wirklich nicht sinnvoll gewesen, grundsätzlich gut funktionierende Unternehmen in Konkurs gehen zu lassen, bloß weil einige Monate lang die Corona-Epidemie wütete.

Allerdings gab es auch in der Corona-Krise einen Bankrun, weil die Situation auch jetzt als unsicher empfunden wurde und man den Banken nicht mehr traute, nachdem die Bundeskanzlerin am 11. März ihre Corona-Ansprache gehalten hatte und die deutsche Börse in der gleichen Zeit kollabierte wie noch nie in so kurzer Zeit. Vor allem am Montag, dem 16. März, gab es kein Halten mehr bei den Kursen. Die Leute wollten die Verkaufserlöse aber auch nicht bei den Banken liegen lassen, sondern stürmten zu den Bankschaltern, um es als Bargeld abzuheben. Ebenso taten es andere, die nur verunsichert waren und den Banken nicht mehr trauten. Die Abhebungen brachten die Banken in arge Schwierigkeiten, weil keine Bank das Geld als Bargeld hat, das sie auf den Bankkonten ausweist. Man erklärte den Kunden, dass sie für größere Abhebungen einige Tagen warten mussten, und verringerte das Volumen der möglichen Abhebungen drastisch. Zum Glück, so muss man schon fast sagen, wurde dann für die am 23. März beginnende Woche ein harter Lockdown angekündigt, der den Menschen einen erheblichen Schrecken einjagte und viele veranlasste, aus Angst vor der Ansteckung doch nicht mehr zur Bank zu gehen. Trotzdem waren die realisierten Abhebungen erheblich. Das sieht man daran, dass die Bundesbank den Banken in dieser Zeit kurzfristig 13 Milliarden Euro an Banknoten aus ihren Beständen lieferte, um die Wünsche befriedigen zu können. Das war zwar nicht so viel wie die 18 Milliarden Euro, die sie nach der Lehman-Krise im Herbst 2008 hatte liefern müssen, aber es war wiederum genug, um die Verantwortlichen in der Politik ordentlich ins Schwitzen zu bringen. Die Vermutung, dass die Angst der Politik vor dem Bankrun ein Nebenaspekt der Lockdown-Entscheidung war, ist nicht ganz von der Hand zu weisen. Finanzminister Scholz wies damals die Frage eines Journalisten nach dem Bankrun ärgerlich ab. Dazu wollte er sich öffentlich nicht äußern, um das Thema gar nicht erst hochkommen zu lassen.

Insofern gab es doch auch gewisse Ähnlichkeiten zur Lehman-Krise. Nur, was folgt daraus? Hätte man deswegen ein Konjunkturprogramm machen sollen? Nein, eben nicht, weil die Leute nicht mehr in die Läden gehen konnten und sollten.

Von Konjunkturpolitik sprach man deshalb auch erst, als der harte Lockdown im Juni schon wieder beendet wurde. In einer solchen Situation kann die Stimulierung der Nachfrage natürlich schon wieder Effekte zeigen. Der Bankrun war dann allerdings schon wieder vorbei, und die Menschen strömten wieder in die Läden und Gaststätten, um ihre aufgestauten Konsumwünsche zu befriedigen, für die sie Geld genug hatten. Man kann also füglich bezweifeln, ob es notwendig war, auf die kostenträchtigen Rettungsprogramme, die ja bereits viel riesige Geldsummen verteilt hatten, noch ein weiteres Konjunkturprogramm draufzusatteln.

Und wenn die Menschen aus Vorsichtsgründen doch noch zögerlich waren, dann war es eigentlich auch nicht sinnvoll, sie mit dem staatlichen Geld zu Handlungen zu veranlassen, die sie selbst eigentlich noch für zu gefährlich hielten. Auch ordnungspolitisch kann man deshalb ein großes Fragezeichen hinter den Aktionismus des deutschen Finanzministers setzen.

„Man braucht jetzt nur Corona zu sagen, und es ist Geld für alles und jedes da."

Es gibt Stimmen, die eine drastische Neuverschuldung des Staates fordern. Wie sehen Sie das?

Ich kenne Carl Christian von Weizsäckers Thesen gut und schätze ihn sehr als Wissenschaftler. Er hat in seinem Leben Großartiges geleistet. Er fordert die Neuverschuldung nicht aus konjunkturellen Gründen und schon gar nicht wegen der Corona-Krise. Nein, er vertritt diese Position schon seit vielen Jahren und hat dafür strukturelle Gründe ganz langfristiger Natur im Auge. Er meint, dass der natürliche Zins kleiner sei als die Wachstumsrate der Wirtschaft und dass man sozusagen ein Ponzi-Spiel spielen, also ein Schneeballsystem schaffen könne, bei dem sich alle besserstellen. Ein Schneeballsystem kennen wir aus der Schule, den Kettenbrief: Man bittet den Empfänger eines Briefes einen Euro an den Absender zu zahlen und berechtigt ihn, selbst einen entsprechenden Brief an zehn andere Teilnehmer zu schicken, die dann jeweils an ihn einen Euro zahlen und auch selbst Briefe versenden. Solange man dabei noch Adressaten findet, die an einen zurückzahlen, macht man einen Gewinn. In der Praxis funktioniert das aber nicht, weil schon nach zwei Runden mit 100 Teilnehmern der Freundeskreis erschöpft sein dürfte und ein großer Teil der Briefe bei Leuten landet, die schon welche bekommen hatten. Eine revolierende Staatsverschuldung kann ein solcher Kettenbrief sein, wenn auch einer, der mit sehr viel weniger Dynamik abläuft. Wenn die jetzige Generation sich verschuldet und über den Staat die so eingenommenen Mittel konsumiert, während die nachfolgende Generation die Schulden mit Zinsen zurückzahlen muss, dann ist diese nachfolgende Generation nur dann belastet, wenn sie dasselbe Spiel nicht noch mal auf höherem Niveau mit der dann folgenden Generation wiederholen kann. Sie könnte also abermals mehr Schulden machen, davon Zins und Tilgung bezahlen und auch noch ihren Konsum erhöhen, während die Rückzahlung der dritten Generation überlassen wird. Und die macht es dann genauso und so weiter. Wenn die Schulden mit einer Rate wachsen, die größer ist als der Zins, scheint die Rechnung aufzugehen. Das Problem ist nur, dass die Schulden dabei exponentiell wachsen und der realen Wirtschaft davoneilen könnten. Damit die Sache nicht in einer explosiven Entwicklung endet, muss offenbar die Wirtschaft mindestens so schnell wachsen, wie die Schulden es tun.

Ich sehe allerdings gar keine Anhaltspunkte dafür, dass das so ist, ganz im Gegenteil. Die Dynamik der deutschen Wirtschaft ist nach meiner Einschätzung aus drei Gründen gebrochen. Erstens haben wir uns durch die Beteiligung an der Transferunion, die der Euro gerade auch jetzt wieder in der Corona-Krise erzwang, dauerhaft belastet und hängen am Mittelmeerraum, der durch ebendiese Transfers in die Holländische Krankheit geriet, die eine Dauerstagnation bedeutet. Zweitens befinden wir uns derzeit in einem großen Prozess der grünen Deindustrialisierung, der zudem noch mit hohen Steuerlasten und einem rigiden planwirtschaftlichen Dirigismus einhergeht. Und drittens leidet Deutschland unter einem massiven demografischen Problem, das das Wachstum ebenfalls stark verringert. Aus diesen und anderen Gründen halte ich die Thesen von Carl Christian von Weizsäcker nicht für belastbar.

Dass man sich in der Corona-Krise temporär, also ohne Kettenbriefaktion verschulden soll, ist im Übrigen aber nicht strittig. Ich gehöre nicht zu denen, die sagen, dass man die Wirtschaft nicht retten solle und dass man alle benötigten Mittel heute schon durch die Besteuerung der Bürger gewinnen soll. Nur geht es nicht darum, durch die Verschuldung einen Nachfrageeffekt zu erzeugen oder Kettenbriefgewinne zu erzeugen, sondern die Lasten dieser Krise gleichmäßiger über die Zeit zu verteilen. Es gibt verschiedene Motive für Staatsverschuldung. Man kann sich verschulden, um den Wirtschaftskreislauf in Gang zu bringen, man kann sich verschulden, weil man das Kettenbriefspiel spielen will. Man kann sich aber auch verschulden, um nicht denen, die jetzt schon die Corona-Krise erleiden, die ganze Last dieser staatlichen Maßnahmen in Form von Steuern aufzubürden. Nur Letzteres halte ich in dieser Krise für ein tragfähiges Argument. Es ist richtig, die Steuern gleichmäßig in der Zeit zu verteilen. Das ist eine Art von Risikoausgleich zwischen den Generationen. Der berühmte deutsch-amerikanische Finanzwissenschaftler Richard Musgrave hat das einmal Intergeneration Equity genannt. Hier spielen also generationenübergreifende Gerechtigkeitsüberlegungen eine Rolle.

Es ist wie beim Individuum. Wenn ich krank werde, meinen Job verliere und meine Familie nicht mehr aus meinem Einkommen ernähren kann, soll ich dann den Konsumstandard während der Krankheit so drastisch reduzieren, dass alle hungern müssen, oder sollte ich nicht sagen: Wir schränken uns nur ein Stück weit ein und bezahlen den Konsum temporär aus unserer Ersparnis, damit wir trotz der temporären Einkommensausfälle auch in diesem Jahr ordentlich leben können? In den zukünftigen Jahren müssen wir uns dann stets etwas einschränken, aber die Einschränkung ist trotzdem in jedem Jahr erträglich. Wir verteilen also die Last des Einkommensausfalls in der Zeit. Dieses Argument halte ich für sehr legitim und weise. Deswegen ist es richtig, die Staatsverschuldung hochzufahren, um die Firmen, besonders betroffene Haushalte, Kleinselbständige und andere zu retten.

Ich würde allerdings empfehlen, maßvoll zu bleiben. Was mich beunruhigt ist, dass bei den Politikern eine „Whatever-it-takes"-Mentalität entstanden ist, eine gewisse Haltlosigkeit bei der Verausgabung von Mitteln, die andere erarbeitet haben oder noch erarbeiten müssen. Man braucht jetzt nur noch Corona zu sagen, und es ist Geld für alles und jedes da. Mir fehlen Maß und Mitte bei all diesen Maßnahmen. Auf der Homepage des Finanzministeriums findet man 583 Milliarden Euro an geplanten und potenziell haushaltswirksamen Maßnahmen, zu denen unter anderem ein Fonds für die Wirtschaftsstabilisierung (200 Milliarden Euro), ein Schutzfonds für Unternehmen (100 Milliarden Euro), andere Unternehmenszuschüsse, Maßnahmen der Grundsicherung Kleinselbständiger, eine Mehrwertsteuersenkung um drei Prozentpunkte, ein Kinderbonus, Haushaltsmittel für Kommunen, Stromkostenentlastungen, Mittel für Innovationen und vieles mehr gehören. Das sind immerhin 18 Prozent des für 2020 erwarteten Bruttoinlandsproduktes (BIP), das Doppelte dessen, was offiziell als eingeplantes Budgetdefizit für 2020 ausgewiesen wird. Hinzu treten nicht unmittelbar haushaltswirksame KfW-Kredite und Bürgschaften zugunsten von Unternehmen und Bauherren, die die Gesamtsumme der bewegten öffentlichen und privaten Mittel auf 1,4 Billionen Euro heben. Die Deutsche Bank kam sogar aufgrund eigener Auflistungen auf eine Summe von 1,9 Billionen Euro. Aber selbst die vom Ministerium selbst veröffentlichten Zahlen inklusive der Bürgschaften und Kredite summieren sich auf 44 Prozent des für 2020 geschätzten BIP. Als ich mir diese Zahl vor Augen führte, kriegte ich einen gewaltigen Schreck. 4,4 Prozent Hilfsmittel wären auch schon eine erhebliche Zahl gewesen, die den historischen Rahmen verlässt. Doch gleich zehnmal so viel? Hat hier eigentlich noch jemand die Kontrolle über das, was sich gerade abspielt? Oder erodieren wir gerade unsere Staatsfinanzen, indem wir uns, getrieben vom Schwung unserer eigenen Krisenrhetorik, zu einer immer gefährlicheren Finanzakrobatik hinreißen lassen?

Diese Frage scheint mir umso berechtigter zu sein, als zu den nationalen Schuldenprogrammen ja noch die Schulden auf der Ebene der EU hinzutreten. Dort wurden ein kreditfinanziertes Kurzarbeitergeld von 100 Milliarden Euro, zusätzliche kreditfinanzierte ESM-Mittel in Höhe von 240 Milliarden Euro und neue Kredite der Europäischen Investitionsbank in Höhe von 200 Milliarden, in der Summe also 540 Milliarden Euro, beschlossen. Ferner soll ja noch der Wiederaufbaufonds von bis zu 750 Milliarden Euro dazukommen. Dann hätte man also insgesamt 1290 Milliarden Euro an Mitteln zusammen, die nur zu einem kleinen Teil wieder nach Deutschland zurückfließen, zu einem großen Teil aber von Deutschland verbürgt werden.

Ich habe Sorgen, dass wir es übertreiben, weil diese ganzen Bürgschaften dem Staat eines Tages auf die Füße fallen werden. Manche Unternehmen, die diese Bürgschaften jetzt erhalten, damit sie wieder Kredite von den Banken bekommen, waren schon vorher konkursgefährdet und nutzen jetzt den Corona-Vorwand, um endlich unter staatlichem Schutz an neue Kredite heranzukommen. Wenn sie die nicht zurückzahlen, wird der Steuerzahler darauf sitzen bleiben.

Wenn die Politiker sagen: „Wir stellen schnelle und unbürokratische Hilfe zur Verfügung", dann sträuben sich bei mir inzwischen die Nackenhaare. Dieses Geld wächst ja nicht auf den Bäumen, sondern es muss jemand anderem weggenommen werden, im einfachsten Fall über Steuern. Und wenn das nicht geschieht, weil die EZB das Geld aus der Druckerpresse liefert, dann wird die Kaufkraft, die es verkörpert, gleichwohl jemandem weggenommen, indem der Geldüberhang sich irgendwann in einem höheren Preisniveau niederschlägt, das zu Verlusten bei den Eigentümern der schon in Umlauf befindlichen Geldmenge führt. Diese Verluste sind genau so groß wie die Kaufkraft des neu gedruckten Geldes. Wäre das nicht der Fall, dann könnte eine Gesellschaft ihren Lebensstandard ja ganz einfach vergrößern, indem sie mehr Geld druckt. Eigentlich bräuchten wir dann auch nicht mehr zu arbeiten. Es reichte ja, wenn wir wie jetzt in der Corona-Krise die nicht mehr erwirtschafteten Einkommen aus den Notenpressen zur Verfügung stellen. Ich denke, ich muss nicht weiter ausholen, um die Unsinnigkeit einer solchen Sichtweise zu erläutern.

Wir haben einen Einbruch der Wirtschaftsleistung in der Prognose der Wirtschaftsforschungsinstitute von vier bis sieben Prozent, und 44 Prozent des Sozialproduktes des Jahres 2020 werden jetzt durch den Staat aktiviert. Das ist ein krasses Missverhältnis. Da benutzt man offenbar die Big Bazooka, obwohl ein normales Geschütz es vielleicht auch getan hätte. Das ganze Pulver wird verschossen. Wer weiß, wie sich diese Krise oder andere, die sicherlich noch folgen werden, entwickeln. Wir haben schon jetzt so viel Geld auf den Tisch gelegt, was soll denn daraus werden?

Olaf Scholz hat schon über alle Maßen zugegriffen. Die Summe von 1,4 Billionen Euro, die in Bewegung gesetzt wurde, reicht nun wirklich. Das sind solch astronomische Summen für staatliche Rettungs- und Konjunkturprogramme, dass es einem den Atem verschlägt. Also bitte stopp! Jetzt ist genug! Wir haben des Guten schon zu viel getan.

Durch das viele Geld entsteht auch eine Nehmermentalität. Statt sich um neue Kunden zu bemühen, verwenden die Unternehmensleitungen einen Teil ihrer Kraft und Aufmerksamkeit für das Antichambrieren beim Staat und die Erstellung von Anträgen bei irgendwelchen Behörden, die ihnen Geld versprechen. Das sind alles Nullsummenspiele, bei denen per Saldo für die Gesellschaft kein Wohlstand entsteht. In der Volkswirtschaftslehre nennt man das *rent seeking*. Um den Begriff zu verstehen, muss man wissen, dass Renten im Ökonomischen nicht nur Altersrenten sind, sondern Sonderprofite, die man leistungslos erzielt. Und jetzt kann man solche Sonderprofite vom Staat erhalten. Das ist unproduktiv, weil man für das Geld, das der Staat gibt, keine Leistung erbringen muss und weil derjenige, dem der Staat das Geld wegnimmt, es nicht freiwillig hergibt. Der Vorteil der Marktwirtschaft ist, dass man seine Kraft in etwas steckt, was andere nützlich finden, sodass sie freiwillig bereit sind, Geld dafür zu geben. Wir erbringen eine Dienstleistung für den Arbeitgeber, und der bezahlt uns dafür freiwillig, weil er mit dieser Dienstleistung ein Gut erzeugen kann, für das ihn seine Kunden freiwillig bezahlen. Alle Beteiligten stellen sich dabei besser, denn sonst würden sie ja nicht mitmachen. Das ist das Geheimnis der Marktwirtschaft.

In der Corona-Krise versucht ein jeder angesichts der Turbulenzen, die das Ganze unübersichtlich machen, sein Anliegen noch irgendwie durchzubringen und an das staatliche Geld heranzukommen. Da die Köpfe voll mit dem Corona-Thema sind, werden Themen übersehen, die unter normalen Umständen sehr viel öffentliche Aufmerksamkeit erregt hätten. Das betrifft zum Beispiel auch den Vorschlag, die Schulden der Kommunen und der Länder zu Bundesschulden zu machen. Das ist nicht angebracht, denn Gebietskörperschaften, die sparsam gehaushaltet und versucht haben, ihre Zinslasten durch Reduktion der Verschuldung zu minimieren, sind so die Gelackmeierten. Nein, was auf europäischer Ebene gilt, gilt ja auch innerhalb Deutschlands. Gebietskörperschaften, die Schulden machen, müssen selber geradestehen für diese Schulden, denn wenn sie das nicht müssen, dann machen sie zu viele Schulden.

„Wir müssen vor allem unsere Unternehmen im verarbeitenden Gewerbe erhalten."

Brauchen wir Konjunkturprogramme?

Ich denke nein, denn die Maßnahmen, die schon früh in der Krise beschlossen wurden und nicht den Namen Konjunkturprogramm tragen, wirken trotzdem nachfragestärkend. Sie sind Konjunkturprogramm genug. Außerdem wird die Nachfrage ja bereits durch die eingebaute Stabilisierungsfunktion des Steuer- und Sozialsystems gestärkt. Wenn die Einkommen fallen, weil nicht mehr produziert wird, dann muss man auch weniger Steuern zahlen. Der Staat hat dadurch weniger Geld zur Verfügung, müsste eigentlich weniger ausgeben, tut das aber aktuell nicht, sondern finanziert die Differenz über Schulden. Das ist schon mal automatisch ein starker konjunktureller Impuls, weil der Staat dem Kreislauf mehr Einkommen injiziert, als er aus ihm herauszieht. Auch die Sozialausgaben steigen automatisch durch Mehrausgaben beim Arbeitslosengeld, Kurzarbeitergeld und so weiter, ohne dass der Staat dazu irgendeine Entscheidung fällen musste. In all diesen Fällen wirkt die eingebaute Flexibilität der Budgetposten der Rezession entgegen.

Darüber hinausgehende Konjunkturprogramme sind in der Corona-Krise problematisch. Sie sind geradezu kontraproduktiv, wenn die Epidemiologen sagen, dass die Kontaktaufnahme der Kunden mit den Firmen gefährlich ist und die Regierungen deshalb einen harten Lockdown anordnen. Da würde dann ja der Finanzminister die Politik des Gesundheitsministers konterkarieren und unterlaufen.

Und ich wiederhole: Selbst als der harte Lockdown aufgehoben wurde, waren solche Programme nur schwer zu rechtfertigen, da die Gefahrenlage anhielt und viele Leute die Läden aus

Gründen des Selbstschutzes immer noch mieden. Wie kann sich denn ein Finanzminister hinstellen und die Bevölkerung mit seinem Geldsegen animieren, weniger vorsichtig zu sein, als sie es selbst für richtig halten? Dann stecken sie sich vielleicht wieder an, es kommt zu einer neuen Welle an Toten, und die Krankenhäuser quellen über. Bei der schwierigen Abwägung zwischen dem Risiko der Infektion und den wirtschaftlichen Vorteilen eines Ladenbesuchs oder der Wiederaufnahme einer Beschäftigung sollte sich der Finanzminister eher zurückhalten. Er kann helfen, den Untergang von Firmen und den Ruin privater Haushalte zu verhindern, also gegen extreme Schäden quasi versichern, doch ansonsten sollte er lieber das Budget seines Kollegen im Gesundheitsministerium aufstocken und ihn sowie den Innenminister gewähren lassen, die beide für die öffentliche Sicherheit zuständig sind.

Ich hoffe also, dass die von der Bundesregierung auf den Weg gebrachten Konjunkturprogramme und auch die Rettungsprogramme, die nicht nur retten, sondern ebenfalls konjunkturelle Impulse setzen, sich nicht letztendlich als Bumerang erweisen. Wenn die Epidemiologen sagen, dass wir die Krankheit im Griff haben, wenn die täglichen Todesfälle zurückgehen, wenn die Horrormeldungen aus den Altersheimen ausbleiben und wenn es keine Ansteckungsgefahren in den Zügen, Bussen und Flugzeugen mehr gibt, dann kommen die Menschen von ganz allein wieder in die Läden und holen ihre aufgestauten Konsumwünsche nach. Langlebige Gebrauchsgegenstände, der neue Kühlschrank, das neue Auto, all diese Dinge, die man nicht gekauft hat und hätte kaufen wollen, die kauft man halt etwas später. Die Autoprämien wurden ja zum Glück vermieden. Doch auch die Mehrwertsteuersenkung und andere Kaufanreize waren eigentlich nicht nötig.

Durch den Umstand, dass sich keiner den Rettungsaktionen in der Corona-Krise, auch nicht den solidarischen Aktionen gegenüber anderen Ländern grundsätzlich verweigern wollte, ist inzwischen unter den Politikern und auch in der Bevölkerung ein hohes Maß an Gleichgültigkeit und Haltlosigkeit entstanden. Manche wollen nun Geld für alles und jedes. Sie wollen jetzt plötzlich auch noch schneller als geplant die Grundrente einführen, sie wollen mehr Kurzarbeitergeld und wollen ein Sonderprogramm für Künstler und ein Sonderprogramm hierfür und ein Sonderprogramm dafür. Das kann ich so alles nicht nachvollziehen. Es ist das eine, Unternehmensstrukturen zu erhalten, zu verhindern, dass Unternehmen in Konkurs gehen. Das andere ist, die Gelegenheit der Krise zu nutzen, um nun all die Geschenke an das eigene Wahlvolk zu verteilen, um die man vor der Krise im Kabinett und im Bundestag vergeblich gerungen hatte.

Bis man ein Unternehmen, das pleitegeht und zerschlagen wird, wieder errichtet hat, können Jahre vergehen, wenn es überhaupt je wieder gelingt. Hier tat der Staat gut daran einzugreifen. Wir müssen unsere funktionsfähigen Unternehmen, insbesondere im Bereich des verarbeitenden Gewerbes, erhalten. Diese Unternehmen tragen die ganze Volkswirtschaft. Die Industrie ist der glühende Kern der Volkswirtschaft – wie Gabor Steingart es einmal zu Recht gesagt hat –, um den sich der ganze Rest herumrankt. Aber natürlich müssen wir auch die anderen Unternehmen schützen, die profitable Geschäftsmodelle verfolgen, die nur in der Epidemie nicht mehr funktionieren.

Ohne die Krise hätte auch die Lufthansa bestanden. Dass sie nun in Schwierigkeiten kommt, ist das direkte Ergebnis einer staatlichen Intervention. Wenn die Menschen nicht mehr reisen dürfen, weil die Grenzen geschlossen sind, dann brauchen wir auch keine Flugzeuge mehr. Insofern hat der Staat hier eine Schadensersatzpflicht gegenüber der Lufthansa. Und das sprach dafür, dass er half. Dass er der Gesellschaft indes Kredite zu extrem hohen Zinsen gewährte und für sein Eigenkapital viermal so viele Aktien erhielt, wie er am Markt dafür hätte erwerben können, wirft große Fragezeichen auf.

Ähnlich ist es bei den Läden und Restaurants, deren Schließung vom Staat verfügt wurde. Da das Geschäft durch die unmittelbare Anweisung des Staates beendet wurde, stellt sich auch hier die Frage des Schadenersatzes.

Bei den Automobilunternehmen ist es ein bisschen anders. Die hatten geschlossen, weil sie keine Vorlieferungen mehr aus China kriegten. Das ist nicht vom Staat verfügt worden. Dennoch sollte man auch ihnen mit Krediten helfen, damit sie die schwierige Zeit überbrücken können.

Der Staat kann sich auch an einem Unternehmen beteiligen. Das ist das, was dann landläufig unter Verstaatlichung läuft oder Teilverstaatlichung. Ich würde das nicht für normale Unternehmen vorsehen, weil der Staat ein schlechter Unternehmer ist. Bei Banken ist der Sachverhalt jedoch anders. Hier halte ich im Einzelfall eine Beteiligung für vertretbar, so wie wir es 2010 auch bei der Commerzbank gemacht haben. Warum? Die Banken arbeiten strukturell mit zu wenig Eigenkapital, weil sie letztlich ein Risikospiel spielen. Sie hoffen auf Boom-Phasen, die längere Zeit andauern können. Die Gewinne, die sie dann erzielen, schütten sie an ihre Aktionäre aus, statt sie als Eigenkapitalpuffer im Unternehmen zu halten. Wenn der Crash kommt, und der kommt dann ziemlich plötzlich, kommen viele Banken ins Straucheln. In der Regel erhalten sie staatliche Hilfen, weil es gefährliche Kettenreaktionen geben kann, die die Stabilität des gesamten Finanzsystems untergraben. Gewinne werden also privatisiert, und Verluste werden sozialisiert. Diese Asymmetrie kann man abschwächen, wenn der Staat für die Bankenrettung auch eine Gegenleistung in Form eines Beteiligungsrechtes erlangt.

Dazu kommt natürlich generell die Frage, ob die staatlichen Vertreter im Aufsichtsrat eine sinnvolle Lenkungswirkung entfalten können. Wie kompetent sind sie? Werden richtige unternehmerische Entscheidungen getroffen, oder verbündet sich dann der Staat möglicherweise mit der Gewerkschaftsseite im Aufsichtsrat, die qua Mitbestimmung vertreten ist, und gewinnt dann zusammen mit ihr die Mehrheit in den Unternehmen? Damit wäre der wirtschaftliche Tod eines Unternehmens vorprogrammiert, und bestenfalls würde es dann noch als Staats-Zombie erhalten, für dessen Verluste der Steuerzahler aufkommt.

„Die Räder der Industriegesellschaft müssen und werden sich wieder drehen."

Wie schnell können wir die Auswirkungen des Lockdowns hinter uns lassen?

Ich bin konjunkturell recht optimistisch. In der Tat scheint die Wirtschaftstätigkeit nach dem Lockdown im Frühjahr nun, im Frühsommer 2020, weltweit wieder fast so schnell anzusteigen, wie sie vorher abgestürzt war, wenn auch vielleicht nicht ganz so weit. Das zeigen jedenfalls erste Frühindikatoren wie zum Beispiel der sogenannte Einkaufsmanagerindex. Der Index ist ein international gebräuchlicher Frühindikator für die Absatzlage der Unternehmen, in den Informationen wie der Auftragsbestand, der Lagerbestand, die Produktion und die Verkaufspreise eingehen. Dieser Index war in China im Februar massiv abgestürzt, kam aber schon im März wieder hoch und überschritt bereits im Mai das Niveau vom Januar.

Die Welt als Ganzes sowie auch Teile von Europa scheinen dieser Entwicklung zu folgen. Der Tiefpunkt war dort zwei

Monate später als in China, im April, wobei Europa deutlich stärker abstürzte als die USA oder die Welt insgesamt. Entsprechend ging die Reise auch zwei Monate später, im Mai, wieder nach oben. Wie weit sie wieder hochgehen wird und ob das Vor-Corona-Niveau bald erreicht werden wird, wird man sehen.

Man hatte ja während der Krise sehr gerätselt, wie die Wirtschaftsentwicklung ablaufen wird. Einige erwarteten ein V, andere eher ein breites U, also eine recht lang gezogene Talsohle vor dem neuerlichen Aufschwung. Ich vermute, für viele Länder wird es ein umgekehrtes Wurzelzeichen. Es geht schnell runter, dann schnell wieder hoch, doch nicht auf das alte Niveau, und dann folgt erst einmal für eine Weile eine mühsame Seitwärtsbewegung. Für die Länder des Mittelmeerraums und Frankreich vermute ich, dass die Seitwärtsbewegung auf recht niedrigem Niveau stattfinden wird. Das dürfte insbesondere an der verheerenden Lage im verarbeitenden Gewerbe dieser Länder liegen, das, wie schon früher erwähnt, schon die Lehman-Krise nicht verkraftet hat und dauerhaft weit unter dem Produktionsniveau vor dieser Krise hängen blieb.

In Deutschland, das im April um sechs Prozent unter dem Vor-Lehman-Niveau lag, wird sich eine günstigere Entwicklung ergeben, weil hier die Massenarbeitslosigkeit durch das Kurzarbeitergeld verhindert werden konnte, sodass die Unternehmen gleich wieder durchstarten können, wenn die Weltwirtschaft wieder anzieht. Aber natürlich ist das nur das konjunkturelle Geschehen. Der trendmäßige Rückgang der Industrieproduktion seit dem Sommer 2018, der mit der Umweltgesetzgebung zu tun hat, wird schwerlich umzukehren sein, denn die Politikmaßnahmen gegen die deutsche Autoindustrie haben Bestand, zumal Frankreich mit den anderen romanischen Ländern in den Seilen hängt und in dieser Frage nicht zu Kompromissen bereit sein wird.

Dass es wieder aufwärtsgeht, liegt vor allem daran, dass die Läden wieder öffnen durften. Da nun die Kunden neue Ware kaufen, bestellen die Läden bei den Großhändlern, und sie bestellen bei den Fabriken. Dadurch kommt die produzierende Wirtschaft wieder in Schwung. Die Räder der Industriegesellschaft laufen nun wieder an. Es war richtig, dass dazu die Freizügigkeit und Bewegungsrechte für Arbeitsverhältnisse sofort gewährt wurden, während die Zusammenkunft größerer Menschenmengen in geschlossenen Räumen noch immer beschränkt ist. Verzichtbare Dinge, die im Bereich des Konsums und der Freizeitgestaltung liegen, kann man ja nun wirklich hintanstellen, wenn sie noch Gefährdungen bedeuten. Die Veranstaltungen in geschlossenen Räumen sind ein Problem, weil die hauptsächliche Ansteckung nicht über Schmierinfektionen, sondern über die Weitergabe der Viren in Form von Tröpfchen und Aerosolen abläuft. Aerosole schweben stundenlang in der Luft und zirkulieren im Raum, wenn nicht dauernd gelüftet wird.

Bei aller Euphorie über den sichtbaren Wiederaufschwung in der heimischen Wirtschaft muss man aber auch fair sein und anerkennen, dass die Welt die Krise ökonomisch und medizinisch nicht so leicht hätte bewältigen können, wenn ihr nicht die Segnungen des amerikanischen Unternehmertums zur Verfügung gestanden hätten. Damit meine ich zum einen den elektronischen Versandhandel und zum anderen die elektronischen Kommunikationsmittel, die wir nun tagtäglich benutzen. Zoom- und Microsoft-Teams gehören nun für viele zum Alltag ihrer neuen Berufstätigkeit. Der Versandhandel hat es den Menschen erspart in die Läden zu gehen, und die elektronischen Kommunikationsmittel haben es unnötig gemacht, persönlich zusammenzukommen. Beides hat maßgeblich dazu beigetragen, die Ansteckungen zu reduzieren und trotzdem noch ein normales Leben zu führen.

Gerade für ältere Menschen sind die elektronischen Kommunikationsmittel in der Krise ein Segen, denn diese Menschen sind nun einmal in besonderer Weise gefährdet. In den höheren Altersstufen, so ab 60 Jahren, steigt die Wahrscheinlichkeit des tödlichen Verlaufs der Infektion für jedes weitere Lebensjahrzehnt um ein Vielfaches. Diese Altersgruppen muss man nach wie vor besonders schützen, und sie müssen sich auch selbst schützen, indem sie Menschenansammlungen in geschlossenen Räumen vermeiden.

Dass die Älteren ein hohes Infektionsrisiko haben, unterscheidet diese Epidemie beispielsweise von der Spanischen Grippe von vor 100 Jahren. Damals war es so, dass die Jüngeren besonders gefährdet waren. Tatsächlich ist damals auch ein Teil der Arbeitsbevölkerung weggestorben. Das ist diesmal anders. Und deswegen kann man wohl guten Gewissens die frühzeitige Wiederaufnahme von Arbeitsverhältnissen begrüßen, denn davon sind die Rentner ja nicht betroffen. Wie erläutert gingen die Todesfallzahlen schon im Juni gegen null, was beweist, dass sich das tatsächliche Infektionsgeschehen bereits im Mai dramatisch reduziert hatte.

Die Öffnung der Kitas und Schulen gehört zwingend dazu, denn einerseits müssen die Kinder etwas lernen, und andererseits müssen ihre Eltern wieder arbeiten. Von einem in irgendeiner Weise mit dem normalen Schulunterricht vergleichbaren Lehrbetrieb kann in aller Regel nicht im Entferntesten die Rede sein. Es ist deshalb gut, dass die Kultusministerkonferenz beschlossen hat, dass der reguläre Unterricht nach den Sommerferien wieder fortgesetzt wird. Wenn man diese Entscheidung den Lehrern überließe, würde sich die Rückkehr zur Normalität wohl noch weiter verzögern.

Als Plan B, für den Fall, dass Klassen wegen neuer Ansteckungen doch wieder ausfallen, sollten die Schulen auf jeden Fall den elektronischen Unterricht mit einem der Konferenzprogramme vorsehen, die in Wirtschaft und Wissenschaft schon überall verwendet werden. Es gibt heute keine Ausreden mehr. Mit den Konferenzprogrammen kann der Unterricht genauso ablaufen wie im Klassenzimmer. Alle Schüler sehen den Lehrer, der Lehrer sieht alle Schüler, und jeder Schüler sieht alle anderen. Der Lehrer hat es in der Hand, welchem Schüler er das Mikrophon zuweist, und jeder kann hören, was gesagt wird. Den Tafelanschrieb kann der Lehrer durch eine Power-Point-Präsentation oder auch durch einen Text, den er maschinell oder von Hand auf den Bildschirm schreibt, ersetzen. Auch das verlangt nur einen Mausklick. Die Lehrer brauchen dafür keine Computer von der Schule, sondern können ihre eigenen verwenden. Wie? Ein Lehrer hat keinen Computer und wartet darauf, dass ihm die Schule den besorgt? Dann sollte er sich fragen, ob er in seinem Beruf am rechten Platz ist. Genauso benutzen die Schüler ihre eigenen Computer, und wenn sie die noch nicht haben, dann muss die Schule halt dafür sorgen, dass sie sie bekommen. Die Kosten sind im Vergleich zu den Gehaltskosten der Lehrer gering. Sicherlich wird es möglich sein, bedürftigen Eltern dafür einen Zuschuss zu gewähren. Muss man lernen, mit den Programmen umzugehen? Eigentlich nicht. Alles erklärt sich wie von selbst in wenigen Minuten. Nur hoffnungslose Ignoranten können sich diesen neuen und einfachen Lehrmethoden noch verweigern.

Die jüngere arbeitende Bevölkerung muss möglichst rasch in die normalen Arbeitsprozesse zurückkehren. Zehn Millionen Kurzarbeiter hat der Staat wirksam vor Entlassungen geschützt, aber sie kosten sehr, sehr viel Geld. So schnell es irgend geht, müssen sie ihre regulären Tätigkeiten wieder aufnehmen. Es wird sich hoffentlich nicht als problematisch erweisen, dass diejenigen, die schon länger in Kurzarbeit sind, bis zu 80 Prozent ihres letzten Nettolohnes erhalten. Wenn sie wieder arbeiten, dann müssen sie effektiv für nur 20 Prozent des letzten

Nettolohns arbeiten, denn 80 Prozent kriegten sie ja auch schon so. Für jemanden, der 15 Euro netto verdient, sind das gerade einmal drei Euro mehr. Ich befürchte, dass es einige geben wird, die angesichts dieses niedrigen Zusatzlohnes für die Arbeit der Meinung sind, dass sie besser fahren, wenn sie auf das Geld verzichten und zuhause all die Dinge erledigen, die sie schon immer haben erledigen wollen. Die Kurzarbeit ist gut, weil sie eine wichtige Schutzfunktion hat und den raschen Neustart administrativ erleichtert. Sie ist aber, wenn sie exzessiv ausgestaltet wird, auch problematisch, weil sie Beharrungstendenzen auslösen kann. Da es nun heißt, die Arbeit wieder aufzunehmen, sollten die Kurzarbeiterbezüge alsbald wieder auf das Normalniveau zurückgeführt werden, wie es in der Lehman-Krise etabliert worden war.

Ähnlich wie bei der Kurzarbeit ist es übrigens auch bei den Krankenhausbetten. Der Staat zahlt für ein leeres Bett, das für den Notfall vorgehalten wird, 560 Euro. Das ist so viel Geld, dass man sich fragen muss, was ein Krankenhaus ökonomisch davon hat, wenn es Patienten aufnimmt. Könnte hier eine Teilerklärung dafür liegen, dass die Belegungszahlen mitten in der Epidemie so stark heruntergingen, oder lag die Erklärung einzig und allein in der Angst der Patienten vor einer Ansteckung? Man weiß es nicht, aber man muss diesen Fragen nachgehen, um möglichen Fehlentwicklungen vorzubeugen.

Auch wenn es eine zweite Welle der Epidemie im Winter geben sollte, sollte man von einem flächendeckenden zweiten Lockdown absehen und stattdessen mit den inzwischen gesammelten Erfahrungen zielgenauer vorgehen. In Bereichen, wo sehr wenig Arbeitskräfte zusammenkommen, wo viel automatisiert produziert wird, wird man den Lockdown niemals benötigen. Örtliche Hygienevorschriften und gute Durchlüftung reichen allemal. Die modernen Fabriken des verarbeitenden Gewerbes, die bereits viele Roboter und vollautomatische

Maschinen einsetzen, wo also nur wenige Menschen herumlaufen, müssen auch dann weiterlaufen, wenn einzelne Mitarbeiter erkranken. Die müssen dann gezielt in die Quarantäne, aber nicht gleich der ganze Betrieb. In Bereichen, wo relativ viele Kunden in Kontakt miteinander und mit dem Personal treten, muss man natürlich vorsichtiger sein. Die hohen Testkapazitäten, über die man heute verfügt, sollten es ermöglichen, nur den gefährdeten Personen die Quarantäne vorzuschreiben.

Großveranstaltungen wie Fußball, Konzertveranstaltungen und eben auch Gottesdienste können vorläufig nicht realisiert werden. Verschiedene neue Infektionswellen, die im Zusammenhang mit Kirchenbesuchen nach der Wiedereröffnung auftraten, sollten Anlass geben, die Lockerungen in diesen Bereichen nochmals zu überdenken.

Als sehr problematisch haben sich die Schlachtbetriebe erwiesen, denn dort arbeiten sehr viele Menschen dicht an dicht, und die dortige Atmosphäre ist offenbar ein ideales Transportmittel für die Viren. Nun braucht man das Fleisch ja für die Versorgung der Menschen. Der Ausweg aus diesem Problem ist nicht leicht zu finden. Womöglich muss man in solchen Bereichen nach der überstandenen Quarantäne die punktuelle Durchseuchung doch akzeptieren, damit sich die Infektionen anschließend nicht mehr verbreiten können. Dass nun die Gewerkschaften sich darüber beklagen, dass dort Arbeitnehmer aus Osteuropa arbeiten, die über Subunternehmer zur Verfügung gestellt werden, hat mit der Corona-Krise nichts zu tun. Schließlich sind ja auch die Infektionszahlen in Osteuropa vergleichsweise gering. Richtig ist aber die Forderung, dass die Abstände zwischen den Arbeitern im Betrieb vergrößert werden sollen und dass die Betriebe besser durchlüftet werden müssen, auch wenn das die Kosten für die Kühlanlagen steigert.

Man sollte die Niedriglohnkonkurrenz aus Osteuropa nicht mit dem Corona-Thema vermischen. Sie haben wenig miteinander zu tun und erscheinen nur deshalb als relevant, weil die Gewerkschaften eine Gelegenheit sehen, ihre alten Forderungen wieder auf den Tisch zu legen, wie ja so viele Interessengruppen sich heutzutage auf die Epidemie berufen, um ihre alten Forderungen von Neuem zur Sprache bringen zu können. Das gilt auch für manche grüne Politiker. Nachdem sie mit ihrer Forderung aufliefen, einen staatlich verordneten Veggie-Tag pro Woche einzuführen, versuchen sie heute, die Konsumgewohnheiten der Bürger mit der Forderung nach einer Fleischabgabe zu verändern. Die Agrarministerin bläst in das gleiche Horn und redet höheren Fleischpreisen das Wort. Diese Begebenheiten zeigen, wie dünn doch das Eis der freiheitlichen Ordnung ist, in der nicht irgendwelche wohlmeinenden Politiker festlegen, was gut für die Bürger ist, sondern diese Bürger als mündige und freie Individuen selbst über ihre Konsumgewohnheiten entscheiden.

Ein Wort zum Homeoffice. Wo das Homeoffice möglich ist, kann man es schadlos weiterbetreiben. Aber die meisten Beschäftigungsverhältnisse lassen gar kein Homeoffice zu. Ein Kellner kann kein Homeoffice machen, und ein Arbeiter auch nicht. Homeoffice ist etwas für Arbeitnehmer, die in der Buchhaltung und der Verwaltung beschäftigt sind, die am Computer arbeiten. Auch in solchen Fällen ist das Homeoffice freilich häufig nur ein unvollkommener Ersatz für die Arbeit im Unternehmen, wo man sich austauschen kann mit Kollegen und wo auch eine gewisse – machen wir uns nichts vor – gegenseitige Disziplinierung und Beobachtung stattfindet. Homeoffice darf nicht heißen: Ich mache meinen Computer an, dann fängt eine Uhr an zu zählen, und zwischendurch kümmere ich mich um meine Kinder. Homeoffice ist in den meisten Tätigkeiten nicht dasselbe wie eine Arbeit im Büro. Und wenn Homeoffice zu leicht möglich wird, dann ist es schwer, die Leute ins Unternehmen zurückzuholen. Das bedeutet eine dauerhafte Beeinträchtigung der Arbeitsproduktivität. Für meine Begriffe hätte man die 80-Prozent-Regel statt für die Kurzarbeit für Homeoffice-Tätigkeiten ansetzen können.

Die Initiative des Arbeitsministers, das Homeoffice zu einem gesetzlich gesicherten Anspruch zu machen, soweit das die Arbeitsplätze und die Arbeitsverhältnisse zulassen, halte ich für nicht zielführend. Wer soll denn darüber entscheiden, ob Homeoffice im Einzelfall möglich ist, die Arbeitsämter? Das wäre eine Anmaßung von Wissen, wie sie uns in der Politik immer wieder begegnet. Das muss der jeweilige Betrieb selbst entscheiden, und sicherlich kann man die Entscheidung nicht dem Arbeitnehmer selbst überlassen, solange der Betrieb nicht die Möglichkeit hat, frei zu entscheiden, ob er ihn dann noch beschäftigen möchte oder nicht.

Die elektronischen Möglichkeiten, die das Ende des Lockdowns begleiten müssten, habe ich schon angesprochen: Wir benötigen die regelmäßige, massenhafte Testung der Bevölkerung und eine elektronische „Pestklapper" in Form einer erweiterten App, die nicht nur einen Risikoträger darüber informiert, dass er einer ist, weil er Kontakte zu Infizierten hatte, sondern jedem, der es will, die *anonymisierte* Information auf sein Handy überspielt, wo sich dieser Risikoträger gerade *ungefähr* befindet. Dann würden sich die Leute um die App reißen, und ein jeder würde versuchen einen Bogen um die roten Kreise zu machen, die er auf seiner Handy-Landkarte findet. Die Infektion hätte dann kaum noch eine Chance, denn jeder Infektionsherd würde sehr rasch isoliert. Ich bin sehr gespannt, wann der Wunsch nach dem Schutz des Lebens die übertriebenen Bedenken der Datenschützer überwinden wird und wann wir diese eigentlich selbstverständliche Erweiterung der von der Regierung so stolz verkündeten App realisieren werden. Hoffentlich noch vor der nächsten Welle, so sie denn kommt.

„Da wird natürlich wieder der Wunsch aufkommen, die Reichen zu schröpfen."

Ist die Erhöhung von Steuern zur Bewältigung der Corona-Krise sinnvoll?

Eines ist klar, die jetzt gemachten Schulden müssen eines Tages zurückgezahlt werden, und dann wird man die Steuern erhöhen müssen. Auch das Grundgesetz ist in diesem Punkte eindeutig: Im Katastrophenfall ist es zwar erlaubt, von der schwarzen Null abzuweichen und sich zu verschulden. Die Regierung muss aber gleichzeitig einen Tilgungsplan verabschieden, der festlegt, wie und in welchem zeitlichen Ablauf die Schulden wieder zurückgeführt werden.

Die Belastung zukünftiger Perioden mit höheren Steuern wird aber nicht nur vom Grundgesetz erzwungen, sondern auch durch die Budgetzwänge an sich. Ich habe in diesem Buch schon verschiedene Argumente zum Thema der Staatsverschuldung diskutiert: Erstens die zweifelhafte Notwendigkeit, auf die Rettungsprogramme ein echtes Konjunkturprogramm draufzusatteln, um die Nachfrage zu erhöhen, zweitens die Weizsäcker'sche Empfehlung, auf eine Kettenbriefaktion zu setzen, die ich für falsch halte, und drittens das Musgrave'sche Intergeneration-Equity-Prinzip, also die Verteilung der Corona-Lasten über die Zeit hinweg. Dieses Prinzip halte ich für zielführend. Eine Last, die punktuell auftritt durch eine Naturkatastrophe, muss nicht in dieser Periode getragen werden, sondern kann mithilfe der Verschuldung auf zukünftige Perioden und Generationen verteilt werden. Es ist leichter für die Gesellschaft, diese Last zu tragen, wenn nach der Katastrophe in jedem zukünftigen Jahr ein wenig Konsumeinschränkung nötig ist, anstatt dass diese Konsumeinschränkung auf einmal in voller Höhe auftritt. Und das heißt, später müssen Steuern erhoben oder Transferausgaben gesenkt werden, um den Konsum einzuschränken. Die Frage ist nur, wen es dabei trifft und ab wann.

Wann man mit der unangenehmen Schuldentilgung beginnt, hängt davon ab, wann die Krise vorbei ist. Die Regierung will im Jahr 2023 beginnen. Das ist noch lange hin und nach derzeitiger Erkenntnis viel zu spät. Die Wirtschaftskrise war zwar heftig, aber sie geht auch wieder vorbei, und zwar schneller, als viele gedacht haben. Alle Wirtschaftsforschungsinstitute sagen für 2021 bereits einen starken Aufschwung für Deutschland voraus. Deshalb sollte der Plan eigentlich schon im nächsten Jahr beginnen. Er wird dann aber noch nicht beginnen, denn das ist das Jahr der Bundestagswahl. Da will man lieber noch mehr Geschenke verteilen. In einer Vielzahl von Studien haben volkswirtschaftliche Forscher ein solches Verhalten von Regierungen nachgewiesen. Sie orientieren sich bei ihren Ausgabenprogrammen sehr wohl an den Wahlterminen und können dadurch sogar politische Konjunkturzyklen induzieren. Die jetzige deutsche Bundesregierung wird keine Ausnahme sein.

Komplizierter ist die Frage zu beantworten, wen die Tilgungslasten treffen sollen. Da wird natürlich wieder der Wunsch aufkommen, die Reichen zu schröpfen, aber das ist ein wenig einfältig. Wie es die meisten Konjunkturkrisen tun, verringert auch die Corona-Krise die Ungleichheit in der Bevölkerung. Viele denken, das sei umgekehrt, es ist aber nicht so. Die Arbeitnehmer haben kontraktbestimmte Einkommen und sind bereits automatisch durch den Sozialstaat abgesichert, indem sie den Kündigungsschutz genießen sowie Arbeitslosengeld und Kurzarbeitergeld beziehen. Außerdem werden ihre Rentenansprüche in dieser Zeit aus staatlichen Mitteln weiter aufgebaut, so als hätten sie gearbeitet, der Schutz der Krankenversicherung steht weiter zur Verfügung, und das Wohngeld wird auch nicht wegen der Krise gekürzt. Wesentliche Teile des

Realeinkommens sind also stabil. Die Unternehmer indes, die das Residuum zwischen den Absatzerlösen und den Kosten erhalten, müssen jetzt massive Verluste hinnehmen. Das ist ja das Wesenselement der Marktwirtschaft: Die Arbeitnehmer bekommen ein Kontrakteinkommen und die Unternehmer den Rest. Dieser Rest schwankt je nach Wirtschaftslage enorm. Im Boom steigt er naturgemäß überproportional, und in der Rezession geht er aus dem gleichen Grunde stärker zurück. Und da der Reichtum bei den Unternehmern konzentriert ist, nimmt die Ungleichheit in der Krise ab. Wer beklagt hat, dass die Ungleichheit in Deutschland während der guten Jahre, die wir hinter uns haben, zunahm, muss davon ausgehen, dass sie in schlechten Jahren abnimmt. Das zu hören ist für viele sicherlich unangenehm, weil es ihrem beständigen Wunsch nach mehr staatlicher Umverteilung zuwiderläuft und weil ja tatsächlich auch viele Härten im unteren Bereich der Einkommensverteilung zu sehen sind, aber es ist trotzdem so. In der Krise wird die Einkommensverteilung gleicher, und im Boom wird sie ungleicher. Das ist eine triviale Wahrheit, an der man nicht vorbeikommt. Es spricht aus Gründen der Herstellung von mehr Gleichheit also nichts für spezifische Steuern auf die Reichen oder die Vermögen. Im Übrigen würden solche einseitig auf die Vermögensbesitzer und die Reichen zielenden Steuern dazu führen, dass in Deutschland noch weniger investiert wird und die Unternehmer das Weite suchen. Die Welt ist groß. Durch die Direktinvestitionen in anderen Ländern kann ein Unternehmer jederzeit seinen Gewinn in andere Steuersysteme verlagern, denn die in den Niederlassungen thesaurierten Gewinne können in Deutschland nicht besteuert werden. Im Übrigen können Unternehmer auch ihren Wohnsitz ins Ausland verlagern, um der Einkommen- und Vermögensteuer zu entgehen. Aus Frankreich fliehen die Reichen schon seit vielen Jahren in Scharen. Das Land wurde dadurch massiv geschädigt. Und auch in Deutschland wurden

Fluchtbewegungen beobachtet. Die Presse begreift sie meistens nur im moralischen und strafrechtlichen Sinne. Das Phänomen an sich zeigt aber in aller Deutlichkeit, wo das Problem liegt.

Fliehen können im Übrigen auch Menschen, wenn sie das Gefühl kriegen, dass sich in Deutschland selbst eine abhängige Tätigkeit als hochbezahlter Spezialist nicht lohnt, weil die höheren Einkommen stark belastet werden. Seit Jahrzehnten hat Deutschland damit zu kämpfen, dass seine Hochqualifizierten, die in vielen Fällen auch Studienjahre in den USA verbringen, nicht mehr zurückkehren, eben weil ihnen in den USA sehr viel höhere Nettoeinkommen geboten werden. Deutschland kann nicht so tun, als gäbe es diese Probleme nicht, und mit seinem kräftigen Wohfahrtsmagneten in Form eines exzellent ausgestatteten Sozialstaates nur immer die mit Mühsal beladenen, meist wenig gebildeten Menschen aus aller Welt anziehen, während es gleichzeitig die Hochqualifizierten verschreckt.

Es ist nun mal ein Faktum, das in den OECD-Statistiken bestens belegt ist, dass die angelsächsischen Länder, allen voran die USA, die höher qualifizierten Arbeitnehmer anziehen, während nach Deutschland und Frankreich überwiegend die weniger gut Qualifizierten kommen, wobei Ausnahmen natürlich die Regel bestätigen. Man sollte sicherlich nicht übersehen, dass es in den Jahren der Eurokrise auch aus der EU eine erhebliche Zuwanderung von gut qualifizierten Personen nach Deutschland gegeben hat, weil es zuhause keine Jobs gab. Nur schwarz und weiß darf man das Bild nicht zeichnen.

Dennoch hält der schleichende Bevölkerungsaustausch hin zu einem letztlich doch niedrigeren Bildungsniveau nun schon jahrzehntelang an, und er würde sich beschleunigen, wenn wir die Lasten aus der Tilgung der vielen Staatsschulden nicht gleichmäßig auf alle Schultern verteilen würden, sondern alten sozialistischen Regungen folgend versuchen würden, speziell nur die oberen Einkommen zu belasten.

Die Frage ist, wie eine solche gleichmäßige Lastverteilung aussehen könnte. Eine Möglichkeit besteht darin, die Belastungen so auszutarieren, dass alle Nettoeinkommen gegenüber dem hoffentlich wieder wachsenden Trend gleichmäßig reduziert werden. Das könnte am einfachsten dadurch geschehen, dass eine neue Steuer zu einem festen Satz auf die Nettoeinkommen eingeführt wird, die nach Abzug der bisher gezahlten Steuern auf die verbleibenden Resteinkommen erhoben wird. Diese Steuer könnte schleichend mit einem wachsenden Satz eingeführt werden, sodass ein gewisser Teil des Wirtschaftswachstums verbraucht wird und keine absolute Senkung der Nettoeinkommen stattfindet, sondern dass sie nur etwas langsamer wachsen, als es sonst der Fall gewesen wäre. Diese Steuer würde die relative Einkommensverteilung mit all den Maßzahlen, die die Statistiker heranziehen, um die Ungleichheit zu messen, völlig unverändert lassen.

Eine andere Möglichkeit bestünde darin, statt der Einkommen den Konsum zu belasten, was mithilfe der Mehrwertsteuer passieren könnte, die eine Konsumsteuer ist. Das hätte den Vorteil, dass man diejenigen, die kein aktives Einkommen mehr haben, sondern von ihrem Ersparten leben, das aus früherem Einkommen stammt und in besseren Zeiten verdient wurde, auch mit heranziehen würde. Diese Nachholwirkung lässt sich insbesondere unter Gerechtigkeitsaspekten für eine Konsumbesteuerung in die Waagschale werfen. Da die Corona-Krise eine Naturkatastrophe ist, für die niemand verantwortlich ist, sollte eigentlich auch niemand von der Finanzierung der durch sie entstehenden Lasten ausgenommen werden, auch nicht die Rentner und Rentiers. Diejenigen, die wenig konsumieren, weil sie arm sind, aber auch jene, die bescheiden leben und ihre Einkommen lieber investieren und damit die Basis für zukünftige Arbeitsplätze und allgemeinen Wohlstand schaffen, würden wenig zahlen, aber diejenigen, die auf großem Fuße leben und ihre Erbschaften verprassen, würden proportional zu ihrem Konsum zur Kasse gebeten werden. Aus ökonomischer Sicht ziehen die Menschen ihren Nutzen direkt aus dem Konsum, aus der Ersparnis jedoch nur indirekt, indem sie diese Ersparnis später konsumieren. Die Erhöhung der Mehrwertsteuer würde so gesehen über alle Lebensstandards hinweg zu einer gleichmäßigen Konsumeinschränkung führen.

„Die neue Normalität wird der alten Normalität sehr ähnlich sein."

Werden wir zu einem Zustand vor Corona zurückkehren?

Natürlich ist die Corona-Krise ein Einschnitt, der auch einen gewissen Bewusstseinswandel bedeutet. Was wird passieren? Ich glaube, dass man die intensive Kontaktaufnahme zwischen den Menschen, das dicht gepferchte Zusammenleben stärker hinterfragen wird, insbesondere, wenn es noch Mutationen des Corona-Virus geben sollte und die Epidemie wieder aufflackert. Es werden also Lebensformen, bei denen Menschen dicht gepackt in Häusern übereinander wohnen oder dicht gepackt in Verkehrsmitteln transportiert werden, hinterfragt werden. Der Individualverkehr und das individuelle Leben mit etwas mehr Distanz wird vermutlich in Zukunft eine größere Bedeutung bekommen. Das heißt zum Beispiel, dass die Tendenz zur Verstädterung durch diese Krise zumindest abgeschwächt wird, dass Menschen vielleicht doch lieber auf dem Lande leben, dass sie dann auf dem Lande ohne physische Kontaktaufnahme mehr mit elektronischen Mitteln kommunizieren und ihrer Arbeit nachgehen, dass sie sich auch lieber ins eigene Auto setzen als in die S-Bahn oder in den Zug. Das lange Zeit gepriesene Car-Sharing wird im Orkus der Geschichte landen. Das sind Entwicklungen, die stattfinden werden, und das bedeutet auch, dass die in den letzten Jahren vor der Corona-Krise eifrig propagierte Zielvorstellung, wir müssten aus Energiespargründen auf Massentransport setzen, den Individualverkehr abschaffen und die Menschen in Wohnsilos zusammenpacken, damit so weniger Energie verbraucht wird, ad acta gelegt wird.

Doch das meiste wird so bleiben, wie es war. Wenn in diesem Winter der Impfstoff gegen das Virus kommt, und angesichts der vielfältigen Forschungsanstrengungen auf der Welt sieht es danach aus, dann werden wir nach einem, spätestens nach zwei Jahren zur Normalität zurückgekehrt sein und diese Krise hinter uns lassen. Die neue Normalität, die überall beschworen wird, kommt dann zwar schleichend, aber die alte wird erst einmal wieder dominieren, zumal die Massivität der Corona-Krise und die Budgetzwänge, die sie hinterlässt, so manchen grünen Blütentraum beenden werden. Die neue Normalität wird der alten Normalität viel mehr ähneln, als es vor Kurzem noch den Anschein haben konnte. Wenn etwas verschwindet, dann sind es die utopischen Schwärmereien von neuen Realitäten, die den ökonomischen und sachlichen Gesetzen dieser Welt nicht standhalten.

„Ich erwarte kein Ende des Tourismus und des Flugverkehrs."

Sollte eine Reaktion auf die Corona–Krise die Rücknahme von Teilen der Globalisierung sein?

Unter Globalisierung versteht man die Schaffung einheitlicher Märkte, vor allem eines einheitlichen Kapitalmarktes und eines einheitlichen Gütermarktes. Waren und Dienstleistungen können über die Grenzen hinweg frei ausgetauscht werden, und weder die internationalen Ströme des Finanzkapitals noch internationale Direktinvestitionen sind beschränkt. Auch freie Reisemöglichkeiten werden zur Globalisierung gerechnet. So gesehen betrifft die Pandemie die Globalisierung nur in Teilbereichen. Das Virus wird nicht durch den Güterverkehr und nicht durch den Kapitalverkehr übertragen; diese Teile der Globalisierung sind außen vor, sie haben nichts mit der Gefährdungslage zu tun, indes natürlich die Kontakte über Menschen, und da reden wir nicht nur über Tourismus, sondern tatsächlich auch über den gemeinsamen Arbeitsmarkt. 300 000 Chinesen leben offiziell in Italien, und dazu kommen die chinesischen Schwarzarbeiter, die mit einem Touristenvisum einreisen. Das war der Weg, auf dem das Virus übertragen wurde, denn dass mitten im Winter in der Zeit des chinesischen Neujahrsfestes viele echte Touristen aus China kamen, halte ich nicht für wahrscheinlich.

Wir werden auf jeden Fall stärkere Kontrollmaßnahmen bei der Einreise zwischen den Ländern haben. Das wird in der ganzen Welt so, wie es in den asiatischen Ländern schon lange der Fall war. Wenn Sie zum Beispiel nach Manila reisen wollten, gingen Sie auch schon in den letzten Jahren am Flughafen an Wärmebildkameras vorbei, die Alarm schlagen, wenn Sie Fieber haben. Sie wurden dann sofort aus der Schlange geholt, und Sie konnten sich glücklich schätzen, wenn Sie dann überhaupt einreisen konnten. Solche Kontrollen sind auch bei uns zu erwarten, und das ist richtig so.

Der Flugverkehr läuft schon jetzt allmählich wieder an, und wenn wieder mehr Sicherheit vor der Ansteckung besteht, werden wir zügig auf ein Niveau in der Nähe des alten kommen. Sicher, manche Geschäftsreise wird in Zukunft entfallen, weil man in der Krise festgestellt hat, wie gut die elektronischen Konferenzschaltungen funktionieren. Auch wird manchen die Angst vor weiteren Infektionen noch in den Knochen stecken. Doch stauen sich die Reisewünsche derzeit auf und werden immer sehnlicher. Am Strand von Mallorca zu liegen und die vielfältigen Düfte des Mittelmeeres einzusaugen, sich zu erinnern, dass man ein wirklicher leiblicher Mensch ist und nicht bloßes Anhängsel eines Computers, das alles wird den Schreck des Jahres 2020 vergessen lassen. Ich habe schon viele Krisen in meinem Leben erlebt, bei denen die Öffentlichkeit entsetzt war und die Emotionen hochschossen. Es geht alles vorbei, und es kehrt der Lebenshunger zurück, der einen nach neuen Taten streben lässt.

Wir werden in der Tourismuswirtschaft Konkurse und Zusammenschlüsse von Unternehmen haben. Da findet eine Reinigungskrise statt. Jede Krise größerer Art führt dazu, dass schwächere Unternehmen in Konkurs gehen und Platz machen für andere, die erfolgreicher sind. Es ist eines, Arbeitsverhältnisse elektronisch über Skype und Zoom und andere Mittel der Kontaktaufnahme zu realisieren, und es ist ein anderes, die Sehnsucht danach zu befriedigen, ein anderes Klima, andere Lebensformen und andere Landschaften mit allen Sinnen zugleich aufzusaugen. Dazu muss man reisen. Die Reisen kann man nicht durch noch so schöne Berichte auf Papier und am Computer ersetzen. Im Gegenteil, dadurch wird der Appetit erst geweckt.

Was die eigentliche Globalisierungskritik angeht, die den internationalen Kapitalverkehr und den Güterhandel betrifft, so sehe ich keine unmittelbare Verbindung zur Corona-Krise außer im Hinblick auf die Kapitalflucht aus Italien, über die ich schon geredet habe. Hier habe ich sogar ein gewisses Verständnis gegenüber der Kritik des freien Kapitalverkehrs, weil er die Steuerzahler der EU direkt oder indirekt zwingt, in die Haftung zu gehen und kaputte Portfolios zu retten. Ich hatte ja zu erwägen gegeben, dass man im Krisenfall auch über Kapitalverkehrskontrollen und Schuldenschnitte nachdenken sollte, anstatt zuzulassen, dass die Anleger durch die Target-Fluchttür entkommen und den Steuerzahlern die Verluste ihrer Fehlinvestitionen anlasten.

Aber auf den Güterhandel würde ich diese Kritik nicht ausdehnen. Er ist der Garant des allgemeinen Wohlstands der Länder dieser Welt, speziell auch Deutschlands. Unter dem Schutze der freihandelsorientierten Briten gelang es der deutschen Wirtschaft in den letzten 50 Jahren, sich eine dominante Position auf den Weltmärkten zu erobern, während gleichzeitig der Anteil des Handels mit den westeuropäischen EU-Ländern zurückging.

Aber nicht nur Deutschland profitiert vom Freihandel, sondern grundsätzlich alle Länder, denn er ist kein Nullsummenspiel, sondern erhöht den Wohlstand aller, weil der Handel die Spezialisierung auf das erlaubt, was man besonders gut kann. Ein Glück, dass es im Inneren eines Landes den Freihandel zwischen dem Arbeitnehmer, seinem Betrieb und den Läden gibt, in denen man einkaufen kann. Dieser Freihandel ermöglicht es dem Arbeitnehmer, sich auf einen Beruf zu spezialisieren, dort seine Meisterschaft zu entwickeln, und dann alle anderen Güter des täglichen Bedarfs mithilfe des Geldsystems gegen die eigene Arbeitsleistung einzutauschen. Hätten wir ihn nicht, müsste jeder seine Schuhe, seine Wäsche, sein Auto und Haus selbst fabrizieren. Das würde nicht funktionieren. Wir wären zurückgeworfen in die vorindustrielle Zeit. Und was im Kleinen für einen jeden von uns durch die Arbeitsteilung an Segnungen entsteht, dass entsteht im Großen durch die Globalisierung.

Es kommt hinzu, dass die Globalisierung gerade die Löhne der Ärmsten dieser Welt kräftig erhöht hat, weil raffgierige Kapitalisten aus egoistischen Motiven bei ihnen Fabriken gebaut und die Löhne im Wettbewerb untereinander hochgetrieben haben. Der Anteil der Menschen, die unter der Armutsgrenze leben, hat sich nach Auskunft der Weltbank in den letzten Jahrzehnten dramatisch verringert, in Ostasien gar von etwa 50 Prozent auf etwa zehn Prozent in nur 30 Jahren!

Die Kehrseite dieser Entwicklung war natürlich, dass die Ungleichheit in manchen westlichen Ländern, so vor allem den USA, aber nicht in Deutschland, zugenommen hat. Durch den Güterhandel wird nämlich tendenziell auf indirektem Wege eine Art einheitlicher Arbeitsmarkt geschaffen, auf dem sich die Wasserstände allmählich aneinander angleichen. Die hiesigen Globalisierungskritiker sehen nur, dass der Wasserstand, gemessen durch unser Lohnniveau, gegen den Trend absinkt. Sie sollten aber bedenken, dass ihre Vorschläge, zum Protektionismus zurückzukehren, den sie geschickt als „fairen Handel" titulieren, zum Nachteil der Ärmsten dieser Welt ausfallen würden. Denn was soll ein Textilarbeitnehmer in Sri Lanka davon haben, dass wir das Hemd, das er produziert, zu billig finden und deshalb bei einem deutschen Hersteller kaufen? Er wird sich herzlich für diese Fairness bedanken.

„Nur der private Wettbewerb um den Impfstoff verspricht schnellen Erfolg."

Sehen Sie Versäumnisse in Deutschland, wo wir auf die Pandemie hätten besser vorbereitet sein können?

Im Nachhinein ist man bekanntlich schlauer. Ja, es gab Fehler. Wir haben die Bevorratung der Schutzkittel und Masken sträflich unterlassen. Da muss man auch der Bundesregierung und den Behörden einen Vorwurf machen, denn wir hatten ja die SARS-Epidemie, wir wussten, wie gefährlich Corona-Viren sind. Es gab im Jahre 2012 eine Befassung des Bundestages mit der Frage, ob eine weitere Corona-Epidemie vorkommen kann (das SARS-Virus ist auch ein Corona-Virus), und dem entsprechenden Bundestagsdokument ist ein wissenschaftlicher Bericht über die Gefahren einer Corona-Epidemie in Deutschland beigefügt. Darin steht so ziemlich alles, was wir im Jahr 2020 diskutiert haben, auch die Gefährdungslage wurde ungeschminkt dargestellt.

Der Bericht sprach auch von einer zweiten Infektionswelle. Die erste Welle ist irgendwann vorbei, die Leute wiegen sich in Sicherheit, und dann kommt die zweite Welle mit voller Wucht. Es wurden Projektionen gemacht, wie viele Menschen sterben könnten. Es ist von Millionen von Toten die Rede. Ich verstehe nicht, wieso der Bundestag und die Behörden diesen Bericht nicht ernst genommen haben. Das Ereignis wurde, so wörtlich, als „mäßig wahrscheinlich" bezeichnet. Und wenn etwas mäßig wahrscheinlich ist, dann treffe ich doch meine Vorkehrungen und kann nicht einfach so tun, als könnte das nie passieren. Ein Verkehrsunfall ist mäßig wahrscheinlich, und doch zahlen wir den Aufpreis für stabile Autos mit guten Knautschzonen und Airbags. Ein Hausbrand ist auch nur mäßig wahrscheinlich, und dennoch kaufen wir zum Schutz gegen den Schaden eine Versicherung. Ein Diebstahl in meinem Haushalt ist nur mäßig wahrscheinlich, und doch bin ich bereit, die Steuern zur Finanzierung der Polizisten zu zahlen.

Das bringt uns zurück zu dem Thema, das wir eingangs diskutiert haben: Ist die Politik überhaupt strukturell in der Lage, langfristige Gefährdungen als solche aufzugreifen und danach zu handeln? Ich behaupte, dass sie das eben nicht tut; das tut sie nur dann, wenn die Bevölkerung selber Druck macht, doch dazu muss sie über die nötigen Informationen verfügen.

Aber man muss auch die Kirche im Dorf lassen. Deutschland steht in Europa mustergültig da, und der Umgang mit der Corona-Krise ist ein Leistungsbeweis unseres Systems der medizinischen Versorgung. Das deutsche Gesundheitssystem hat in der Vergangenheit große Herausforderungen bewältigen müssen, die Hygienestandards der Welt sind sogar unter maßgeblicher Beteiligung deutscher Wissenschaftler, Robert Koch, Max von Pettenkofer und anderen, entwickelt worden. Das hat alles eine lange Tradition. Es sind in den Gesundheitsämtern leistungsfähige Strukturen gewachsen, und es ist ein funktionierendes Krankenhauswesen entstanden. Das Krankenhauswesen, die Behörden und vor allem die persönliche Disziplin der Menschen haben es letztlich geschafft, in Deutschland sehr viel niedrigere Fallzahlen zu erreichen als in den Nachbarländern.

Auch die Politik ist zu loben. Natürlich ging es ein bisschen hin und her, weil man nicht wusste, wie gefährlich das Virus ist. Erst dachte man an eine andere Form der Grippe, dann redete die Kanzlerin davon, dass eine totale Durchseuchung drohe, was mindestens 250 000 Tote bedeutet hätte. Das war, wie ich dargelegt habe, eine unangebrachte Kapitulationserklärung. Aber es war richtig, dass die Bundesländer, allen voran das von Markus Söder geleitete Bayern, letztlich rasch und entschlossen gehandelt haben. Es kam eine sinnvolle und adäquate Abwehrreaktion zustande. Die Epidemiologen haben ebenfalls letztlich eine gute Arbeit geleistet und realistische Einschätzungen der Gefahren geliefert, die mit sinnvollen Verhaltensmaßnahmen gepaart waren, auch wenn sie sich bei den Kriterien für den Lockdown verhaspelt haben.

In den großen romanischen Ländern der EU haben wir das Fünf- bis Sechsfache der Todesfallzahlen pro Kopf, in den Vereinigten Staaten reden wir über mehr als das Zweieinhalbfache. In den USA wähnte man sich zunächst in Sicherheit, weil die Epidemie in China begann und dann in Europa wütete. Zwischendurch schlossen die Amerikaner ihre Flughäfen, sodass aus China und Europa keiner einreisen konnte. Sie dachten, sie hätten es im Griff. In Wahrheit haben sie bloß nicht getestet. Plötzlich gab es aber dann massenhaft Todesfälle, an denen man nicht vorbeisehen konnte, und das Gesundheitssystem einzelner Städte, insbesondere jenes von New York, wurde überwältigt. Das alles blieb uns in Deutschland erspart. In Amerika ist die Bettenkapazität in den Krankenhäusern relativ zur Bevölkerung nicht so groß wie bei uns. Insbesondere die Intensivstationen sind nicht so umfangreich, und vor allem haben die Lungenfachärzte nicht die Bedeutung wie bei uns. Hinzu kommt, dass viele Leute keine Krankenversicherung haben, sodass sie sich, auch wenn sie krank sind, nicht ins Krankenhaus trauen. Das hat dazu geführt, dass es in den USA unerkannte Infektionswellen gab und auch sehr viele Tote bei der ärmeren Bevölkerung, insbesondere bei den Schwarzen.

Das Ergebnis sind brennende Städte, in denen die Demonstranten die Läden plündern und die Helden der amerikanischen Geschichte, die offenbar großenteils Rassisten waren, von ihren Sockeln stürzen. Das alles haben wir nicht, wir haben ein funktionierendes staatliches Gesundheitssystem, das seine Stärke gegenüber dem amerikanischen System in dieser Krise eindeutig bewiesen hat.

Der Erfolg ist weiß Gott kein Argument dafür, die Infrastruktur des Gesundheitssystems zu verstaatlichen, wie man es manchmal hört. Das Gesundheitssystem kann sehr wohl zum Teil privat sein; die meisten Krankenhäuser hierzulande sind privat. Aber wir haben dennoch schon seit Bismarck eine gesetzliche Krankenversicherung. Die USA haben es in ihrer langen Geschichte nicht geschafft, etwas Ähnliches auf die Beine zu stellen. Obama wurde bei dem Versuch, sie einzurichten, von den Republikanern ausgebremst.

Die Debatte darüber, ob man Teile des Gesundheitswesens oder andere Güter des öffentlichen Interesses wieder in staatliche Hände zurückführen sollte, halte ich dagegen für fehlorientiert. Die Leistungsfähigkeit, die wir in dieser Krise mit unserem Krankenhaussystem bewiesen haben, ist auch die Leistung der privaten Krankenhäuser. Sind die Testlabore, die inzwischen die Testkapazität hochgefahren haben, etwa staatlich? Nein, es sind gewinnorientierte private Unternehmen. Die Inhaber dieser Firmen haben die Testkapazität nicht hochgefahren, um der Gesellschaft zu helfen, sondern um reicher zu werden. Wir haben Dutzende von Firmen auf der Welt, Pharmafirmen, die Impfstoffe testen, da wird sehr, sehr viel Geld aktiviert. Jeder will das Geschäft machen, jeder will Marktführer werden. Das ist kein Problem, wie die Linken uns weismachen wollen, sondern nützlich. Der Wettbewerb erzeugt die Geschwindigkeit, die wir brauchen, um nun möglichst bald zum Erfolg zu kommen. Staatlich organisierte Systeme hätten die Krise nicht so gut bewältigen können wie das deutsche System. Schweden und Großbritannien, die beide zur Gruppe der Länder mit besonders hohen Todesfallzahlen rechnen, haben staatliche Gesundheitssysteme.

„Im Corona-Sturm wird ein riesiger Schattenhaushalt für die EU errichtet."

Wie bewerten Sie das Agieren der EU in der Corona–Krise?

Brüssel reagiert vor allem auf den Druck Frankreichs. Die Nerven liegen in Frankreich blank, weil die französischen Finanzinstitute im Mittelmeerraum sehr stark engagiert sind und Konkurse sofort zu ihnen durchschlagen würden. Der Mittelmeerraum ist das Hinterland Frankreichs. Und Frankreich ist die dominante politische Macht innerhalb der EU. Ein CNN-Bericht hat die EU einmal charakterisiert als „A french affair with German money", eine französische Angelegenheit mit deutschem Geld. Der französische Staatspräsident Macron hat am 16. April ein Videointerview für die *Financial Times* gegeben, in dem er andeutet, dass die EU und der Euro zerbrechen könnten, wenn Deutschland sich nicht bewegt und sein Portemonnaie aufmacht. Er hatte schon in seiner Sorbonne-Rede nach seiner Wahl zum Präsidenten Finanztransfers in Europa gefordert. Im Zuge der Corona-Krise hat er nun die deutsche Kanzlerin bewegen können, seinen Forderungen nach der Einrichtung eines „Wiederaufbaufonds" in Höhe von 500 Milliarden Euro zuzustimmen.

Ein ähnlicher Fonds ist eigentlich bereits mit dem Europäischen Stabilitätsmechanismus (ESM) von 2012 geschaffen worden, und man hätte sich auch, wenn mehr Geld benötigt wurde, damit begnügen können, ihn aufzustocken. Doch Deutschland hat damals auf die Verträge gepocht, insbesondere Artikel 125 des Vertrages über die Arbeitsweise der Europäischen Union, wonach die Länder der Eurozone nicht für die Schulden von Staaten einstehen, die drohen zahlungsunfähig zu werden. Es konnte erreichen, dass es beim ESM erstens keine gesamtschuldnerische Haftung gibt, zweitens die Forderungen des ESM gegenüber einem Schuldnerland vorrangig sind gegenüber privaten Forderungen und drittens in der Leitungsstruktur eine Sperrminorität von 15 Prozent der Stimmrechte eingeführt wurde, die von Deutschland überschritten wird. Das heißt, Deutschland hat über seine Sperrminorität sichergestellt, dass nicht mit einer einfachen Mehrheit im ESM beschlossen werden kann, wie viele Mittel zur Verfügung gestellt werden. Und diese drei Einschränkungen waren den anderen Ländern, vor allem Frankreich, stets ein Dorn im Auge, obwohl auch Frankreich selbst die Sperrminorität wahrnehmen kann.

Die Sperrminorität ist extrem wichtig, weil nämlich schon damals klar war, dass das Geld für den ESM aus den Druckerpressen des Eurosystems würde kommen müssen. Der ESM würde sich zwar formell durch den Verkauf von Anleihen an das Bankensystem verschulden, doch die Banken würden diese Anleihen im zweiten Schritt an die Zentralbanken des Eurosystems verkaufen, wie es dann ja auch geschah. Mit der Sperrminorität hatte Deutschland also die Möglichkeit, die Rettung anderer Länder mit der Druckerpresse, die damit einhergehenden Inflationsgefahren und auch eine eigene Inanspruchnahme durch die Mithaftung zu kontrollieren.

Die Sperrminorität war auch insofern wichtig, als die EZB bei ihrem OMT-Programm, dem „Whatever it takes" von Mario Draghi, das einer kostenlosen Kreditausfallversicherung gleichkam, versprochen hatte, erst dann aktiv zu werden, wenn ein Land Geld vom Rettungsschirm ESM bekäme und sich in einem Memorandum of Understanding den Reformauflagen der Troika, also der EU, der EZB und des IWF unterwerfen würde. Hinter den Kulissen ist damals sehr intensiv um dieses Programm gerungen worden. Die Bundesbank war dagegen und hat wohl auch nicht dafür gestimmt, was Jens Weidmann später um die EZB-Präsidentschaft gebracht hat, wie es in der

Finanzpresse verlautete. Mit der Bedingung, dass der ESM beteiligt sein würde, was Deutschland indirekt ein Vetorecht gegenüber konkreten OMT-Aktionen gab, hat man Deutschland dann beruhigt und davon abgehalten, offenen Protest gegen das OMT-Programm anzumelden, obwohl dieses Programm in vielen Punkten, wie später aus der Rechtsprechung des Bundesverfassungsgerichtes klar wurde, eine Mandatsüberschreitung vermuten ließ. Wie schon erwähnt, hatte das Bundesverfassungsgericht dazu einen sehr kritischen Vorlagenbeschluss für den EuGH gemacht und sich widerstrebend dessen zustimmendem Urteil unterworfen, ohne die Mandatsüberschreitung des EuGH festzustellen, wie es ja später, am 5. Mai 2020, beim Kaufprogramm PSPP geschah.

Manche Regierungen des Eurosystems mögen damals gehofft haben, dass es beim ESM doch eine gesamtschuldnerische Haftung gibt. Der Vertragstext ist nämlich so eigenartig formuliert worden, dass man etwas in diese Richtung herauslesen konnte. Aber dann landete diese Formulierung beim deutschen Bundesverfassungsgericht, und obwohl der deutsche Bundestag den ESM-Vertrag im Sommer 2015 schon ratifiziert hatte, bat das Verfassungsgericht den damaligen Bundespräsidenten Joachim Gauck, noch nicht zu unterschreiben, bevor es die Sache geprüft habe. Dann hat es geprüft und festgestellt, dass nach seiner Interpretation zwar keine gesamtschuldnerische Haftung vorliege, aber um jeden Verdacht auszuräumen, bat es die Bundesregierung, alle anderen europäischen Vertragsländer um eine kurzfristige Erklärung zu ersuchen, dass eine Interpretation des Vertrages im Sinne einer gesamtschuldnerischen Haftung falsch sei, was dann der Bundesrepublik zähneknirschend zugestanden wurde. Erst dann durfte Gauck unterschreiben.

Mit dem EMS ist somit eine Konstruktion entstanden, die uns Deutsche zwar Geld kostet und es ermöglicht, die Druckerpresse der EZB zu aktivieren, doch bleiben die Finanzierungsaktivitäten wegen der Sperrminorität noch halbwegs unter Kontrolle. Da ist kein Leistungsmechanismus entstanden, um einmal die Worte des Verfassungsgerichts zu benutzen, dem sich Deutschland unterordnen muss. Genau dieser Umstand hat freilich die anderen europäischen Länder sehr geärgert, insbesondere Griechenland, das bei den Rettungsaktionen des Jahres 2015 immer wieder und mit großem Nachdruck dagegen wetterte, dass die Troika ins Land kam, um die Bedingungen für weitere Hilfen festzulegen. Auch in Italien hat man sich mit Nachdruck gegen diese Konditionalität der ESM-Hilfen gewandt. Der italienische Außenminister Luigi di Maio, der zeitweise zugleich Vorsitzender der Regierungspartei Cinque Stelle war, hat sogar öffentlich mitgeteilt, Italien werde in der Corona-Krise kein Geld vom ESM akzeptieren.

Wegen dieser Beschränkungen des ESM ist auch Macron so extrem hart in die Verhandlungen mit Angela Merkel eingestiegen und hat ultimativ ein neues Finanzierungsinstrument zur Austeilung von Hilfen in der Corona-Krise verlangt. Dieses Instrument haben die beiden Staatschefs nun vereinbart in Form eines zunächst 500 Milliarden Euro umfassenden Budgets zugunsten bedrängter Länder. Das Besondere an diesem Instrument ist, dass die EU nun erstmalig in die Lage versetzt werden würde, sich zu verschulden. Das durfte sie ja bislang nicht. Sie konnte nur die überwiesenen Steuermittel von den einzelnen Staaten verausgaben.

Mit der Verschuldungskompetenz ist nun aber das Eis gebrochen, auch wenn das Programm nun als Einmalprojekt tituliert wird. Diese Schulden sind Staatsschulden der europäischen Länder, aber sie werden nirgends verbucht, und sie werden auch auf die nationalen Schuldenquoten nicht angerechnet. Sie stellen einen riesigen Schattenhaushalt der EU-Mitgliedstaaten dar.

Da der neue Fonds direkt von der EU-Kommission kontrolliert wird, sind die Schutzmechanismen, die Deutschland beim ESM hat aushandeln können, nicht mehr relevant. Nun entscheiden die Kommission und das Europaparlament über die Verwendung der Mittel. Nur die Höhe des Fonds selbst bedarf noch einer einstimmigen Entscheidung aller EU-Länder. Der Wiederaufbaufonds ist praktisch der ESM, so wie ihn sich die Mehrheit der europäischen Staaten eigentlich vorgestellt hatte.

Und mit ihm kann nun der Weg in die Transferunion beginnen, denn die Mittel, die ausgereicht werden, sollen nach dem Willen von Macron und Merkel reine Geschenke sein. Die EU-Kommission hat ihren Vorschlag, den Fonds auf 750 Milliarden Euro zu vergrößern, sogleich mit einem Verteilungsplan der Mittel verbunden. Doch eigenartig: Während die Kanzlerin am 18. Juni im Bundestag betonte, dass das Geld die am stärksten von der Pandemie betroffenen Länder der EU mit Investitionen in ihre Zukunftsfähigkeit unterstützen soll, weist der Verteilungsplan der EU-Kommission keinerlei sichtbare Beziehung zur Pandemie auf. Zwar erhalten Italien und Spanien das meiste Geld, aber dann folgt schon Polen, das von der Pandemie fast gar nicht betroffen war. Die drei Länder erhalten viel Geld, weil sie groß sind. Relativ zur Wirtschaftsleistung stehen demgegenüber Bulgarien, Kroatien und Griechenland an der Spitze. Ihnen sollen jeweils 16 Prozent, 15 Prozent und 14 Prozent ihres Bruttoinlandsprodukts geschenkt werden, obwohl keines dieser Länder in irgendeiner Hinsicht auffällig von der Pandemie betroffen war, ganz im Gegenteil. Im Hinblick auf die Todesfallzahlen relativ zur Bevölkerungsgröße liegen sie weltweit ziemlich weit hinten. So hatte Deutschland bis Mitte Juni knapp 11 Tote pro 100 000 Einwohner, Kroatien und Bulgarien weniger als drei und Griechenland weniger als zwei. Ähnlich ist es mit der

Mittelverteilung auf die anderen EU-Länder. Eine Beziehung zur Corona-Krise ist, wie das Brüsseler Forschungsinstitut Bruegel ausgerechnet hat, nicht erkennbar.

Offenbar ist es hier mal wieder so wie stets in der Politik. Man will Geld und lässt dann die Public-Relations-Profis schöne Geschichten zusammenbasteln, damit das Volk das Vorhaben abnickt und es bei den „1 : 30", die man in den Fernsehnachrichten dafür übrig hat, plausibel klingt. Weder der Wiederaufbaufonds der EU noch das Pandemic Emergency Purchase Programme der EZB haben sonderlich viel mit der Pandemie als solcher zu tun. Es handelt sich um allgemeine Seitenzahlungen und Rettungsgelder, die ganz anderen politischen Zielen dienen als jenen, die man der Öffentlichkeit verkauft.

Was mich aber am meisten stört an diesem Programm ist nicht einmal der Etikettenschwindel, sondern der Umstand, dass die deutsche Kanzlerin nun abermals eingeknickt ist und sich von Frankreich zu einer gemeinschaftlichen Verschuldung hat drängen lassen. Zwar steht nirgends etwas von Euro-Bonds und gemeinschaftlicher Haftung für diese Schulden, doch faktisch geht es natürlich genau darum. Wenn die EU-Kommission Schulden macht und sich eines Tages ein bestimmtes Land der Eurozone als unfähig erweist, sich an der Rückzahlung zu beteiligen, dann ist es schwerlich vorstellbar, dass die anderen strikt bei ihren Quoten bleiben und die EU formal in den Konkurs gehen lassen, weil sie die Schulden nicht vollständig bedienen kann. Das wird nicht passieren. Stattdessen werden die kräftigeren Länder notgedrungen das ausfallende Land ersetzen. So viel zu Angela Merkels berühmter Aussage, Euro-Bonds werde es zu ihren Lebzeiten nicht geben. Jetzt soll es sie sogar zur Zeit ihrer Kanzlerschaft geben.

Ebenfalls problematisch ist, dass die Umverteilung nicht nur zwischen den Ländern erfolgt, was die Holländische Krankheit und die mit ihr verbundenen Lähmungseffekte bei den

Empfängern hervorruft, sondern auch noch auf der Zeitachse passiert. Die Lasten der heutigen Schulden liegen nicht bei den heutigen Steuerzahlern der EU-Länder, sondern zumindest formal bei ihren Kindern, bei Menschen also, die überhaupt nicht an den Entscheidungen beteiligt werden und die später mit dem gemeinschaftlichen Schuldenberg vor vollendete Tatsachen gestellt werden.

Im deutschen Grundgesetz wurde seinerzeit unter Finanzminister Peer Steinbrück die Schuldenbremse eingeführt, um genau so etwas zu verhindern. Die heute lebenden Menschen sollten sich verpflichten, sich nicht zu Lasten zukünftiger Generationen zu bereichern. Das war eine Regelung, die angesichts der absehbaren demografischen Verwerfungen wegen der extrem niedrigen Zahl der Kinder der Deutschen notwendig schien, und da sie noch nicht unmittelbar wirksam wurde, gewann sie tatsächlich die nötige Zustimmung von zwei Dritteln der Stimmen des Parlaments. Ab 2016 durfte der Bund sich nicht mehr verschulden, und ab 2020 dürfen es die Länder nicht mehr. Nur bei Naturkatastrophen wie der Corona-Krise darf der Staat Schulden machen, muss aber danach den Tilgungsplan vorlegen.

Diese Grenzen betreffen aber nur die in eigener Rechnung aufgenommenen Schulden deutscher Staatsorgane, nicht die Schulden der europäischen Rettungsschirme und die Schulden der EU-Kommission, obwohl die natürlich letztlich genauso deutsche Staatsschulden sind wie die selbst aufgenommenen Schulden deutscher Stellen. Bei den Schulden der europäischen Instanzen handelt es sich insofern um Schattenhaushalte, mithilfe derer das nationale Schuldenverbot unterlaufen werden kann. Auch dieser Aspekt ist befremdlich.

Im Übrigen sei noch mal betont, dass die Schuldenmacherei auf EU-Ebene eine latente Inflationsgefahr bedeutet, weil die EZB einen erheblichen, wenn nicht den größten Teil der

Schuldpapiere mit neu geschaffenem Geld kaufen wird. Die Inflationsgefahr besteht nicht in der Liquiditätsfalle, die derzeit herrscht. Sie entsteht aber dann, wenn die Wirtschaft wieder anzieht und die EZB den Rückwärtsgang einlegen müsste, aber nicht kann. So gesehen wird die Finanzierungslast vermutlich auch bei den Geldvermögensbesitzern liegen. Wenn auf diese Weise die Schulden inflationär verkleinert werden, dann liegt die Last nicht nur bei unseren Kindern in ihrer Funktion als Steuerzahler, sondern bei den Geldbesitzern und den Geldvermögensbesitzern, also bei den Sparern, die Vermögen nicht in Geldform, sondern in Form nominalwertgesicherter und in Geldeinheiten bemessener Vermögenstitel halten, was dann freilich auch wieder unsere Kinder sein könnten. In beiden Fällen wird dieser Teil der Last überproportional in Deutschland liegen, zum einen wegen der Target-Salden, die zeigen, dass im Austausch für andere Vermögensobjekte überproportional viel Geld in Deutschland anlandete, und zum anderen wegen des riesigen Nettoauslandsvermögens Deutschlands, das durch die deutschen Exportüberschüsse entstand und das über die Target-Forderungen der Bundesbank hinaus noch viele andere Finanztitel enthält, die sich in privater Hand befinden. So ganz nebenbei würden durch eine Inflation auch die Probleme der überschuldeten Länder der Eurozone gelöst.

Bisweilen hört man das Argument, dass wir durch den geplanten Wiederaufbaufonds der deutschen Industrie den Export sichern könnten. Das stimmt zwar als Sachverhalt, doch stimmt die implizite Aussage, das sei deshalb für Deutschland nützlich, definitiv nicht. Wir können unsere Produkte nicht verkaufen, weil die Kunden kein Geld haben, und jetzt schenken wir ihnen Geld, damit sie die Produkte kaufen können, also verschenken wir die Produkte. Wir haben sowieso schon einen erheblichen Teil der Exporte in der Vergangenheit über die Target-Salden finanziert. Damals konnte man die Hoffnung haben, dass es irgendwie eine Gegenlieferung von Gütern geben wird, aber jetzt geht es ja um echte Geschenke, die hier vereinbart werden. Definitionsgemäß ist dabei die Gegenlieferung von vornherein ausgeschlossen.

Dass Export nicht notwendigerweise und automatisch gut ist für ein Land, verstehen viele Leute nicht. Exporte schaffen doch Arbeitsplätze und beleben die Wirtschaft, heißt es. Was soll daran falsch sein. Wieder und wieder bläuen uns das die eigenen Politiker und jene anderer Länder ein, bis man es so häufig hört, dass es zur empfundenen Wahrheit wird. Aber man beachte: Exportieren heißt, Güter im Schweiße seines Antlitzes zu produzieren und sie anderen zu geben. Wieso soll man davon etwas haben? Diese Güter hätte man doch auch selber konsumieren können oder andere, die man mit einem entsprechenden Einsatz von Arbeit gemäß den nationalen Präferenzen hätte produzieren können, seien es Häuser, Autobahnen oder schicke Einbauküchen oder Autos. Tatsächlich hat man nur was vom Export, wenn man dafür andere Güter eintauscht, die man selbst konsumieren kann, also importiert.

Der Import muss nicht zeitgleich passieren, er kann auch später stattfinden. Das würde ermöglicht, indem man zwischendurch Vermögensobjekte und Finanzanlagen im Ausland kauft, die man im Bedarfsfall wieder verkaufen kann, um dann echte Güter zu importieren. Aber irgendwann muss der gegenläufige Import kommen, sonst lohnen sich Exporte für eine Volkswirtschaft nicht.

Und das echte Importieren wird ja schon in ein, zwei Jahrzehnten dringend nötig werden. Ich habe es schon angesprochen. Es kommt dann nämlich eine Phase, in der Deutschland wegen der Alterung der Gesellschaft einfach nicht mehr so leistungsfähig sein wird, in der es netto gerechnet Güter importiert, um diese Bevölkerung zu ernähren. Ähnlich wie in den Jahren nach der Wiedervereinigung, als auf einmal die ostdeutschen Landsleute mitversorgt werden mussten, obwohl ihre Wirtschaft zusammengebrochen war, hat Deutschland dann Leistungsbilanzdefizite und muss sie finanzieren, indem es seine Auslandsvermögen wieder auflöst. Aber wenn wir kein Auslandsvermögen aufbauen für die Exporte, sondern die Exporte verschenken, geht das nicht. In diesem Fall müssen wir uns im Ausland verschulden oder unser Tafelsilber verkaufen.

Im Grunde werden auf der Ebene der EU nun wieder alte politische Forderungen aktiviert und mit Corona begründet, die damit wenig zu tun haben. Frankreich, und speziell Macron, liegen der Bundesregierung schon jahrelang in den Ohren mit dem Wunsch nach einer Fiskalkapazität, einem Eurobudget, Umverteilungsmaßnahmen etc. Alte Wünsche kommen wieder auf den Tisch, die bei der Bewältigung der Krise selbst nicht helfen, aber nun unter der Hand umgesetzt werden sollen.

Im Moment tut die geplante Megaverschuldung der EU niemandem direkt weh, sondern ist eigentlich nur schön, weil Geld verteilt werden kann. Die Lasten merkt man noch nicht. Das dicke Ende kommt aber nach, wenn die Schulden zu bedienen sind. Dann werden freilich all die forschen Whatever-it-takes-Politiker, die heute so großzügig fremdes Geld verschenken, nicht mehr an der Macht sein. Die Suppe auslöffeln dürfen dann ihre Nachfolger nebst unseren Kindern und Enkeln.

„Die Schuldensozialisierung ist Sprengstoff für die Union."

Wir stehen doch auch in Deutschland füreinander ein. Sollten wir das nicht ebenso in Europa tun?

Füreinander einstehen im Sinne eines selbstbestimmten, unilateralen Beistands für einen bedrängten Nachbarn? Allemal! Mein Plädoyer für eine großzügige Hilfe der Bundesrepublik an Italien und Spanien, die so stark unter der Epidemie gelitten haben, möchte ich nochmals bekräftigen. Wie können privat sehr viel tun, und unser Staat sollte in unserem Namen aus freien Stücken aktiv werden. Das ist eine Selbstverständlichkeit. Und es sollte auch nicht um Almosen gehen, sondern um substanzielle Beträge, wie man sie guten Freunden und Nachbarn gelegentlich einmal gewährt, um die Not zu lindern.

Es ist jedoch eine ganz andere Frage, ob man in einer Föderation gemeinschaftliche Schulden aufnimmt und gemeinschaftlich gegenüber den Gläubigern haftet. Das sieht zunächst solidarisch aus, es führt aber dazu, dass, wenn Einzelne sich außerstande sehen, die Schulden zu bedienen, die anderen sie automatisch und zwangsläufig mitbedienen müssen. Das ist für mich weniger ein Gerechtigkeitsproblem als ein Anreizproblem: Wenn man weiß, man kann sich mit gemeinschaftlicher Haftung verschulden, dann tut man das auch lieber und eher, als man es sonst täte, denn die Gläubiger begnügen sich wegen der höheren Sicherheit, die die Gemeinschaftshaftung für sie bedeutet, mit niedrigeren Zinsen, und bei niedrigeren Zinsen kann man mehr Schulden aus dem laufenden Staatsbudget bedienen. Denken Sie an einen Häuslebauer. Da ist das auch so. Er geht zur Bank und lässt sich vorrechnen, wie groß seine monatliche Belastung ist, wenn er einen Kredit aufnimmt. Je niedriger der Zins ist, desto mehr Schulden kann er bedienen.

Dieser Zusammenhang ist essenziell, weil er zeigt, dass die Gemeinschaftshaftung eine fundamentale automatische Schuldengrenze außer Kraft setzt. Normalerweise gilt doch: Ein Land, das sich stärker verschuldet, wird Schwierigkeiten bekommen, immer neue Gläubiger zu finden, die noch mehr Geld geben. Die Gläubiger werden bei einem wachsenden Schuldenstand immer nervöser, weil die Wahrscheinlichkeit sinkt, dass der Schuldner in der Lage ist, die Schulden ordnungsgemäß zu bedienen. Die Gläubiger müssen also einen umso höheren Zins vereinbaren, je höher die Schuldenquote ist, um allein schon die steigende Verlustwahrscheinlichkeit versicherungsmathematisch zu kompensieren. Ein mit dem Schuldenstand steigender Zins ist das Natürlichste von der Welt. Und dieser steigende Zins, den die Gläubiger dafür verlangen, dass sie immer mehr Geld zur Verfügung stellen, ist eine automatische Schuldenbremse, denn er bremst die Schuldner, weil es ihnen immer schwerer fällt, die Zinslasten aus ihrem Budget zu finanzieren. Wenn eine Gemeinschaftshaftung vereinbart wird, dann ist das alles anders. In einem solchen Fall müssen die Gläubiger vor dem Konkurs eines Landes keine Angst haben, weil sie wissen, dass nun andere Länder an ihrer Stelle zurückzahlen müssen. Ganz egal, wie sehr sich der Schuldner verschuldet, die Zinsen steigen nicht, und weil sie nicht steigen, findet der Schuldner auch kein Ende mehr. Die Schuldenorgie geht immer weiter, bis das gesamte System kollabiert.

Wir haben in Europa einen etwas schizophrenen Weg probiert. Im Maastrichter Vertrag wurden heilige Schwüre geschworen, dass es keine Gemeinschaftshaftung geben würde, weder direkt im fiskalischen Sinne noch indirekt dadurch, dass die EZB die Staatspapiere erwirbt. Das sind die Artikel 125 und 123 des Vertrages über die Arbeitsweise der Europäischen

Union, die vom Maastrichter Vertrag übernommen wurden. Andererseits wurde um den Euro viel Rummel gemacht, und er wurde als Zeichen der europäischen Solidarität gefeiert. Helmut Kohl erklärte zwar zuhause im Bundestag, Deutschland werde niemals für die Schulden anderer Länder einstehen müssen, doch zugleich ließ er sich von den jubelnden Franzosen und Südeuropäern für die Aufgabe der D-Mark feiern.

Kein Investor nahm die genannten Artikel ernst. Jeder ging davon aus, dass ein Land, das einen eigenen Zugang zur Euro-Druckerpresse haben würde, nicht mehr in Konkurs gehen kann, weil es ja die Währung drucken kann, in der es verschuldet ist. In der Tat druckten die Notenbanken der Krisenländer nach Maßgabe der ELA- und ANFA-Programme eigenmächtig Geld, als es eng wurde, und nutzten auch die Spielräume der Pfänderpolitik der EZB bei der Inanspruchnahme von Refinanzierungskrediten dafür weidlich aus. Die Investoren vermuteten außerdem, dass bei einem drohenden Konkurs eines Landes fiskalische Hilfsprogramme aufgespannt werden würden, denn man konnte sich ungeachtet der Verträge beim besten Willen nicht vorstellen, dass die Euroländer eines ihrer Mitgliedsländer in den Konkurs gehen lassen würden. Auch diese Erwartung erwies sich zumindest anfangs als korrekt. Erst wurden Griechenland, Irland, Zypern und Portugal gerettet, und dann begann die EZB im Zuge des ersten Kaufprogramms für Staatspapiere, des SMP, im Sommer des Jahres 2011 Italien zu retten. Die Gläubiger handelten also sehr rational, als sie sich in Sicherheit wähnten und deshalb auf die sonst bei Überschuldung fällige Zinserhöhung verzichteten.

Das alles war natürlich auch im Blick der deutschen Politik. Man befürchtete, dass die bereits überschuldeten Länder der Eurozone sich unter dem Schutz des Euro noch weiter verschulden würden. Deswegen verlangte die deutsche Regierung, bevor sie endgültig dem Zeitplan für die Einführung des Euro zustimmte, eine Schuldenbremse für die Euroländer. Diese Bremse wurde 1996 im sogenannten Stabilitäts- und Wachstumspakt festgeschrieben, den der damalige deutsche Finanzminister Theo Waigel ausgehandelt hatte. Der Kern dieses Paktes war die Drei-Prozent-Regel für das jährliche Budgetdefizit eines Eurostaates. Das Budgetdefizit darf nicht mehr als drei Prozent der jährlichen Wirtschaftsleistung betragen, und wenn es das doch tut, ohne dass eine scharfe Rezession vorliegt, hagelt es Strafen, die vom EcoFin-Rat, der Versammlung der Finanzminister, zu verhängen sind – so die Theorie. In Wahrheit hielt sich nicht einmal Deutschland selbst an den Pakt, nachdem die Regierung gewechselt hatte, und was Deutschland sich herausnahm, das wollten die Schuldenländer auch. Jahr um Jahr wurde das Kriterium von immer mehr Ländern verletzt.

Angesichts dieser Entwicklung verlangte die deutsche Kanzlerin im Frühjahr des Jahres 2015 vor der Zustimmung zu dem dauerhaften Rettungsschirm ESM, der im Sommer zur Verabschiedung anstand, einen neuen, gehärteten Fiskalpakt. Darin verpflichteten sich alle Eurostaaten, die eine Schuldenquote von mehr als 60 Prozent hatten, ihre Schuldenquote jedes Jahr um ein Zwanzigstel des Abstandes zu 60 Prozent zu reduzieren. Aber auch dieser Pakt wurde nicht respektiert. Kaum eines der überschuldeten Länder reduzierte seine Schuldenquote gegenüber dem Jahr 2015, im Gegenteil. Meistens stiegen die Quoten, anstatt zu fallen.

Offenkundig war der Anreiz, der durch die Gemeinschaftshaftung zustande kam und sich in niedrigen Zinsen zeigte, die kaum auf den Schuldenstand reagierten, viel stärker als die Angst vor den Strafen der EU, die ohnehin nichts von den deutschen Wünschen hielt und nur gelegentlich und widerwillig Strafverfahren eröffnete, die sie aber niemals mit einer Strafe abschloss.

Der Verzicht auf die natürliche Schuldenbremse durch den steigenden Zins und der Versuch, sie durch rechtliche Schuldenbremsen zu ersetzen, hat bekanntlich überhaupt nicht funktioniert. Das Defizit-Kriterium nach dem alten Schuldenpakt von Theo Waigel ist mittlerweile 168 Mal verletzt worden. In 118 Fällen hätten nach den ursprünglichen Regeln Strafen verhängt werden müssen, doch in Wahrheit wurde nicht eine einzige Strafe verhängt. Die Schuldenpakte stehen offenkundig nur auf dem Papier, während die Gemeinschaftshaftung aus politischen Gesetzmäßigkeiten und Mechanismen folgt, die jenseits des Rechtlichen liegen und offenbar eine wesentlich stärkere Durchsetzungskraft als bloße EU-Verträge haben. Die Verschuldung ging in der Eurozone deshalb exzessiv immer weiter und erklimmt jetzt gerade, in der Corona-Krise, wieder neue Gipfel.

Die Vereinigten Staaten von Amerika haben, wie schon eingangs dieses Buches erwähnt, in den ersten Jahrzehnten ihres Bestehens genau denselben Fehler gemacht wie jetzt die Europäer. Auch sie haben nämlich eine Gemeinschaftshaftung eingeführt. Alexander Hamilton, der erste US-Finanzminister, hat 1790, nach der Gründung der Vereinigten Staaten und nach dem Krieg gegen die Briten, die Schulden der Einzelstaaten zu Bundesschulden erklärt. Die Begründung war, dass die Schulden entstanden seien, weil alle Staaten das Geld für den gemeinsamen Kampf gegen die Briten ausgegeben hätten. Die Vergemeinschaftung der Schulden sei Zement für den neuen amerikanischen Staat. Eine ähnliche Vergemeinschaftungsaktion gab es dann nach Hamilton in den Jahren 1814–1816 während des zweiten Krieges gegen die Briten. So entstand bei den amerikanischen Bundesstaaten der Eindruck, Schulden machen sei kein Problem. Man kann Straßen, Brücken, Kanäle bauen, Jobs schaffen, und um die Schuldenlasten muss man sich keine Sorgen machen, weil die irgendwann ohnehin in Washington landen. In der Tat war die Verausgabung der Schulden zunächst eine Wohltat für die Wirtschaft. Es entstanden Stellen für die Bauarbeiter, und die Wirtschaft blühte ob des vielen Geldes, das sie in den Taschen trugen, auf. Der Boom war aber nicht nachhaltig. Zum einen waren die Bauarbeiter ja irgendwann fertig und hatten dann nichts mehr zu tun. Zum anderen erwiesen sich die Investitionen in die Infrastruktur längst nicht als so ertragreich, wie man gehofft hatte. Die vielen teuren Kanäle wurden nach ihrer Fertigstellung kaum gebraucht, weil sich inzwischen der Siegeszug der Eisenbahnen ankündigte. Die Blase platzt 1837, und in den nachfolgenden fünf Jahren, also bis 1842, sind neun von damals 29 Staaten und Territorien formell in Konkurs gegangen, und die anderen waren so angeschlagen, dass sie auch nicht bereit waren, einer erneuten Vergemeinschaftung der Schulden über Washington zuzustimmen. Nichts als Streit und Hass war entstanden am Ende durch die Hamilton'sche Schuldensozialisierung.

In der Tat kam Amerika in den Jahren nach 1842 nicht zur Ruhe. Dann war zwar die akute Wirtschaftskrise halbwegs überwunden, aber die ungelöste Schuldenfrage schwebte immer noch im Raum, weil die Gläubiger Ansprüche gegen die Bundesstaaten hatten und die Bundesstaaten untereinander wegen der Sklaven und wegen der Zollpolitik gegenüber den Europäern in Streit gerieten. Die ungelöste Schuldenfrage trug mit zu den wachsenden Spannungen bei, die sich dann 19 Jahre später, 1861, im Sezessionskrieg entluden. Das sind die Erfahrungen, die die Amerikaner gemacht haben.

Erst das Schuldendrama hat die Amerikaner dann zu einem Regime geführt, das bis zum heutigen Tage gilt: Die Einzelstaaten dürfen sich nicht oder kaum verschulden. Wenn sie es tun, dann müssen sie selbst die Konsequenzen tragen. Es gibt keine gemeinschaftliche Aufnahme von Schulden, wo andere Bundesstaaten mit in die Rettung eintreten. Und vor allem nimmt die amerikanische Zentralbank, die ja erst 1913 gegründet wurde, auch nicht die Staatspapiere der Bundesstaaten in ihre Bücher. Sie kauft sie nicht und macht sie damit auch nicht implizit durch ihre Kaufaktionen zu Gemeinschaftsschulden.

Vor zehn Jahren war Kalifornien am Rande der Pleite und musste sogar eigenes Kunstgeld ausgeben, die sogenannten IOUs. Das sind Schuldscheine des Staates, die Geldcharakter hatten, mit denen man seine Stromrechnungen und Steuern zahlen konnte. Keiner half, der Bundesstaat nicht und auch die US-amerikanische Zentralbank nicht, etwa indem sie kalifornische Staatspapiere gekauft hätte. Kalifornien musste selbst sehen, wie es zurechtkam, und hat dann durch Steuererhöhungen und vor allem Ausgabenkürzungen versucht, sein Budget wieder in Ordnung zu bringen.

Das ist die Alternative. Nur so funktioniert eine Föderation. Die Vereinigten Staaten haben mit diesem neuen System 150 Jahre gut funktioniert, die Europäer versuchen gerade das Rad der Geschichte neu zu erfinden und machen dabei die gleichen Fehler wie die Amerikaner in ihren Anfangsjahren. Der vielbeschworene Hamilton-Moment wiederholt sich – leider.

Die Erfahrung der USA kann ein jeder von uns in seinem persönlichen Leben spiegeln. Wenn man einen Freund hat, der in finanziellen Schwierigkeiten steckt, dann kann man ihm, weil er ein Freund ist, Geld schenken. Aber man sollte dem Freund keinen Kredit geben, denn dann ist er ein Freund gewesen. Wer würde denn dem Freund oder dem Nachbarn, wenn er in Schwierigkeiten ist, um des lieben Friedens willen einen Kredit geben oder für seine Schulden gegenüber der Bank haften, die selbst kein Geld mehr herausrückt? Wer macht das? Das macht man im Privaten nicht. Warum sollen es Staaten untereinander tun? Das führt nur zu Streit.

Deswegen bin ich ja der Meinung, dass Deutschland frühzeitig unilateral als Zeichen seiner Großzügigkeit und seiner nachbarschaftlichen Hilfe eine sehr große Geldsumme für Italien hätte spenden sollen. Das wäre ein großartiges Zeichen der

Solidarität gewesen und das hätte ein ganz anderes politisches Klima erzeugt. Das hat man nicht getan, sondern man hat sich wieder mal durch die Gremien der EU drängen lassen und steht nun als störrischer Egoist da, der sich eigentlich nicht beteiligen möchte. Aus einer freiwilligen Hilfsentscheidung, einem Zeichen der Solidarität, wird nun durch die formelle Einschaltung der EU ein Leistungsmechanismus mit Solidarhaftung.

Dass jetzt der Weg gewählt wurde, vor allem Italien und Spanien mit Gemeinschaftsmitteln im Zuge eines ersten Programms von 540 Milliarden Euro zu versorgen, ist aber richtig. Wir können diese Länder nicht hängen lassen, das ist klar. Aber es ist leider wirtschaftlich nicht so einfach, ein Land mit Geld zu retten. Es ist viel besser, Wirtschaftsstrukturen zu schaffen, die Produktivkräfte des Landes selber entwickeln, und genau das wird mit Geld verhindert, weil das Geld Lohnansprüche begründet, die die internationalen Investoren einen weiten Bogen machen lassen.

Ich befürchte, dass wir im Eurosystem keinen Ansatzpunkt finden werden, um Schuldendisziplin zu erreichen. Wir laufen in eine Transferunion hinein, sodass wir also immer mehr Haftung und Geld zur Verfügung stellen müssen, was bedeutet, dass die Zinsunterschiede, die nötig zur Abbremsung der überzogenen Schuldner sind, gar nicht mehr existieren. Wir haben keine Bremsen mehr, und wenn der Abhang kommt, besteht die Gefahr, dass wir die Kontrolle verlieren, ähnlich wie das in den USA der Fall war, als nach der Schuldensozialisierung die großen Pleiten kamen. Ein Staatskonkurs von Italien steht vor der Tür. Der hätte schon längst stattgefunden, wenn es nicht immer wieder neue Rettungsaktionen gegeben hätte. Griechenland hat im Kleinen vorgemacht, was jetzt im Großen mit Italien droht. Gibt es wirklich genug Geld in der Portokasse, um ein Land, das fünf- bis sechsmal so groß ist wie Griechenland, auf die gleiche Weise zu finanzieren? Ich hoffe, dass es klappt, ich bin der Meinung, Italien soll jede Chance kriegen, und ich bin auch nicht für Knausrigkeit. Allein, ich habe meine Zweifel, dass dieser Weg funktionieren kann. Er hat schon ein Jahrzehnt lang nicht funktioniert, als Italien mit einer Rettungsaktion der EZB nach der anderen unterstützt wurde. Mir fehlt der Glaube, dass er nun funktionieren wird. Wohin soll das nur alles führen?

Die Engländer haben sich aus dieser EU verabschiedet, weil sie diesen ganzen Kladderadatsch schon immer befürchteten. Eine Politik, die nicht bereit ist, wegen langfristiger Vorteile kurzfristige Risiken einzugehen, wie sie mit einer Finanzkrise verbunden sind, wird immer den Transferweg gehen. Das ist das, was wir jetzt auch in Europa sehen.

Im Grunde zeigt sich an dieser Entwicklung, wie verheerend es war, überhaupt in den Euro zu gehen. Das war der große historische Fehler in der europäischen Entwicklung. Während die EWG, die Wirtschaftsunion, und die Europäische Union als Handelsfreiraum äußerst erfolgreiche Einrichtungen waren, die allen geholfen haben und Europa zu Prosperität und Wohlstand geführt haben, auch zu einem friedlichen Zusammenleben der Völker, kann dem Euro dieses Lob leider nicht ausgesprochen werden. Er steht nun schon über ein Jahrzehnt unter Spannung und erzeugt lauter neue Spannungen in Europa.

Ich bin ein großer Freund der europäischen Idee. Wir müssen Europa stabilisieren und weiter voranbringen. Nur vereint kommen wir weiter. Ich leide an der Fehlkonstruktion des Euro so sehr, weil er diese europäische Idee unterminiert, weil er zu Schuldverhältnissen und Ansprüchen zwischen den Ländern führt und damit zu Streit und Hader. Und weil er ganz Südeuropa mit der Holländischen Krankheit infiziert und damit auf ewig von weiteren Transfers abhängig macht. Aber wie könnten wir einen Ausstieg bewerkstelligen? Das ist wie bei einem Drogensüchtigen. Sie können natürlich beschließen, dass man jetzt keine Droge mehr nehmen darf, aber dann kommt wieder eine neue Krise, und schon nimmt man sie wieder. Die einzig erfolgreiche Therapie besteht darin, die Droge ausschleichend zu reduzieren. Bezogen auf Europa hieße das: Wir machen jetzt keinen harten Cut, womit wir eine neue Krise produzieren, aber wir lassen uns auch nicht immer weiter hinabgleiten in eine Schuldenunion, sondern wir kommen allmählich zurück zu einem vernünftigen System mit fiskalischer Selbstverantwortung der beteiligten Länder.

Es kann keine gemeinsame Arbeitslosenversicherung geben, das Kurzarbeitergeld muss nach der Corona-Krise wieder abgeschafft werden, und es wäre auch fatal, eine Bankenunion mit einer gemeinsamen Einlagenversicherung zu gründen. Arbeitslosengeld und Kurzarbeitergeld führen zum Missbrauch durch Scheinarbeitslosigkeit und Schwarzarbeit. Wer die Verhältnisse in Italien und Spanien kennt, kann nur mit dem Kopf schütteln bei der Vorstellung, dass es nur rechtmäßige Wege zur Beanspruchung dieser Gelder geben wird.

Und was eine gemeinsame Einlagensicherung anrichten kann, zeigt abermals ein Blick auf die US-Geschichte, konkret auf die sogenannte Savings-and-Loan-Krise der 1980er Jahre. Damals waren über 1000 Sparkassen in Konkurs gegangen, weil sie sich bei windigen Finanzgeschäften verspekuliert hatten. Diese Spekulation war möglich geworden, weil sich auch marode Banken mit obskuren Geschäftsmodellen unter dem Schutz der Einlagensicherung jederzeit nach Belieben Kundengelder besorgen konnten, mit denen sie dann herumzockten. Die Kunden brauchten wegen dieser Sicherung keine Sorgen zu haben und schauten deshalb nicht darauf, was die Banken mit ihrem Geld anstellten. Wenn die Spekulationen schiefgingen, würden sie ihre Einlagen ja von der gemeinsamen Einlagensicherung der USA, der Federal Deposit Insurance Corporation (FDIC), zurückerhalten. In einem Kongressbericht aus dem Jahre 1993 wurde diese Erklärung offiziell als Erklärung für das

Desaster angeführt. Wenn die Eurozone eine gemeinsame Einlagensicherung bekommt, ist jetzt schon klar, dass das ähnlich enden könnte. Selbst windige Banken wie einst die Laiki-Bank in Zypern, die in der Finanzkrise pleiteging, wären dann in der Lage, in ganz Europa für kleine Zinsangebote Kundengelder einzuwerben, und könnten dann mit ihnen in der ganzen Welt herumzocken. Die Gewinne des normalen Geschäftsbetriebes würden an die Eigentümer dieser Banken ausgezahlt, und die Verluste beim großen Knall überließe man der gemeinsamen Einlagenversicherung. In den USA sind für den Staat durch die Gewährleistung seinerzeit Kosten von 120 Milliarden Dollar angefallen. Es gibt nicht den geringsten Grund zu der Annahme, dass ein solches System in Europa nicht ebenfalls zu solchen Fehlentwicklungen Anlass gäbe.

In Deutschland gibt es derzeit mehrere Einlagensicherungssysteme für die verschiedenen Bankengruppen. In manchen Ländern der Eurozone gibt es keine solchen Systeme. Bevor man jetzt dort auf die Ebene der EU springt, würde es ja vorläufig reichen, überhaupt erst einmal nationale Systeme einzurichten, anstatt Südeuropa in einen Haftungsverbund mit den noch soliden Staaten Nordeuropas einzubinden.

All die Ideen der Haftungsverbünde, die derzeit an verschiedensten Stellen des Eurosystems hochkommen, haben zwar eine nachvollziehbare Erklärung in den aktuellen Notlagen, doch sie sind nicht zielführend für die weitere Entwicklung Europas, weil sie zum Missbrauch einladen, ja ihn fast schon zwingend durch ökonomische Gesetzmäßigkeiten erzeugen. So kann man kein stabiles Europa erzeugen. Funktionieren werden die EU und die Eurozone nur, wenn es harte Budgetbeschränkungen gibt, die ausschließen, dass ein jeder davon ausgeht, dass er die negativen Konsequenzen seiner wirtschaftlichen Entscheidungen bei anderen abladen kann. Das ist nicht nur ein Gerechtigkeitsproblem, sondern zuallererst ein Problem der Fehlanreize, die man unbedingt vermeiden muss.

Den Weg in die Schulden- und Haftungsunion dürfen wir unter gar keinen Umständen mitmachen, weil er die Anreizstrukturen eines funktionierenden Gemeinwesens an vielen Stellen zerstört und schlimme Konflikte provoziert. Vor allem aber ermöglicht er es manchen Ländern, sich günstiger zu finanzieren, als es diese Länder aus eigener Kraft könnten, und blockiert die automatische Schuldenbremse, die darin besteht, dass Länder, die mehr Schulden aufnehmen, auch mehr Zinsen zahlen müssen, weil die Rückzahlung unsicherer wird. Gefährliche Schuldenexzesse sind in einem solchen System vorprogrammiert. Außerdem kommt es durch den künstlich angeregten Kreditfluss in die Staatsapparate und von dort in die Binnensektoren sowie auch durch die später zur Abwendung von Konkursen nötigen Transfers zu einer übermäßigen Aufblähung der Löhne, die die Industrieansiedlungen dauerhaft behindert. Solch ein Europa kann keiner wollen. Es hätte keine Chance, im Wettbewerb mit China, den USA und anderen neuen Wachstumspolen der Welt zu bestehen. Deshalb geht nur der Weg über harte Budgetbeschränkungen und den Verzicht auf Haftungsverbünde. *Per aspera ad astra*, durch die Mühsal zu den Sternen. Nie ist es anders gewesen, und nie wird es anders sein können in dieser realen Welt.

Der Verzicht auf die Gemeinschaftshaftung ist schon deswegen nötig, weil die europäische Integration sonst unweigerlich an verfassungsrechtliche Grenzen stößt. Das Budgetrecht des Bundestages ist unveräußerlich, weil es zu den Rechten mit Ewigkeitsgarantie gehört. Selbst mit zwei Dritteln Mehrheit könnte der Bundestag es nicht durch automatische Leistungsversprechen zugunsten europäischer Einrichtungen einschränken. Das hat das Bundesverfassungsgericht wieder und wieder betont. Nur durch die Neugründung der Bundesrepublik oder ein Referendum ließe sich eine solche Einschränkung realisieren. Insofern stoßen die Hirngespinste, die manche Brüsseler Politiker entwickeln, ohnehin frühzeitig an rechtliche Schranken.

Was heißt das für den Euro? Ich würde so weit gehen, dass ich sage, ein Land, dem es dann zu unbequem wird, dem sollten wir tatsächlich den Austritt aus der Eurozone erlauben, um mit einer abgewerteten eigenen Währung wieder zu Kräften zu kommen. Später, nach einer Gesundung, kann es dann ja zu einem neuen Wechselkurs wieder dem Euro beitreten und einen zweiten Versuch unternehmen. Das ist das, was ich als „atmende Währungsunion" bezeichnet habe und was Bundesfinanzminister Schäuble im Jahr 2015 mit Griechenland vorhatte. Bei Griechenland ist der Fall klar. Um welche Länder es sich dabei sonst noch handeln könnte, weiß ich nicht. Das muss jedes Land selbst bestimmen. Aber ich würde doch eine Strategie der Verringerung der Drogengabe befürworten und dann die betroffenen Ländern vor die Wahl stellen.

Realistischer und aus deutscher Sicherheit zuträglicher wäre es auch einzugestehen, dass wir über den Umweg der gemeinsamen Währung – und draufgesattelt auch noch einer Fiskalunion – das angestrebte Ziel der politischen Union nicht erreichen werden. Eine politische Union ist durch eine gemeinsame Regierung definiert, die demokratisch kontrolliert wird und über ein Gewaltmonopol nach innen und nach außen verfügt, vor allem natürlich über eine gemeinsame Armee. Wir müssten dazu alle Armeen zusammenlegen mit allem Drum und Dran, was Frankreich kaum wollen würde. Und da liegt für mich das Hauptproblem bei dem europäischen Integrationsprozess. Wir legen immer mehr Geld auf den Tisch um des lieben Friedens willen und kriegen doch die politische Integration nicht zustande, sondern nur eine Fiskalunion, die einen permanenten Finanztransfer in die Mittelmeerländer impliziert. Dann hat Frankreich zwar sein Ziel erreicht und sein eigenes wirtschaftliches Hinterland stabilisiert. Aber weiter würde es nach meiner Einschätzung nur dann gehen, wenn wir hart verhandeln und die politische Union zur Voraussetzung für die Fiskalunion machten. Der französische Präsident Mitterrand hatte einst die D-Mark als gleichwertig zur Force de frappe (die französische Atomstreitmacht) angesehen und einen Deal angedeutet. Er bekam die D-Mark, ohne die Force de frappe hergeben zu müssen. Deutschland hat heute nicht mehr allzu viel anzubieten, um Frankreich zur politischen Union zu bewegen, doch die Fiskalunion wäre ein solches Angebot. Wenn wir auch sie gewähren, ohne die Gegenleistung zu verlangen, dann wird die europäische Integration anschließend stoppen, und wir haben nur unser Geld verloren, ohne die gewünschte Sicherheit zu erzielen. Deswegen ist es nun an der Zeit, unseren Freunden in Paris die ernsthafte Frage zu stellen, ob sie bereit wären, im Tausch für eine Fiskalunion eine politische Union zu gründen. Eine politische Union als Voraussetzung für die Fiskalunion zu fordern ist nicht nur gegenüber Frankreich verhandlungstaktisch geboten. Vielmehr kann man eine Fiskalunion gar nicht errichten, wenn nicht der Zentralstaat für den Notfall das unbedingte Durchgriffsrecht gegenüber den Gliedstaaten mitsamt der Kontrolle über ihre Budgets erhält.

„Wir müssen bessere Vorsorge betreiben, damit die Politik in ihren Entscheidungen frei bleibt."

Sind wir auf kommende Krisen gut genug vorbereitet?

Eine große Lehre ist für mich, dass man Risiken überhaupt besser im Auge behalten muss. Wir benötigen ein viel besseres

Risikomanagement. Es werden immer wieder neue Krisen kommen. Dass die Geschichte zu Ende ist, wie Francis Fukuyama einmal gesagt hat, davon kann man nicht ausgehen. Es wird immer wieder ökonomische Krisen geben, und keine wird so sein wie die vorige. Auch wird es immer wieder unerwartete politische Konflikte und Naturkatastrophen geben, die ökonomische Krisen im Gefolge haben. Auf diese Gefahren muss man sich rechtzeitig vorbereiten, damit man schnell handeln kann, wenn sie eintreten, anstatt erst wochenlang überlegen zu müssen. Konkret: Die SARS-Epidemie war ein Warnschuss. Auch das für SARS verantwortliche Virus gehört zur Familie der Corona-Viren. Man wusste, dass eine weitere Corona-Epidemie droht; darüber ist sogar dem deutschen Bundestag in Form eines sehr detaillierten wissenschaftlichen Dossiers berichtet worden. Man hätte im Hinblick auf diese klare Definition der Risikolage Vorsorge treffen müssen. Wir hätten Vorräte von Masken, Beatmungsgeräten, Leerkapazitäten und Intensivbetten benötigt. Stattdessen hat Deutschland seine Vorräte an Masken entsorgt, weil Verfallsdaten abgelaufen waren. Von den ECMOs, den Lungenmaschinen, die das Blut außerhalb des Körpers über durchlässige Membranen mit Sauerstoff anreichern können, hatte Deutschland bei Weitem nicht genug für eine große Epidemie. Nur die Versorgung mit Druckbeatmungsgeräten war ausreichend, die aber vielfach mehr Schaden als Nutzen brachten. Zum Glück wurde der Engpass nicht zum Verhängnis, weil wir die Epidemie mit einem Lockdown bekämpft und so die Krankenhäuser entlastet haben.

Der Lockdown kann aber in dieser Form nicht wiederholt werden, weil wir dann die Wirtschaft zugrunde richten. Die Atempause, die uns das Virus im Sommer lässt, müssen wir nutzen, um die Vorräte aufzufüllen und die Defizite zu beseitigen. Und für den Winter müssen wir dann auf intelligentere, punktgenau gezielte Maßnahmen setzen. Die Informations-App, die

die Regierung angeboten hat, sollte zu einer Warn-App umgebaut werden, die dritten Personen mitteilt, wo sich jene Personen ungefähr aufhalten, die von der jetzigen App über ihre Kontakte mit Infizierten informiert werden. Dann kann man um diese Orte einen Bogen machen.

Aber wir müssen auch Vorkehrung für neue Risiken treffen. Es gibt Risiken, die zwar nicht eminent sind und bei denen eine Regierung nicht davon ausgehen kann, dass sie sich in ihrer Amtszeit konkretisieren, die aber doch nicht so unwahrscheinlich sind, wie viele denken. Wir müssen solche Risiken, die im Einzelnen nur eine mäßige Wahrscheinlichkeit haben, doch in der Summe sehr wahrscheinlich sind, besser im Auge haben, wenn sie das Potenzial zu massiven Schäden besitzen. Denn wenn wir diese Vorsorge nicht treffen, geraten wir, wie jetzt in der Corona-Krise, in Situationen, in denen die Politik in ihren Entscheidungen nicht mehr frei ist, sondern zum Beispiel der extrem teure Lockdown der einzige Ausweg wird.

Das betrifft weitere Epidemien, möglicherweise auch solche, die aus militärischen oder terroristischen Gründen künstlich herbeigeführt werden. Es kann Chemieunfälle, Stürme, Brände, Unfälle in französischen oder tschechischen Kernkraftwerken und vor allem Störungen im Stromnetz sowie Cyberattacken auf unsere Computer und vieles mehr betreffen. Die Reaktion kann nicht sein, dass wir die Dinge fatalistisch auf uns zukommen lassen oder den Kopf in den Sand stecken und der Technik abschwören. Vielmehr müssen wir dem mit den technologischen Möglichkeiten, die es heute gibt, planvoll entgegentreten. Der Katastrophenschutz wird in Deutschland zum Glück ernst genommen. Dennoch bedarf es einer Kommission von echten Fachleuten, die dem Bundestag wissenschaftlich begründete Vorschläge für eine Verbesserung macht.

Risiken gibt es aber nicht nur im technischen und medizinischen Bereich, sondern auch im ökonomischen. In Europa sind Bankenkrisen und Staatskonkurse, die zu erheblichen politischen Risiken führen, nach meiner Einschätzung nicht nur „mäßig wahrscheinlich", wie es die Corona-Epidemie war, sondern „recht wahrscheinlich". Hilft dagegen viel Geld? Das wage ich zu bezweifeln, das Geld hilft natürlich, wenn die Krise da ist, aber es erzeugt schon wieder den Keim für neue Krisen, weil alle Beteiligten die Eigenvorsorge vernachlässigen und darauf bauen, dass die Staatengemeinschaft auch das nächste Mal wieder helfen wird, weil die dann amtierenden Politiker das Problem vom Tisch haben wollen. Dass sie die Finanzierungslasten ihren Nachfolgern und unseren Kindern anlasten, stört sie zunächst einmal wenig, es sei denn, eine aufgeklärte Bürgerschaft weist darauf hin und droht mit dem Entzug des Stimmzettels.

Auch die Target-Salden sind ein Beispiel für diese Nachlässigkeit. Sie messen riesige endogene Verschuldungswellen, die im Eurosystem stattfinden, indem kollektiv oder auch national von der Möglichkeit der Geldschöpfung viel mehr Gebrauch gemacht wird, als es für die Transaktionen der Wirtschaft erforderlich ist. Mit dem Geldüberschuss kann man Güter und Vermögensobjekte in anderen Ländern kaufen, ohne dass es zuhause kneift. Das ist eine Kreditaufnahme im Eurosystem, und sie wird auch so verbucht, weil ja die Vorstellung und Hoffnung bestehen, dass auch einmal ein Strom von Gütern und Vermögensobjekten in die andere Richtung fließt. Es handelt sich um einen Überziehungskredit, der im Eurosystem unbegrenzt gewährt wird für Länder, die knapp bei Kasse sind. Dieser Überziehungskredit war eigentlich nur als ganz kurzfristige Möglichkeit des Spitzenausgleichs von einem zum andern Tag gemeint, aber nicht im Sinne eines Kontos, das über die Jahre hinweg immer weiter anwächst. Jetzt haben wir hier eine Billion Euro Forderungen der Bundesbank gegen das Eurosystem. Und Spanien und Italien allein haben Schulden von eine Billion Euro. Das ist eine völlig unhaltbare Situation. Weil die daraus erwachsenden Risiken inzwischen so groß sind, ist die deutsche Politik nun gar nicht mehr frei in ihren Entscheidungen.

Es darf keine solchen unbegrenzten Kreditlinien geben. Sie erhalten auch von Ihrer Bank keinen unbegrenzten Überziehungskredit. Wenn Sie einen Kredit erhalten, dann wird bestimmt, wie hoch der Zins ist und wo die Grenze ist. Und wenn Sie noch mehr haben wollen, dann müssen Sie wieder vorstellig werden und Ihr Kreditlimit zu höheren Zinsen vergrößern. Solche Mechanismen gibt es in der Eurozone nicht. Hier gibt es unbegrenzten Kredit zu einem Zins, der durch den EZB-Rat inzwischen sogar in den negativen Bereich gedrückt wurde. Die Bundesbank muss heute für ihre Target-Forderungen auf dem Wege des Zinspooling Zinsen zahlen, anstatt sie zu kassieren. Man kann nicht die Schuldnerländer, die im EZB-Rat die Mehrheit haben, selbst ihre Zinsen festlegen lassen. Wo gibt's denn so was? Einen Schuldkontrakt, wo der Kreditnehmer letztlich die Zinsen gegenüber dem Gläubiger durchsetzen kann, die er gern hätte, und am liebsten negative Zinsen, sodass nicht er dem Gläubiger laufend jedes Jahr Einkommen abtritt, sondern der Gläubiger ihm!

Wir müssen Grenzen einziehen, etwa, dass Target-Schulden eines Landes nur im Umfang eines bestimmten Prozentsatzes der eigenen Wirtschaftsleistung bestehen dürfen. Man muss in einem neuen EU-Vertrag, der sowieso ausgehandelt werden soll, festlegen, dass diese Salden getilgt werden müssen. Das heißt, Überziehungskredite können nicht ewig stehen bleiben. Und das kann geschehen durch Hergabe von marktfähigen Vermögenstiteln. Das Einfachste wäre eine Goldtilgung anzusetzen, wie sie lange Jahre zwischen den Distrikt-Notenbanken der USA üblich war. Dann würde der Anreiz erlöschen, sich dieses Überziehungskredites einfach so zu bedienen, weil er sehr günstig ist und weil man die Zinsen letztlich selbst bestimmt.

Ich habe mich sehr geärgert über die Bundeskanzlerin und die Bundesregierung, dass sie das Thema der Target-Salden heruntergespielt haben. Dabei sind das ganz handfeste, harte, offenkundige, unabweisbare und unbestreitbare Risiken, fast schon echte Verluste. Wie kann man das, weil es im Moment nicht spürbar ist im Geldbeutel, einfach unter den Teppich kehren? Ich finde eine solche Politik unverantwortlich. Und da sehe ich eine Parallele zu der Corona-Politik, wenn wir an den schon erwähnten Bericht an den Bundestag von 2012 denken, in dem der Eintritt einer solchen Pandemie als mäßig wahrscheinlich bezeichnet wurde.

Immer nur, wenn der Knall passiert ist, reagiert die Politik. Nur bleiben ihr dann oftmals kaum noch Optionen. Und sie überreagiert dann auch noch, wie die ausufernden und außer Kontrolle geratenen Rettungsmaßnahmen bei der Corona-Politik zeigen, und verliert darüber andere Probleme aus dem Blick.

„Die Zeit der Träumereien ist vorbei. Wir müssen realistischer agieren und unsere eigene Sicherheit besser schützen."

Sie kritisieren immer wieder die Naivität einer moralisierenden Politik. Welche Lehren lassen sich daraus in der aktuellen Krise ziehen?

Über unsere teure Symbolpolitik im Klimabereich haben wir schon ausführlich gesprochen. Auch über das naive Agieren im Umgang mit der deutschen Automobilindustrie. Klimaschutz ist richtig und wichtig, aber er muss auch funktionieren. Mit unilateralen Maßnahmen eines Landes oder einer Ländergruppe ist es nicht getan, wenn die hier eingesparten fossilen Brennstoffe anderswohin geliefert und dort verfeuert werden.

Das ist Selbstkasteiung, die einem möglicherweise das Gefühl der moralischen Erhabenheit bringt, doch dem Klimaproblem leider überhaupt nicht beikommt. Statt den armen Kindern in Afrika, deren Boden verglüht, hilft man den amerikanischen und asiatischen SUV-Fahrern.

Naiv finde ich auch den Ansatz, sich im Gesundheitsbereich auf die EU zu verlassen. Wenn es hart auf hart kommt, brauchen wir eine eigene Pharmaindustrie, um in der Katastrophe die Versorgung der Bevölkerung sicherzustellen. Insofern finde ich die Initiativen von Bundeswirtschaftsminister Peter Altmaier sehr löblich, der mittels staatlicher Beteiligungen und Zuschüsse mithelfen will, neue Kapazitäten aufzubauen. Dieses Thema kann man nicht allein dem Markt überlassen, denn den Firmen ist es egal, an wen sie liefern, und man kann es auch nicht der EU überlassen, denn dort werden nationale Belange und Wünsche dem gemeinschaftlichen Entscheid untergeordnet, und hohe nationale Sicherheitspräferenzen werden nicht respektiert. Weder haben alle Menschen noch haben alle Staaten die gleichen Präferenzen, was die Verteilung der verfügbaren Mittel auf den augenblicklichen Konsum und auf die Absicherung vor möglichen Katastrophen betrifft. Blauäugig ist, wer glaubt, das Thema der nationalen Sicherung könne man schadlos in fremde Hände geben.

Wir waren mal die Apotheke der Welt und haben diese Position leichtfertig verspielt, auch durch ideologische Hemmnisse. Bei Hoechst, einem der drei größten Pharmaunternehmen Deutschlands, wurde beispielsweise seinerzeit eine gentechnische Methode erfunden, um Humaninsulin zu produzieren, und 1984 wurde eine Produktionsgenehmigung einer Versuchsanlage bei der hessischen Landesregierung beantragt. Aus ethisch-moralischen Gründen hat der zuständige Minister in der hessischen Regierung, seinerzeit Joschka Fischer, das Verfahren aber blockiert. 1987 wurde Humaninsulin zwar als Me-

dikament in Deutschland zugelassen, aber bei Eli Lilly in Straßburg produziert und nach Deutschland importiert. Hoechst
war mit anderen Pharmaprodukten erst noch erfolgreich,
kam aber später in Schwierigkeiten und wurde 1998 mit dem
französischen Pharmakonzern Rhone-Poulenc zu dem neuen
Konzern Aventis fusioniert. Das war das selbe Jahr, in dem die
Klagen von Hoechst gegen die hessische Landesregierung vor
dem Verwaltungsgericht Erfolg hatten, sodass die Produktion
des gentechnisch erzeugten Humaninsulins in Deutschland
anlaufen konnte. Die Firmenzentrale des fusionierten Unternehmens wanderte nun aber von Frankfurt nach Straßburg.
Später wurde Aventis von der französischen Firma Sanofi übernommen. Heute findet die Insulinproduktion in den alten
Höchst-Werken in Frankfurt als Teil von Sanofi-Aventis statt.
Diese Produktion erwies sich nicht nur als extrem profitabel,
sondern auch als äußerst segensreich für die Kranken, die zuvor nur das von Schweinen gewonnene Insulin zur Verfügung
hatten, das wegen seiner Nebenwirkungen längst nicht so gut
ist wie das gentechnisch erzeugte Humaninsulin.

Sanofi ist nun auch dabei, einen Impfstoff gegen das Corona-Virus zu entwickeln, hat aber dessen erste Tranche schon
in die USA verkauft. Das hat zwar Empörung und Proteste in
der EU hervorgerufen, doch bewirkt hat das nichts. Die französische Regierung hat sich inzwischen ein Recht erkämpft,
auch bei den ersten Lieferungen dabei zu sein. Und Deutschland muss jetzt im Zweifel in Frankreich betteln gehen, damit
wir den Impfstoff auch kriegen. Oder, wie gesagt, wir bauen
die Kapazitäten selber auf. Es ist das Ergebnis von Naivität
und ideologischer Verbohrtheit, die sich hier gemischt haben.
Die Welt besteht aus eigennützigen Staaten und eigennützigen
Menschen. Sie ist leider nicht so altruistisch, wie man sie gern
hätte. Die Zeit der Träumereien ist vorbei. Wir müssen realistischer agieren und unsere eigene Sicherheit besser schützen.

Das gilt auch für die Übernahme deutscher mittelständischer Firmen durch Investoren aus Übersee. Der private Verkäufer ist glücklich über die Angebote, doch verkauft er Dinge mit, die ihm nicht allein gehören, nämlich das Wissen seiner Branche. Da gibt es viele Besonderheiten der Produktion und der Märkte, die zu erkennen und erlernen für Außenstehende extrem schwer sind. Das sind keine patentierbaren Informationen, wohl aber solche, die sehr wertvoll und komplex sind, häufig viel wichtiger als formelle Patente. Aber das Wissen ist nicht auf die Firma beschränkt, sondern in der gesamten Branche vorhanden, weil die Arbeitskräfte und vor allem auch die Manager zwischen den Firmen wandern. Wenn nun ein chinesischer Investor eine deutsche Firma kauft, kauft er gleich das Branchenwissen mit, ohne die Konkurrenten der gekauften Firma entschädigen zu müssen. Der Ökonom spricht hier von einer Wissensexternalität. Es ist richtig, dass das Bundeswirtschaftsministerium schon des Längeren eine Initiative gestartet hat, solche Übernahmen in industriestrategisch wichtigen Bereichen zu kontrollieren und durch Corona bedingt auch einen Schutzfonds von 100 Milliarden Euro aufzulegen, der es dem Wirtschaftsminister erlaubt, eine Beteiligung an einem strauchelnden Unternehmen zu erwerben, bevor es in fremde Hände gerät. Das mag man für illiberal halten, doch ist es pragmatisch und ökonomisch gut begründbar mit der Theorie der externen Effekte. Marktwirtschaftler sehen sehr wohl die Grenzen des Marktes und die Bedeutung staatlicher Politik zur Überwindung von Marktfehlern, die durch solche externen Effekte hervorgerufen werden.

„Das große Damoklesschwert ist die Demografie."

Sehen Sie denn noch andere Risiken, die im Augenblick zu wenig wahrgenommen werden?

Das große Damoklesschwert ist die Demografie, das ist eigentlich schon kein Risiko mehr, sondern Gewissheit, jedenfalls ein dramatisches Ereignis, das unseren Wohlstand massiv beeinträchtigen wird. Die Babyboomer, die ja jetzt 56 Jahre sind – 1964 war der Gipfel der Geburtenrate in Deutschland, mehr Kinder wurden vorher und nachher nie wieder hierzulande geboren –, wollen in etwa zehn Jahren eine Rente von Kindern, die sie nicht haben. Uns liegen diese Warnungen seit den 1980er Jahren vor, als Kurt Biedenkopf und Meinhard Miegel das erste Mal gezeigt haben, dass die demografische Entwicklung wegen des Geburteneinbruchs unabweisbar ist, und darauf hingewiesen haben, was das für das Rentensystem bedeutet. Rentenberechnungen verschiedenster Autoren haben die kommende Dramatik immer wieder aufgezeigt. Vom Jahr 2000 bis zum Jahr 2035 verdoppelt sich in Deutschland die Zahl der Leute im Rentenalter relativ zu jenen im Arbeitsalter – man spricht hier vom Altenquotienten –, obwohl schon eine erkleckliche Immigration in Millionenhöhe eingerechnet ist. Das bedeutet entweder eine Verdoppelung der Beitragssätze oder eine Halbierung der Rentenniveaus, also der Renten relativ zum Einkommen der Erwerbstätigen, oder irgendetwas dazwischen. Wie man es auch rechnet: Die Sache wird ab der zweiten Hälfte der 2020er Jahre extrem unangenehm für alle Beteiligten.

Manche denken, durch Produktivitätszuwächse könne man das Problem lösen. Das ist leider nicht der Fall, denn sowohl der Beitragssatz als auch das Rentenniveau sind eine relative

Größe, die zum Lohn in Beziehung gesetzt wird. Verdoppelt sich der Lohn aufgrund von Produktivitätszuwächsen, verdoppelt sich auch das Anspruchsniveau der Rentner, wie es durch das Rentenniveau gemessen wird. Die einschlägigen Rechnungen liefern deshalb Ergebnisse, die nur von demografischen Faktoren, nicht aber von der Wirtschaftsentwicklung abhängen.

Wichtig ist es – im Gegensatz zu offiziellen Rentenrechnungen, die häufig im Jahr 2030 enden –, das Jahr 2035 in den Blick zu nehmen, denn erst dann erreicht der Altenquotient eine Art Hochplateau, von dem man anschließend auch nicht mehr herunterkommt. Spätestens dann sind wir in Deutschland in einem anderen Regime, in dem die Alten die politische Macht übernehmen, weil sie so zahlreich sind, aber wir ihretwegen zugleich in eine massive Versorgungskrise hineingeraten. Wenn man diese Krise lösen will, indem man die Jungen umso mehr schröpft, dann werden die Jungen protestieren oder auswandern. Auf jeden Fall drohen erhebliche Verteilungskonflikte innerhalb der deutschen Gesellschaft.

Das ist auch einer der Hauptgründe dafür, dass mir die ausufernde Rettungspolitik auf europäischer Ebene schon lange Sorgen bereitet, und die ausufernde Corona-Rettungspolitik vergrößert diese Sorgen noch. Europa lebt seit einem Jahrzehnt und länger auf Pump, indem es sich trotz aller Schuldenpakte immer mehr verschuldet und auch die Druckerpressen der EZB in die Verschuldungsstrategie einbezieht, mit potenziell schlimmen Folgen für den Wert der Ersparnisse. Wer soll nur all die Lasten aus den platzenden Bürgschaften und nicht zurückgezahlten oder qua Negativzinsen geschrumpften Kreditforderungen tragen, wenn wir nicht einmal mit den innerdeutschen Problemen so ohne Weiteres klarkommen werden?

Aber die Politik schert sich nicht um diese Probleme. Sie liegen jenseits des Horizontes einer auf kurzfristige Belange orientierten Politik, die sich am nächsten Wahltermin orientiert. Die Kinderlosigkeit der Deutschen, die absehbar war durch den Geburtenknick in den 1970er Jahren, führt zu ganz eindeutigen, klaren und unabweisbaren Problemen für das Staatswesen. Das alles ist von etlichen Kommissionen immer wieder aufgezeigt worden. Trotzdem hat es keine Politiker gegeben, die sich des Themas wirklich angenommen haben.

Das wird dramatisch. Man weiß nicht, wie man das Rentensystem finanzieren soll. Die Politik hat bis auf die Riesterrente, die aber aus anderen Gründen nicht funktioniert hat, nichts Konkretes dagegen versucht, sondern nur Versteckspiele betrieben, etwa, indem sie die Nettolohnanpassung eingeführt hat. Nettolohnanpassung bedeutet, dass die Renten nicht mehr an die Bruttolohnentwicklung der Arbeitsbevölkerung angepasst werden, sondern an die Nettolohnentwicklung. Die verläuft viel langsamer, und zwar aus zwei Gründen. Zum einen, weil die Steuern durch die heimliche Progression der Einkommensteuern aufgrund bloßen Wirtschaftswachstums und somit steigender Einkommen einen immer höheren Prozentsatz der Einkommen wegnehmen, und zum anderen, weil die Rentenbeiträge und andere Sozialabgaben überproportional steigen und insofern einen wachsenden Keil zwischen Brutto- und Nettolohn schieben. Vermutlich bremsen sie sogar das Wachstum des Bruttolohnes ab, weil die Unternehmen nur das zahlen können, was die Arbeitnehmer bei ihnen erwirtschaften, und das wird ja nicht mehr, bloß weil die Sozialabgaben steigen.

Auch die wiederholte Erhöhung des Bundeszuschusses zu den Renten ist im Grunde nur ein Versteckspiel. Sie hält zwar die Sozialabgaben niedrig, aber letztlich ist es der Arbeitsbevölkerung egal, ob der Staat ihr das Geld in Form von Beiträgen oder Steuern abverlangt. Das Geld ist so oder so weg. Das Rentenalter hat man dann auch noch hochgesetzt, sukzessive jedes Jahr soll da ein Monat dazukommen. Das alles ist eine Mischung aus Mangelverwaltung und Mogelei, nicht aber ein Versuch, ursächlich gegen die Rentenmisere anzugehen.

Das wahre Problem ist, dass die Deutschen nicht mehr genug Kinder kriegen, um den Generationenvertrag noch erfüllen zu können. Man holt stattdessen junge Immigranten herein, um die Kinder zu ersetzen, und steckt seinen Kopf ansonsten in den Sand, damit man die offenkundige Gefahr der Altersarmut, die auf die Babyboomer und die ihnen nachfolgenden Generationen zukommt, nicht sieht. Die Politik drückt sich vor der Wahrheit, indem sie das wirkliche Ausmaß der demografischen Verwerfung einfach negiert und nicht darüber redet, weil es nicht in die herrschende Ideologie der modernen Familie passt, überhaupt noch viele Kinder zu haben. Das ist ungefähr so wie in der Klimapolitik, wo man nicht über den Welterdölmarkt und das Verhalten der Ölscheichs redet. Bestimmte Dinge werden einfach ausgeklammert, weil die bloße Erwähnung gewisser Sachverhalte zu unliebsamen Schlussfolgerungen des Wahlvolkes führen und von denjenigen, die sich ihre irreale, weil ökonomisch nicht haltbare Welt eingerichtet haben, als politisch nicht korrekt angesehen werden könnte.

Was kann man gegen diese Entwicklung wirklich tun? Man hat prinzipiell nur drei Möglichkeiten:

Man kann mehr Kinder in die Welt setzen, sodass also die nachfolgende Generation nicht so dünn besetzt ist. Dieser Zug ist für die Generation der Babyboomer lange abgefahren. Wenn man Mitte fünfzig ist, kriegt man keine Kinder mehr. Diese Lösung ist aber immer noch richtig für die späteren Jahre, die 2040er Jahre, die 2050er Jahre und so weiter. Wer 2050 seine Rente haben will, ist jetzt 30 Jahre und hat noch die Gelegenheit, sich dem verheerenden Zeittrend der Kinderlosigkeit entgegenzustellen. Gut, die Schaffenskraft der eigenen Kinder wird über die Rentenversicherung sozialisiert, indem die Beiträge, die die Kinder einmal zahlen werden, allen Versicherten zugutekommen. Doch wage ich die Behauptung, dass sich die Kinder wieder stärker um ihre Eltern werden kümmern müssen, wie es immer in der Menschheitsgeschichte der Fall war, eben weil der kollektive Generationenvertrag schwächelt, wenn nicht kollabiert.

Die zweite Möglichkeit besteht darin, die Leute zum Sparen zu veranlassen. Man muss entweder Humankapital in den Köpfen von Menschen akkumulieren, indem man Kinder großzieht und ihnen eine gute Ausbildung zukommen lässt, oder man muss Realkapital bilden, indem man Vermögen anspart. Man kann dann später vom Verzehr dieses Realkapitals leben, zum Beispiel indem man das Realkapital in Form von Immobilien selbst nutzt, oder indem man Auslandsvermögen erwirbt und es später an andere verkauft, um von den Verkaufserlösen zu leben. Diese Strategie steht jedem Einzelnen zur Verfügung, doch auch der gesamten Gesellschaft. Das war die grundsätzlich richtige Idee hinter der Riester-Rente, die viele Defizite hat.

Dass die Riester-Rente doch nicht wirklich funktioniert hat, lag daran, dass die Leute ihre Ersparnisse zu den Lebensversicherern getragen haben, die sie zum Beispiel in Staatspapiere investiert haben, allzu häufig auch noch in Staatspapiere von Ländern, denen selbst der Nachwuchs fehlt. Staatspapiere begründen einen Anspruch gegen die Steuern zukünftiger Generationen und sind deshalb auch nicht viel anders als Rentenansprüche im Umlagesystem. Von einer Kapitaldeckung der Riester-Renten konnte insofern nicht die Rede sein. Die Leute kamen eigentlich vom Regen in die Traufe, indem sie das schwächelnde staatliche Umlageverfahren um ein ebenso schwächelndes privates ergänzten. Die theoretische Grundidee der Riester-Rente war, dass man in echtes Realvermögen investiert, also im Wesentlichen in Immobilien und Aktien, aber in einer seltsamen Verklärung der Wirklichkeit hielten die Politiker Letzteres für viel zu riskant.

Die dritte Möglichkeit ist, Kinder und junge Menschen aus dem Ausland zu holen, Immigration zuzulassen. Wir haben eine qualifizierte Zuwanderung aus anderen EU-Ländern, in den letzten Jahren aus Spanien, aus Italien, auch aus Osteuropa. Das hat meistens ganz gut funktioniert, das war ein Plus für uns und für die Migranten, weniger für die Alten, die sie zuhause zurückließen. Die meisten Flüchtlinge und Zuwanderer aus den klassischen Einwanderungsländern verdienen jedoch auch in der zweiten Generation noch längst nicht so viel wie der Durchschnitt der deutschen einheimischen Bevölkerung. Wegen unseres Sozialstaates heißt das, dass sie Nettoempfänger von staatlichen Leistungen im weiteren Sinne sind, denn der Sozialstaat ist dadurch definiert, dass er von oben nach unten umverteilt. Der typische Zuwanderer kriegt für seine Arbeitsleistung einen Lohn, aber er erhält obendrein ein Umverteilungsgeschenk durch den Staat, indem er mit seinen Steuern und Beiträgen bei Weitem nicht das an den Staat abtreten muss, was er in Form der Sozialleistungen und der öffentlichen Daseinsfürsorge, insbesondere der öffentlichen Infrastruktur, der freien Schulen, des Rechtsschutzes und der Polizei zurückbekommt.

Migration für sich genommen ist volkswirtschaftlich sinnvoll, wenn Leute migrieren, um Lohndifferenzen auszunutzen, denn der Lohnanstieg, den sie für sich realisieren, ist zugleich ein Maß für den Anstieg des gemeinsamen Sozialprodukts der beteiligten Länder. Diese Migrationsentscheidung wird jedoch verfälscht, wenn wir einen Sozialstaat dazwischenschalten, der auch noch Immigrationsprämien verteilt.

Sicherlich ist einzuräumen, dass die Immigranten über das Rentensystem zunächst einmal belastet werden, doch werden sie über das Steuersystem und den Sozialstaat sowie das gesamte Spektrum der kostenlosen öffentlichen Daseinsvorsorge entlastet. Wie eine Studie des ifo Instituts gezeigt hat, ist der Nettoeffekt für den durchschnittlichen Migranten deutlich negativ. Nur für besser qualifizierte Migranten, die freilich nicht aus den typischen Zuwandererländern stammen, ist er positiv.

Jungen Leuten kann ich deshalb nur empfehlen, nicht auf die politische Strategie zu setzen, Deutschland durch immer mehr Einwanderung am Laufen zu halten, sondern selbst mehr Kinder in die Welt zu setzen. Ansonsten kann man nur jedem empfehlen, rechtzeitig Realvermögen zu bilden, das heißt vor allem Wohneigentum, und wenn man das geschafft hat, kann man sich auch an Aktien herantrauen.

„Wenn die Menschen langfristig denken, dann tut es zwangsläufig auch die Politik." Schluss

Sie haben immer wieder die Ignoranz der Politik gegenüber wissenschaftlichen Erkenntnissen beklagt. Ändert sich das nicht durch die aktuelle Krise?

Ja, auf die Epidemiologen hat die Politik gehört, und zu Recht. Da geht es um die Vorhersage von Ereignissen, die sehr kurzfristig eintreten und mit sehr drastischen Bildern unterlegt sind. Das Letzte ist entscheidend. Die Politik hat im Februar 2020, als Christian Drosten und Alexander Kekulé massiv gewarnt hatten, noch nicht reagiert. Erst die Fernsehbilder aus Italien mit Krankenhausbetten in den Gängen, wo die Menschen ohne Versorgung gestorben sind, und von Massentransporten der Leichen durch das italienische Militär haben die Politik in Bewegung gebracht. Das war eine so eminente unmittelbare Bedrohung, dass die Politik gar nicht anders konnte als zu reagieren. Die Warnungen der Ökonomen beziehen sich dagegen auf weitere Fristen, das wirkt nicht so unmittelbar von heute auf morgen. Beim Thema der Staatsverschuldung etwa oder den Target-Salden geht es um mittelfristige und längerfristige Probleme. Ebenso ist es mit dem Demografieproblem.

Es wäre gut, wenn die Politik aus der Corona-Krise lernt, dass wissenschaftliche Prognosen und Berechnungsmodelle stärker einbezogen werden müssen. Aber dazu sind die Fristen in der Politik zu kurz. Ein Politiker ist nicht Eigentümer seines Amtes. Anders als ein Unternehmer, der auch an nachfolgende Generationen denken muss, wenn er sein Unternehmen bewirtschaftet, weil er ja der Eigentümer ist und bleibt, muss das ein Politiker nicht tun. Er ist ein paar Jahre im Amt und dann wieder weg, und dann ist vielleicht sogar der politische Rivale an der Macht. Warum sollte er sich bemühen, ihm das Terrain zu bereiten? So jedenfalls denken sehr viele Politiker. Die Ausnahmen bestätigen die Regel, und diese Ausnahmen gehen dann als große Staatsmänner in die Geschichte ein.

Adenauer und de Gaulle waren solche Staatsmänner. Sie waren alt genug, sich nicht in die täglichen Scharmützel in den Medien hineinziehen zu lassen, und, zugegeben, die Medien waren damals zurückhaltender als heute. Adenauer hat sich den Verlockungen Stalins und dem Druck der Linken widersetzt und die Westintegration vorangetrieben, obwohl er deshalb als Kanzler der Alliierten beschimpft wurde. De Gaulle hat es geschafft, gegen alle Widerstände den Algerien-Krieg zu beenden, und dafür ein Attentat der OAS riskiert. Auch Ludwig Erhard sollte erwähnt werden, denn er hat gegen die Widerstände der Alliierten die Soziale Marktwirtschaft durchgeboxt. Willy Brandt hat die Aussöhnung mit Osteuropa betrieben und so zum Fall der Mauer beigetragen. Gerhard Schröder hat die Agenda 2010 durchgesetzt und uns aus dem Irak-Krieg herausgehalten. Für Ersteres verlor er sein Amt.

Man kann gegen das politische Kurzfristdenken Schutzmechanismen in der Verfassung verankern, die nicht so schnell zu ändern sind, das ist hin und wieder schon passiert. Als Peer Steinbrück Finanzminister war, hat er eine Schuldenbremse im Grundgesetz durchgesetzt, die ist immer noch wirksam und begrenzt die staatliche Schuldenaufnahme – nicht in der Katastrophe, dafür ist eine Ausnahme vorgesehen, aber grundsätzlich. Solche konstitutiven Maßnahmen zur Verankerung von längerfristigem Denken in der Politik lassen sich vielleicht durchführen. Auch längere Wahlperioden könnten so wirken, etwa wenn wir wie die Franzosen den Präsidenten bzw. den Kanzler für sieben Jahre wählten, sähe manches anders aus. Dann könnte man eine etwas langfristiger orientierte Politik erwarten.

Ich muss auch etwas relativieren, insofern, als wir beim Klimathema natürlich eine lange Frist vor Augen haben. Die Wissenschaft hat ein Thema gepuscht, das die Politik bewegt hat, nachdem sich die Umweltbewegung seiner angenommen hat. Die Politik bewegt sich, wenn eine hinreichend große Zahl von Wählern ihre Präferenzen für eine bestimmte Sache bekundet. Wenn die Menschen langfristig denken, dann tut es auch die Politik. Und das ist beim Thema Klima der Fall.

Es steht auf einem anderen Blatt, ob diejenigen, die um das Klima besorgt sind, in jedem Punkt richtig informiert sind, insbesondere was die Wirksamkeit der gewählten Politikmaßnahmen betrifft. Einem Politiker die Informationen über eine langfristige Gefährdungslage zu geben, bedeutet nicht, dass er sich bewegt, er tut nur Dinge, die das Volk und die Wähler jetzt von ihm verlangen. Und wenn es nur eine Selbstkasteiung ist, die nichts bewirken kann, dann ist es eben nur eine Selbstkasteiung. Es kommt nicht darauf an, dass die Politik den Klimawandel verlangsamt, sondern dass die Wähler glauben, dass sie es tut.

Ich war 17 Jahre Präsident des ifo Instituts. Glauben Sie nicht, dass die Politik bereit ist, wirklich auf die Beratung von Volkswirten zu hören. Vielleicht, wenn es um Fragen geht, die die Politik selbst vorher im Detail definiert hat, aber für große Themen, die Volkswirte von sich aus aufgreifen, weil sie eben berufsmäßig an das langfristige Wohl und Wehe des Volkes denken müssen, findet man in der Politik nur wenige Abnehmer und Interessenten. Erst wenn das Volk ein Thema als Problem begreift, dann bewegen sich die Politiker. Deswegen muss der Volkswirt mit dem Volk sprechen. Er ist ja der Betriebswirt des Volkes. Das Volk bezahlt ihn mit seinen Steuermitteln an den Universitäten und in den Instituten und kann dann wohl auch eine Gegenleistung in Form einer solchen Beratung erwarten. Volkswirte, die mit den Politikern kungeln und sich gebauchpinselt fühlen, wenn sie von ihnen einmal zum Gespräch oder gar zum Essen eingeladen werden, mutieren unmerklich vom Sachwalter des Volkes zum persönlichen Karriereberater.

Dieses strukturelle Problem wird bleiben. Die aktuelle Krise wird wieder in Vergessenheit geraten, und man wird sich wieder in Sicherheit wiegen. Das ist wie mit den Finanzkrisen. Man weiß, die Finanzkrisen entstehen regelmäßig durch Bankenzusammenbrüche, weil die Banken in lang anhaltenden Boom-Phasen ihr echtes Eigenkapital durch Bewertungsblasen ersetzen. Und dann überlegt man in der Krise, ob man nicht dagegen Vorkehrungen treffen sollte. Aber wo soll das Eigenkapital in der Krise herkommen? Dann sagt man, das machen wir aber, sobald die Wirtschaftslage sich normalisiert hat. Und wenn sie sich normalisiert hat, dann, Pustekuchen, vergisst man das ganze Thema. Das haben wir in den letzten Jahren gesehen. Gegen diese strukturell angelegte Vergesslichkeit helfen nur Wähler, die eine längerfristig ausgelegte Politik honorieren.

Die Corona-Krise könnte der Punkt sein, an dem wir als Gesellschaft die Politik dazu bewegen, längerfristig vorzusorgen,

Risiken genauer zu betrachten und weniger naiv zu agieren. Die Welt kann man nur dann verbessern, wenn man sie sieht, wie sie ist.

Über den Autor

Hans-Werner Sinn, geboren 1948, ist emeritierter Professor für Volkswirtschaft an der Ludwig-Maximilians-Universität in München und war siebzehn Jahre lang Präsident des renommierten ifo Instituts. Er gründete zudem das internationale CESifo-Forschernetzwerk, heute eines der weltweit bedeutendsten seiner Art, und hatte viele Gastprofessuren inne (u. a. in Stanford, Princeton, London/Ontario, Jerusalem, Bergen, Wien und Luzern).

Hans-Werner Sinn erhielt zahlreiche Ehrendoktorwürden, Preise und Auszeichnungen aus dem In- und Ausland, so auch als bislang einziger Volkswirt die zum „Hochschullehrer des Jahres". Auch nach seiner Emeritierung gilt er als einer der einflussreichsten Ökonomen im deutschsprachigen Raum und darüber hinaus. Durch seine wirtschaftspolitischen Sachbücher, viele davon Bestseller, und seine pointierten Auftritte in den Medien ist er einer breiten Öffentlichkeit bekannt.